로버트 노직

자유주의 정치철학

조나산 울프 지음
장 동 익 옮김

※ 저자 일러두기 ※

이 책의 괄호 속에 들어 있는, 예를 들어 (56)과 같은 숫자는 로버트 노직의 *Anarchy, State, and Utopia* (Blackwell, Oxford, 1974)의 페이지 번호이다.

주석에서 존 로크의 *Second Treatise* 에 대한 언급은 특정하게 편집된 판본의 페이지 번호가 아니라 절의 번호로 표시되었다.

※ 역자 일러두기 ※

이 번역서에서 조나산 울프가 인용한 로버트 노직의 문장은 모두『아나키에서 유토피아로』(로버트 노직 저, 남경희 역, 문학과지성사, 1997)의 것을 그대로 옮겨왔다.

로버트 노직

자유주의 정치철학

조나산 울프 지음

장 동 익 옮김

철학과현실사

Robert Nozick :
Property, Justice and the Minimal State
by Jonathan Wolff

옮긴이의 말

이 책은 조나산 울프(Jonathan Wolff)의 *Robert Nozick: Property, Justice and the Minimal State*를 우리말로 옮긴 것이다. 이 책은 제목이 말해 주고 있듯이 노직의 철학에 관한 해명을 담고 있다. 그러나 노직의 철학적 견해를 모두 다루고 있는 것은 아니고, 부제목을 통해서 알 수 있듯이 노직의 정치철학에 관한 내용만을 담고 있다. 더구나 노직의 정치철학적 견해 중에서도 '처벌의 저지론에 대한 노직의 반론, 채식주의와 관련된 도덕철학과 정치철학에 대한 노직의 견해'는 다루고 있지 않다. 이 책은 노직이 『무정부, 국가 그리고 유토피아』를 통해 주장하고 있는 자유지상주의, 자유시장, 절대적 소유권, 최소국가를 주로 다루고 있다.

최근 수십 년 동안 영미권의 정치철학에 관한 논쟁은 대비되는 두 저작에 대한 분석적 평가 작업을 통해 이루어졌다. 두 저작 중 하나는 존 롤즈의 『정의론』이고, 다른 하나는 로버트 노직의 『무정부, 국가 그리고 유토피아』이다. 롤즈가 자신의 저서를 통해 자유주의적 평등주의를 제시한 반면, 노직은 최소국가의 성립을 통한 자유지상주의를 주장하고 있다. 자유주의에 대한 정치철학적 논쟁에 관심이 있는 독자라면, 두 저작은 필독서라고 할 수 있다. 그러나 이 두 저작은 읽기가 그다지 쉬운 책이 아니다.

롤즈의 저서가 읽기 쉽지 않은 것은 매우 주의 깊고 적절한 방식으로 구성된 방대한 저작이기 때문이다. 그러나 노직의 『무정부, 국가 그리고 유토피아』는 롤즈의 책보다도 더 읽기 까다로운 책이다. 왜냐하면 논변의 전제들이 여러 곳에 흩어져 있거나 완전히 생략되어 있는 경우가 허다하기 때문이다. 또한 흥미롭지만 논변에는 부수적인 주제를 필요 이상으로 길게 늘어놓기 일쑤이다. 따라서 노직의 논변이 무엇이고 부수적인 내용이 무엇인지 분명하지 않다. 그럼에도 노직은 자신의 논변을 요약하거나 명료하게 하려는 시도를 전혀 하지 않았다.

울프는 이 책을 통해 바로 이런 노직의 결점을 보완하여 그를 제대로 이해하고 그 이해를 바탕으로 비판하고 있다. 따라서 이 책의 일차적인 작업은 노직의 논변과 결론을 재구성하여, 이를 정합적인 내용으로 보완하는 것이다. 울프는 이 책에서 노직의 계획을 정확하게 드러내고 있다. "노직의 계획은 자유지상주의적 최소국가를 옹호하는 것이다. 이 최소국가는 전통적인 자유주의의 야경국가와 유사하며, 개인의 인격권과 소유권을 보호하기 위해서만 존재한다. 이 계획은 세 단계로 구분된다. 첫째, 무정부주의자에 반대하여, 노직은 최소국가와 같은 가장 포괄적이지 않은 국가가 정당화될 수 있다고 주장한다. 둘째, 포괄적 국가의 옹호자에 반대하여, 노직은 최소국가가 합법적인 형태의 가장 포괄적인 국가라고 주장한다. 물론 이런 주장을 통해 최소국가가 정당한 유일한 국가라는 것이 도출된다. … 왜냐하면 최소국가는 온당할 뿐만 아니라 고무적이기도 하기 때문이다."

그러나 많은 사람들은 이런 노직의 견해에 불만스러워한다. 왜냐하면 노직의 견해는 정치철학으로 심각하게 생각할 필요조차 없을 만큼 너무도 불쾌한 결론에 이르게 되며, 이런 결론은 너무도 치명적인 것이어서 노직의 견해가 실패했다는 것을 생생하게 증명해 준다고 생각하기 때문이다. 실제로 많은 사람들이 노직의 견해를 불만스러워하는 것에서도 알 수 있듯이, 노직의 정치철학의 입장을 따르는 학자는 극소수이다. 그러나 최근에 정의에 관한 문제나, 재산 또는 정치적 의무에 관한 논의를 다루는 거의 모든 서적은 노직의 견해를 다루고 있다. 심지어 1980년 이후에는 노직이 옳다는 주장이 지속적으로 제기되고 있다. 왜냐하면 노직의 견해는 1980년대를 주도하고 있는 이데올로기 중 하나인 자유방임주의가 주장하고 있는 것과 매우 유사하기 때문이다.

철학자들이 노직의 입장에 동의하지 않으면서도, 그의 정치철학적 입장에 관심을 갖는 이유는 무엇일까? 노직의 『무정부, 국가 그리고 유토피아』가 가진 매력을 설명함으로써 이 문제에 답할 수 있을 것으로 보인다. 첫째 매력은 노직이 충격적이고 강력하며, 굳건하고 독창적인 정치철학의 한 입장을 제시하고 있다는 것이다. 『무정부, 국가 그리고 유토피아』는 놀랍고도 기발하며 좀 유별난 반대사례들로 이루어져 있으며, 재치 있고 정곡을 찌르는 논변들로 가득 차 있다. 둘째 매력은 노직이 소유라는 개념을 받아들여 정치철학의 모든 영역에 무제한적으로 적용하고 있다는 것이다. 노직은 사적 소유의 권리를 절대적 권리라고 주장한다. 이런 소유권리론은 많은 사람들의 직관적 감정과 일치하고 있다. 그리고 소유권리론은 우리의 도덕적인 삶과 정치적인 삶에 중요한 부분이다. 소유권리 개념을 정치철학적 논쟁의 한복판으로 끌어들인 것은 노직의 공헌이라 할 수 있다. 셋째 매력은 노직이 주장하는 자유지상주의가 단순하고 분명한 원칙에 의거한 정치철학적 관점, 즉 정치학을 위한 결정과정을 제시하면서, 여러 갈래로 혼란스럽게 뒤엉킨 가치들을 잘 가름해 준다는 것이다.

역자가 이 책을 만난 것은 참으로 우연한 일이다. 학창시절 흥미를 가졌던 정치철학에 관한 책들을 단순히 읽어보기 위하여, 롤즈의 『정의론』과 노직의 『무정부, 국가 그리고 유토피아』를 탐독하기 시작하였다. 롤즈의 책은 쉽지는 않았지만 반복하여 읽을수록 큰 흥미를 느낄 수 있었다. 그러나 노직의 책은 읽기가 너무나도 까다로웠다. 그래서 약간 편법을 사용하기로 하였다. 말하자면, 노직 입장에 대해 해설해 놓은 개론서를 먼저 읽어 전반적인 이해를 충실하게 한 후, 노직의 원서를 다시금 읽고자 시도하였다. 그 개론서로 찾게 된 것이 이 책이었다. 이 책을 온라인 서점에 주문하고 하루를 멀다 하고 목을 빼고 기다렸으나, 배송에 문제가 있어 지연되면서 무려 6개월을 기다린 끝에 받아보았다.

책이 도착하자마자 너무도 기다린 탓인지 단숨에 읽어 내려갔다. 이 책을 읽어 가면서 노직의 『무정부, 국가 그리고 유토피아』를 읽으면서 답답하던 응어리가 씻겨 내려가는 듯했다. 본래 철학자의 견해는 그 철학자의 원전을 통해 이해하는 것이 가장 바람직한 것이겠지만, 그 방법이 힘겨울 때에는 편리한 방법을 택하는 것도 나쁘지는 않을 것이다. 이 책을 읽고서 노직의 원전을 다시 읽었을 때, 참 오랜만에 독서를 통한 희열을 느꼈다. 많은 사람들이 이 책을 읽고 이런 기쁨을 맛볼 수 있으리라고 생각한다.

이 지면을 빌려 많은 사람들에게 감사의 말을 전하고 싶다. 먼저 좋은 연구실에서 학문적 사색에 몰두할 수 있는 기회를 준, 공주교육대학교 윤리교육과의 양태호, 김태훈, 박찬영, 서강식, 이범웅, 박찬석 교수님께 감사드린다. 그리고 언제나 자상하게 보살펴 주시는 은사이신 이좌용 교수님, 그리고 정치철학에 대한 탐구를 다시 시작할 수 있는 기회를 마련해 준 백종현 교수님께도 진심으로 감사드린다. 또한 노직의 관점에 많은 관심을 보여주었던 의료와 사회 포럼 회원들께도 감사드린다.

2006년 2월

淸閑齊에서 역자 씀

머리말

나는 1980년 대학 시절에 노직을 처음 읽었다. 그때 철학자들은 『무정부, 국가 그리고 유토피아』에 대해 통상 두 가지 방식으로 반응했다. 한편에서는 이 책은 정치철학으로 심각하게 생각할 필요가 없을 만큼 결론이 너무도 불쾌한 것이라고 생각하였다. 다른 한편에서는 어떻게 실패했는지를 생생하게 증명해 줄 만큼 그 결론이 치명적인 책이라고 생각하였다. 이제 1990년에 철학을 가르치는 선생으로, 나는 여전히 이 두 반응과 마주하고 있으며, 세 번째 반응과도 마주하고 있다. 세 번째 반응은, 폭넓게 말해서, 노직이 옳다는 것이다.

노직에 대한 나의 초기 혼란은 점점 더 복잡해져 갔다. 개별자 자유주의에 강력한 매력을 느끼고, 이러한 결론이 무정부주의의 여러 형식에 의한 것일 수 있다고 믿게 되면서, 나는 무정부주의 이론을 예비적으로 탐구하기 시작하였다. 그러나 나는 무정부주의 옹호자들의 무비판적 모호함에 실망하고, 그 반대자들이 어리석게도 일방적으로 무시하는 것에 불쾌함을 느꼈다. 그래서 나는 정치철학에 대한 입문의 한 방법으로 제목에 '무정부'가 들어 있는 책을 즐겨 읽었다. 나는 무정부주의자는 사회주의자나, 적어도 평등주의자가 되어야 한다는 것을 당연한 것으로 여기게 되었다. 노직을 읽었을 때, 나는 점차로 이런 의문에 빠져들었다. 자연상태에서 화폐가 하는 일이 무엇인가? 사유재산권은 무엇인가? 자유기업은 무엇인가? 무정부주의가 유행하는 자본주의를 낳도록 구성될 수 있다는 것은 나에게 전혀 떠오르는 생각이 아니었다. 자유를 인정한다는 것은, 내가 가정했듯이, 평등이 아니라 불평등으로 나아가는 듯이 보인다. 따라서 나는 먼저 평등보다 자유에 더 많은 관심을 가져야 하는지의 문제에 맞서야만 했다. 나는 이 문제에 대해 어떤 확고한 대답도 제시할 수 없었다. 지금도 나는 확고한 대답을 제시할 수 없다. 그러나 내가 여기서 증명하려고 하는 것처럼, 노직은 그의 훌륭한 노력에도 불구하고 자유와 평등의 중요한 불일치를 논증하는 데 성공하지 못했다. 그래서 나는 적어도 당분간은 이 물음에서 벗어날 수 있다.

그러나 노직이 그르다고 생각하는 나의 이유가 무엇인가에 관한 문제에서 벗어날 수는 없다. 그리고 그가 그르다는 것을 증명하는 것이 왜 중요한지에 관한 문제에서도 벗어날 수 없다. 운 좋게도, 두 번째 물음은 쉬운 대답을 가지고 있다. 노직의 견해는 1980년대의 '주도적인 이데올로기' 중 하나인 자유방임주의가 옹호하는 것과 유사한 점을 많이 가지고 있다. 내가 학생으로 또는 선생으로 대학에서 경력을 쌓는 동안 마가렛 대처는 영국의 수상이 되었으며, 노직과 이들의 이념은 많은 사람들의 삶에 엄청난 파괴적 결과를 가져왔다. 이런 이념이 가진 어려운 점을 증명하는 것이 큰 실천적 효과가 있지는 않을 듯하지만, 이 작업은 여전히 가치 있는 일이다.

나의 의도는 미사여구를 늘어놓으려는 데 있는 것이 아니라 논리적으로 나의 입장을 제시하는 것이었다. 이것은 이 책의 입장과 양식을 많이 설명해 준다. 노직에 관한 글을 쓰는 쉬운 하나의 방법은, 과격함을 쫓으면서 과격함을 드러내는 정치학적 논평의 위협적인 형태로 글을 쓰는 것이다. 나는 논쟁하려는 것이 아니라 정치철학적 작업이 되고자 의도하기 때문에 희생을 치르더라도 이것을 피하고자 하였다. 나는 노직의 견해를 가능한 한 공정하게 제시하고자 애썼다. 이를 위하여 내가 할 수 있는 한 부가적인 논변을 덧붙이기도 했으며, 노직이 잘못한 점을 증명하려고 했다. 결국 이것은 나에 관한 책이 아니라, 노직에 관한 책이 되었다. 내가 비록 나에게 진리인 것을 배우기 위한 수단으로 노직을 파악하고 있다 할지라도, 이 책의 핵심은 나의 견해를 드러내 주는 것이 아니라 노직의 견해를 논의하려는 것이다.

마이크 로젠(Mike Rosen)이 나에게 이 책을 쓰라고 제안했을 때 노직의 견해를 논의할 수 있는 기회가 주어졌다. 존 톰슨(John Thompson)은 누군가 노직에 대한 책을 써야 한다고 생각했다. 이런 시도를 나에게 맡겨 준 이들에게 감사한다. 그리고 이들의 격려에 감사한다. 마이크 로젠과의 생생한 토론, 그리고 그의 탁월한 지적은 책을 개선하는 데 큰 도움이 되었다. 나에게 『무정부, 국가 그리고 유토피아』를 처음으로 소개해 주고, 이 책의 중요성을 확신시켜 준 제리 코헨(Jerry Cohen)의 지적은 많은 도움이 되었으며,

노직에 대한 그의 저작은 나에게 중요한 영향을 미쳤다. 이 책의 원고를 읽고서 조언하고 비판해 준 사람들에게서 도움을 받았다. 이 사람들로는 조나산 딕(Jonathan Dick), 크리스 헐(Chris Hull), 마일스 사빈(Miles Sabin), 닉 장윌(Nick Zangwill), 사이먼 에브닌(Simon Evnine), 일레인 콜린스(Elaine Collins)가 있다. 나는 또한 이름을 알 수 없는 두 명의 원고 교정자에게 감사한다. 그리고 말콤 버드(Malcolm Budd)의 도움과 격려에 감사한다.

이 책을 쓰면서 내가 가장 큰 빚을 진 사람은 빌 하트(Bill Hart)이다. 우리는 여기서 논의된 주제에 관해 토론하면서 무수히 많은 시간을 같이 보냈다. 매 순간마다 빌은 원고의 상세한 주석을 제공하였다. 이 책의 거의 모든 페이지에서 그의 생각을 찾을 수 있을 만큼 그의 제안은 곳곳에 남아 있다. 아마도 그의 영향이 미치지 않은 유일한 부분은 제목뿐일 것이다. 제목은 존 톰슨이 지어준 것이다.

차 례

서 론

거의 20년 동안, 분석적 정치철학에서의 논쟁은 두 개의 대비되는 저작, 즉 존 롤즈의 『정의론』과 로버트 노직의 『무정부, 국가 그리고 유토피아』에 의해 주도되었다. 롤즈는 1971년 자유주의적 평등주의 형식의 입장을 제시하였다. 반면에 노직은 1974년 자유지상주의, 즉 자유시장, 절대적 소유권, '최소국가'를 주장하였다. 이후 롤즈와 노직에 대한 비판서들이 매우 많이 등장하였다. 그러나 롤즈와는 달리, 노직을 따르는 학술적 정치철학자는 거의 없다. 그럼에도 불구하고, 실천적 정치철학은 롤즈가 옹호한 좌익 성향의 복지주의에서 이탈하고 있다. 현대의 정치적 정신에 더 가까운 것은 노직인 것처럼 보인다.

이 두 저작은 내용이 다를 뿐만 아니라 형식도 다르다. 롤즈를 읽기 쉬운 작가라고 말하는 사람은 거의 없을 것이다. 그리고 『정의론』은, 롤즈가 인정하고 있듯이, 주의 깊고 적절한 방식으로 쓰여졌다. 그런 까닭에 방대한 분량의 책이 되었다. 그렇다고 '단지 분량만 방대한 것'은 아니다.[1] 다른 한편으로 『무정부, 국가 그리고 유토피아』는 기지가 번뜩이고 도발적인 특성을 가지고 있다. 노직은 항상 날카로운 예, 즉 기억에 남을 만한 구문을 찾고자 했다. 그의 공공연한 목적 중 어느 정도는 독자를 혼란스럽게 만드는 것이었다. 자신의 방식에 의존하여 『무정부, 국가 그리고 유토피아』를 읽는다면, 이 책은 재미있는 것일 수도 짜증나는 것일 수도 있다. 그러나 이 책은 매력적이다.

아마도 롤즈의 정치철학적 활동은 일생에 걸친 작업이었을 것이다. 그는 『정의론』을 이루고 있는 일련의 중요한 논문들을 내놓았을 뿐만 아니라, 지난 20년 동안 계속해서 그의 견해를 옹호하고 발전시키는 실질적인 작업들을 해왔다. 이러한 작업은 중요한 비판들을 인지하고 이에 대답하는 작업을 포함한다. 그러나 노직은 그의 학문적 삶의 적은 부분만을 정치철학에 할애하였다. 『무정부, 국가 그리고 유토피아』 이후로 그는 정치철학 주제에 거의 관심을 보이지 않았다. 그래서 그에게 제기된 비판은 대답되지 않고 그대로 방치되어 있다.

노직은 특히 최근에 다른 다양한 주제에 관심을 보이고 있다. 이런 주제들은 1981년에 출판된 『철학적 설명』에 수록되어 있다. 이 책은 심리철학, 윤리학, 인식론, 형이상학의 문제들을 다루고 있다. 이 책에 있는 인식과 회의주의 항목의 절은 특히 많은 비판적 관심

---

1) J. Rawls, *A Theory of Justice* (Oxford University Press, Oxford, 1972), p.viii.

을 모으기도 했다. 계속해서 노직은 인도 철학, 정신적 지도자, 그리고 지혜의 본성과 같은 주제에 관심을 가졌다. 1989년 출판된 *Examined Life*에서 노직은 『무정부, 국가 그리고 유토피아』의 주제들을 다시 논의하였다. 여기서 노직은 자신의 견해를 수정했으며, 더 이상 스스로를 자유지상주의자로 생각하지 않는다고 간략하게 언급하고 있다. 그러나 지금으로서는, 정치철학이 관련되어 있는 한에서, '노직'과 '자유지상주의'라는 단어가 서로 연관되어 있는 것은 불가피하다.

비록 노직의 다른 저작이 정치철학과 관련된 주제를 논의하고 있기는 하지만, 이 책에서 나는 『무정부, 국가 그리고 유토피아』를 집중적으로 검토할 것이다. 나의 목적 중 일정 부분은 노직의 논변과 결론을 재구성하려는 것이며, 그의 논변과 결론을 가능한 한 정합적으로 만들어 보려는 것이다. 이것은 단순한 문제가 아니다. 왜냐하면 노직의 지적인 열의는 흥미로운 부수적인 주제를 길게 늘어놓는 경향을 보이고 있기 때문이다. 따라서 그 논변이 무엇이고 부수적인 내용이 무엇인지 분명하지 않다.[2] 더욱이 논변의 생생한 전제들은 여러 지면에 흩어져 있거나, 완전히 생략되어 있다. 노직은 자신의 논변을 요약하거나 명료하게 하려는 시도를 거의 하지 않았다. 심지어 분리되어 있는 부분들이 어떻게 관련되어 있는지조차도 보여주고 있지 않다. 이것은 어느 정도 노직이 전체적인 철학적 저작을 제시하려 하기보다는 '주제들에 대한 철학적 탐색'을 제시하려 한 결과이기도 하다. 따라서 그는 단지 자기 이론의 개괄만을

---

2) 하나의 관점이 R. P. Wolff, "Robert Nozick's Derivation of the Minimal State", in *Reading Nozick*, ed. J. Paul (Blackwell, Oxford, 1982), p.82에 의해 이루어졌다.

제공하고 있다. 이 개괄은 많은 부분 설명되지 않은 채로 있다. 그래서 나는 노직의 추론을 분명하게 하려고 노력할 것이다. 그리고 가능하다면 메워야 할 곳을 보충하고자 한다. 이렇게 함으로써 그 논변의 힘을 인식할 수 있을 것이며, 그 논변을 엄격한 시험대에 올릴 수 있을 것이다. 이런 관점이 가진 하나의 문제점은 처벌의 저지론에 대한 그의 공격, 그리고 채식주의와 같은 도덕철학과 정치철학에 대한 노직의 매혹적인 공헌은 불가피하게 여기서 논의되지 못한다는 것이다. 그러나 나는 이것을 희생할지라도, 주된 논변을 분명하게 함으로써 중요한 이점을 갖게 된다고 생각한다.

노직 계획의 중요성을 이해하기 위해서, 정치철학의 문제에 대한 경쟁적인 관점들과 비교하는 것이 필요하다. 정치철학자의 한 가지 임무는, 자유, 평등, 행복, 그리고 빈곤에서의 해방과 같은 정치적 영역에 적절한 가치를 받아들이고, 이 가치들의 내적 관계를 검토하는 것이다. 이 가치들은 양립하는가? 아니면 이들은 서로 배타적인가? 하나의 가치를 성취했다는 것이 또 다른 가치를 성취했다는 것을 동반하는가? 이런 가치들이 상충한다면, 그런 경우에 우리는 무엇을 해야 하는가? 공리주의자와 같은 정치이론가들은 하나의 가치가 기초적이고, 다른 가치들은 기껏해야 이차적이거나 파생적이라고 주장한다.[3)] 다른 이론가들은 궁극적 가치들의 다원주의를 주장한다. 이런 다원주의 이론은 두 가지 형태로 갈라진다. 한편의 사람들은 가치의 계층을 인정한다. 그래서 독립적인 가치들이 충돌

---

3) J. S. Mill, *Utilitarianism*, ed. Mary Warnock (Collins, Glasgow, 1962); J. Bentham, *An Introduction to the Principles of Morals and Legislation* (Methuen, London, 1982); H. Sidgwick, *Methods of Ethics* (Macmillan, London, 1907) 참조.

할 때조차도, 어떤 가치가 정치적으로 선호되어야 하는지에 관한 문제에 대한 결정적인 대답이 가능하다. 예를 들면, 롤즈는 시민적 자유와 경제적 평등의 두 독립적 가치를 인정한다. 그러나 이들의 상충은 시민적 자유에 우위를 둠으로써 해결되어야 한다고 주장한다. 다른 한편으로, 여러 이론가들은 해결될 수 없는 가치의 상충이 있다고 생각한다.[4] 이런 상충을 주장하는 이론가들은 가치들이 충돌할 때 무엇을 해야만 하는지에 관한 문제에 대한 결정적인 대답이 가능하지 않는 경우들이 있다고 말한다.

상충 이론가들보다는 정치철학에 더 많은 것을 기대하면서, 계층적 다원주의자들은, 해결될 수 없는 상충에 관해 논의하지 않고도, 기초적인 가치가 어떻게 여러 개 있을 수 있는지에 관해 설명해야 하는 부가적인 임무를 가지고 있다. 단일 가치 이론은 하나의 방식에서 더욱 세련되고 강력하다. 즉 모든 결정을 기초적으로 동일한 근거에 기초하여 모든 상황을 포괄할 수 있는 결정과정을 제공한다. 이런 이점이 주어진다면, 단일 가치 이론을 확립해야 한다는 무거운 부담이 주어진다는 것이 놀라운 것은 아니다. 선택된 가치는, 첫째 기초적인 가치를 압도적으로 갖는 것으로 증명되어야 한다. 둘째, 해결될 수 없는 상충을 낳아서는 안 된다. 그래서 예를

---

4) I. Berlin, “Two Concepts of Liberty”, in his *Four Essays on Liberty* (Oxford University Press, Oxford, 1969), pp.118-72; B. Williams, “Conflicts of Values”, in his *Moral Luck* (Cambridge University Press, Cambridge, 1981), pp.71-82; C. Taylor, “The Diversity of Goods”, in his *Philosophy and the Human Sciences* (Cambridge University Press, Cambridge, 1985), pp.230-247; T. Nagel, “The Fragmentation of Value”, in his *Mortal Questions* (Cambridge University Press, Cambridge, 1979), pp.128-141 참조.

들면 공리주의자는 행복이 유일한 가치라고 주장한다. 그리고 우리는 행복의 양을 극대화하는 것에만 관심을 가져야 한다.

이 책의 논변의 상당 부분은 우리가 노직을 근본에 있어서 단일 가치 정치철학을 제시한 것으로 여겨야 한다는 것이다. 즉 노직은, 공리주의자처럼 행복에 기초하지도 자유주의자처럼 자유에 기초하지 않고, 다만 절대적 재산권에 기초해 있다. 이것은 세상에 있는 사물과 자기에 대한 소유의 권리이다. 당신이 동의하지 않는다면, 당신의 인격이나 소유물에 간섭할 권리를 가진 사람은 없다. 타인의 권리를 침해함으로써 당신의 권리는 상실된다. 자유에 대한 권리는 자기 소유의 권리의 결과물이다. 노직이 제안하고 있듯이, 이것은 정치적 영역에 속하는 모든 논쟁을 해결하기에 충분하다. 노직이 소유권이 중요하다는 것을 증명할 수 있다면, 그리고 소유권이 해결될 수 없는 상충에 관한 논의로 나아가지 않는다면, 그는 정치철학에서 우리가 바랄 수 있는 모든 것을 우리에게 주게 될 것이다. 그는 모든 정치적 문제를 포괄할 수 있는 단일한 결정과정을 확립하게 될 것이다.

폭넓은 맥락의 정치철학에 노직의 견해를 위치시키기 위해서, 우리는 그가 전통적인 정치적 사유를 따르는 것으로 생각할 수 있다. 전통적인 정치적 사유는 전통적인 개인주의적 자연권 입장이라고 말할 수 있다. 로크는 이런 유형의 견해를 옹호한 사람이다. 그리고 노직에 대한 로크의 영향력은 매우 깊다. 노직의 계획을 로크의 정치철학의 핵심을 복권하려는 시도로 생각하는 것은 터무니없는 것은 아니다. 그러나 노직이 로크를 전적으로 받아들이고 있다고 말하려는 것은 아니다. 중요한 부분에서 수정한 부분이 많으며, 주된 부분에서 불일치하다. 이러한 점에서 노직은 다른 개인주의적인 학자들로부터 도움을 받았다. 이러한 점은 노직의 견해를 설명하면서, 개인주의 전통의 안과 밖의 반대자와 동조자의 저작을 살펴보게 될 것이고, 이런 과정을 통해 밝혀지게 될 것이다. 이렇게 함으로써 우리는 노직의 작업이, 확립되어 있었지만 아주 최근까지 거의 무시되었던 정치이론을 발전시킨 것으로 인식하게 될 것이다. 실제로 리처드 터크(Richard Tuck)가 쓴 "로버트 노직을 제외하고는, 금세기 영미권의 어떤 이론가들도 권리 개념에 의거하지 않았다"[5]는 말은 무시되었다. 노직 작업의 많은 이점 중 하나는 정치철학의 관점을 철학적 논쟁의 주된 흐름에로 뒤돌려 놓았다는 것이다.

노직의 계획은 자유지상주의적 최소국가를 옹호하는 것이다. 이 최소국가는 전통적인 자유주의의 야경국가와 유사하며, 개인의 인격권과 소유권을 보호하기 위해서만 존재한다. 이 계획은 세 단계로 나누어진다. 첫째, 무정부주의자에 반대하여, 노직은 최소국가와 같은 가장 포괄적이지 않은 국가가 정당화될 수 있다고 주장한다. 둘째, 포괄적 국가의 옹호자에 반대하여, 노직은 최소국가가 합법적인 형태의 가장 포괄적인 국가라고 주장한다. 물론 이런 주장을 통해 최소국가가 정당한 유일한 국가라는 것이 도출된다. 이 계획의 세 번째 단계는 이것이 유감스러워해야 할 것이 아니라는 것을 증명하는 것이다. 왜냐하면 최소국가는 온당할 뿐만 아니라 고무적이기도 하기 때문이다.

1장에서 나는 노직의 자유지상주의를 개괄해 볼 것이다. 한편 이

5) R. Tuck, *Natural Rights Theories: Their Origin and Development* (Cambridge University Press, Cambridge, 1979), p.1.

이론을 지탱해 주는 권리에 대한 견해는 2장에서 고찰되어 상세히 설명될 것이다. 여기서 나는 노직의 견해의 구조와 그 기초를 묘사함으로써 노직의 입장을 좀더 체계화해 볼 것이다. 3장에서는 무정부주의자에 반하여 최소국가를 옹호하는 노직의 견해를 살펴볼 것이다. 4장에서는 『무정부, 국가 그리고 유토피아』에서 가장 중요한 요소인 노직의 정의 이론을 평가할 것이다. 노직이 최소국가 이상의 국가가 정당화될 수 없다고 주장할 수 있는 것은 바로 이 이론에 의거해서다. 마지막으로, 5장에서 우리는 최소국가 이념이 유토피아를 위한 골격인지를 살펴본다. 일반적으로 말하자면, 정치철학에서의 노직의 입장을 살펴볼 것이다. 나는 노직의 견해의 매력뿐만 아니라 그 한계를 설명하고자 한다.

1 장
노직의 자유주의

무정부와 국가의 차이

"개인이 자신을 통제할 권리를 가지고 있다면, 모든 외적인 통제는 위협이다."[1] 국가에 반대하는 사례는 19세기 미국의 무정부주의자인 벤자민 터커(Benjamin Tucker)에 의해 신랄하게 제기되었다. 이보다 더 신랄한 사례는 보기 드물 정도다. 노직은 『무정부, 국가 그리고 유토피아』라는 책에서 이런 논변을 진지하게 받아들이고 있다. 그러나 무정부주의자들의 주장이 그럴듯하기는 하지만, 권리를 위배하지 않고서도 국가가 존립할 수 있다는 것을 증명하려고 시도한다.

---

1) B. Tucker, *State Socialism and Anarchy*, in *The Anarchist Reader*, ed. G. Woodcock (Fontana, Glasgow, 1977), p.151.

노직은, 터커와 마찬가지로, 정치철학을 다음과 같은 가정에서 시작하는 것으로 인식한다. 즉 "개인은 권리를 갖는다. 그리고 (이들의 권리를 해치지 않고서는) 이들에게 할 수 없는 것들이 있다."(ix) 그러나 터커와는 달리 노직은 무정부주의가 필연적인 결론은 아니라고 주장한다. 그의 의도는 무정부주의자와는 다른 결론, 즉 "폭력, 절도, 사기, 계약 이행 등과 같은 것을 보호하는 제한적 기능을 갖는 최소국가가 정당하다"는 결론을 옹호하는 것이다. "그 이상의 포괄적 국가는 어떤 것을 하도록 강제받지 않을 개인의 권리를 침해한다"는 것을 옹호하는 것이 노직의 또 다른 의도이기도 하다.

노직이 말하는 이상적인 국가와 유사한 국가는 실제로 거의 없다. 예를 들면, '복지국가'는 부자들에게 세금을 거두어 제정을 확보하여 가난한 사람의 어려움을 덜어 줄 수 있는 정책을 채택하고 있다. 노직은 이것이 최소국가의 적절한 기능을 넘어서는 것이라고 주장한다. 왜냐하면 국가가 재산을 재분배하는 것은 개인의 권리를 보호하는 것이 아니라 오히려 침해하는 것이기 때문이다. 복지국가는 세금을 강제로 부과하며, 위반하면 처벌하고 있다. 노직의 견해에 의하면, 복지국가는 강제로 세금을 부과하여 사람의 권리, 즉 자신의 재산을 가지고 자신이 선택한 것을 할 수 있는 권리를 간섭한다. 그러나 최소국가는 재산의 권리를 보호하는 것 이외에 다른 기능은 갖지 않는다.

최소국가를 옹호하는 노직은 다른 유형의 두 반대자에 직면하게 된다. 이 두 반대자는 무정부주의자와 포괄적 국가의 옹호자이다. 무정부주의자는 노직의 '국가 통제'를 공격한다. 그리고 국가 통제주의자는 그의 무정부주의를 공격한다. 이 책의 목적 중 한 부분은 이 두 반대자의 공격에도 불구하고 중간적 입장을 옹호하려는 노직의 시도가 얼마나 성공적인지를 알아보려는 것이다.

노직은 이미 자신의 시도가 인기 없을 것이라는 것을 알고 있었다. "많은 사람들은, 타인의 궁핍과 고통에 너무도 명백히 냉담한 입장을 인정하고자 원치 않기 때문에, 우리의 결론을 즉각 거부할 것이다."(ix) 그러나 노직은 '자유지상주의'를 강력하게 옹호하는 주장을 분명하게 제시하면서 자신의 뜻을 굽히지 않는다. 개인의 권리에 대한 설명과 정의 이론이 노직의 옹호 논변의 핵심적인 요소이다. 노직은 이 두 요소를 통해 최소국가에 대한 견해를 세울 수 있었다. 삶이 자유주의 사회에서 어떤 모습일지에 대해 살펴볼 필요가 있다. 자유주의 사회에서 삶이 노직의 비판가들이 생각하는 것만큼 냉담한 것인가? 먼저 우리는 권리와 정의에 대한 노직의 견해에 대해 예비적인 통찰을 하고자 한다.

자기 소유권 이론

우리는 독립된 삶을 살아간다. 우리는 독립된 존재이다. 노직은 이런 상투적인 생각을 매우 심각한 것으로 중요시한다. 그리고 노직은 이런 상투적인 생각에서 도덕적 결론을 이끌어낸다. 노직은 타인을 위해 하나의 사람을 희생시키는 것은 잘못이라고 주장한다. 한 사람은 타인을 위한 도구(resource)로 이용되어서는 안 된다. 물론 내가 스스로를 희생한다면 칭찬받을 일이다. 그러나 다른 사람이 얻을 수도 있는 이익을 위해, 손실과 불이익의 고통을 감수하도록 강제되어서는 안 된다. 희생을 강제하는 것은 '개인의 독자성

(separateness of persons)'[2]을 무시하는 것이다. 이것이 자기 소유권 이론을 제기하는 하나의 방법이다. 즉 오직 당신만이 당신의 삶, 당신의 자유 그리고 당신의 신체에서 생겨날 수 있는 것을 결정할 수 있는 권리를 갖는다. 왜냐하면 이러한 것은 다른 사람이 아닌 오로지 당신에 속하는 것들이기 때문이다. 이 견해는 매우 그럴듯하다. 그리고 '추첨에 의한 장기 기증'과 같은 예를 생각해 본다면, 이 견해에 회의적인 사람들을 침묵하게 만들 수 있다.

장기 이식 기술이 완벽한 수준에 이르러서 100퍼센트 확률로 안구 이식 수술이 가능하게 되었다고 생각해 보자. 한 사람의 안구는 다른 사람의 눈에 부작용 없이 이식될 수 있다. 어떤 사람이 눈에 결함을 갖거나 안구가 없이 태어났다면, 우리는 안구를 재분배해야 하는가? 즉 우리는 두 눈이 건강한 사람으로부터 하나의 안구를 빼앗아서 맹인에게 주어야 하는가? 물론 자신의 안구를 이식하도록 기증하는 사람들도 있다. 그러나 이런 기증자가 충분하지 않다면 어떻게 해야 할 것인가? 국가가 추첨 제도를 운영하여, 채택된 사람에게 안구를 기증하도록 강제해야 할 것인가?[3] 오히려 이것은 소름끼치는 일이다. 물론 모든 사람이 볼 수 있다면, 더 나은 세상이 될 수 있다. 그렇다고 해도, 추첨하여 안구를 재분배해야 한다

---

2) 이 비판은 본래 J. Rawls, *A Theory of Justice* (Oxford University Press, Oxford, 1972), pp.22-27에 의해 이루어졌다.

3) 'forcible redistribution of bodily parts'의 비유는 노직의 책, 206쪽에 의한 것이다. 안구 복권의 예는 G. A. Cohen, "Self-Ownership, World-Ownership, and Equality", in *Justice and Equality Here and Now*, ed. F. S. Lucash (Cornell University Press, Ithaca, NY, 1986), p.111에 의한 것이다. 또한 John Harris, "The Survival Lottery", *Philosophy*, 50 (1977), pp.81-87을 참조할 것.

는 주장이 정당화될 것인가?

자기 소유권 이론에 따르면, 우리들 각각은 자기 신체에 대한 정당한 소유자이다. 우리가 안구를 강제로 재분배해야 한다면, 우리는 이 권리를 무시하는 것이다. 노직이 말하고 있듯이, 우리가 이 권리를 침해한다면, 타인을 위해 한 사람을 희생시키는 것이다. 이런 일은 허용되어서는 안 된다. 많은 사람들은 이런 의미에서 신체에 대한 권리가 절대적이라는 것을 받아들인다. 그리고 신체의 권리가 생명에 대한 권리와 유사한 결론을 가질 것이라는 것을 받아들인다. 즉 어떤 사람도, 내가 동의하지 않는다면, 타인을 살리기 위해 나의 생명을 빼앗을 수 없다. 또한 자기 소유권은 자유에 중요하다. 즉 내가 하는 것은 나의 일이다. 그리고 내가 타인의 권리를 존중한다면, 나는 내가 좋아하는 것은 무엇이든 할 수 있다.

여기서 주목해야 할 점은 '동의'가 담당하고 있는 역할이 무엇인가이다. 노직의 핵심적인 생각은, 처벌이나 자기-방어를 위한 것은 예외로 하고, 타인이 나에게 할 수 있는 것은 내가 동의하는 것이라는 생각이다. 나의 동의 없이 나에게 행해진 것은 불법이다. 그리고 그 행동들은 나의 권리를 침해한다. 각각의 개별자는 보호받아야 할 권리의 영역에 둘러싸여 있다.[4] 이런 영역은 어떤 사람도 간섭할 수 없다. 노직은 우리가 개인의 독립성을 존중하는 것은 간섭받지 않을 개인의 권리를 인식함으로써 가능하다고 주장한다.

이런 권리론을 주장한 사람으로 노직이 처음은 아니다. 자기 소유권 이념이 모든 자유주의의 핵심에 서 있다는 주장은 종종 제기

4) 이런 생각은 F. Hayek, *The Constitution of Liberty* (Routledge & Kegan Paul, London, 1960), p.139에 의한 것이다.

되었다.[5] 이것은 로크, 칸트, 그리고 밀에서 다양한 형식으로 나타나 있다. 노직의 특징은 자기 소유권리를 강조했다는 것이다. 우리가 다음 장에서 살펴보겠지만, 필요, 응분의 보상, 또는 행복보다 자기 소유의 권리가 절대적이며 우위를 차지한다. 노직에게 있어서 개인의 권리는 전체적인 정치학적 조망을 이루고 있다.[6]

정의의 권리 이론

생명과 자유에 대한 개인의 권리에 관한 이런 견해는 각자가 자기 통제의 권리를 가지고 있다는 무정부주의자의 직관과 잘 일치한다. 그러나 노직의 책에서 무정부주의를 옹호할 수 있는 논거를 찾을 수 있다는 희망에서, 노직 책의 제목 때문에 매력을 느낀 사람들은 읽어보고 혼란스러워 했다. 바쿠닌, 크로포킨 그리고 프루동과 같은 무정부주의자는 낭만적이고 극단적인 이론가였다. 이들의 이론은 국가 없는 사회주의를 약속하고 있다. 그러나 노직 견해의 두 측면은 그가 무정부자들의 견해를 옹호하고 있지 않다는 것을 드러내 준다. 노직의 두 견해는 다음과 같다. 첫째, 노직은 최소국가를 인정한다. 둘째, 그는 사적 소유권을 강조한다.

'소유는 도둑질이다'라고 주장한 사람은 프루동이었다. 노직은 생

5) 예를 들면, David Lloyd Thomas, *In Defence of Liberalism* (Blackwell, Oxford, 1988), ch. 1을 참조할 것.

6) 나는 이 구절을 H. L. A. Hart, "Between Utility and Rights", in *The Idea of Freedom*, ed. A. Ryan (Oxford University Press, 1979), p.81에 빚지고 있다. 그러나 다음 장에서 우리가 알 수 있듯이, Hart가 노직에게 있어서 권리가 도덕의 전체 영역을 차지하고 있다고 말한 것은 옳지 않다.

명과 자유에 대한 권리에 따라 사람들이 소유의 권리를 가졌다고 주장하면서, 이런 견해를 받아들이지 않는다. 이런 권리는 개인의 '보호받아야 할 영역' 내에 속해 있다. 노직에 따르면, 당신이 정당한 소유의 권리를 갖는 곳에서, 당신의 소유의 권리는 당신 눈에 대한 권리만큼이나 포괄적이고, 타인이 침범할 수 없는 권리이다. 어떤 사람도 당신의 동의 없이 당신의 재산을 침해해서는 안 된다. 큰 이익을 위한 것이라 할지라도 침해해서는 안 된다.

그러나 사람이 재산에 대한 권리를 가질 때, 사적 재산 소유권이 도덕적으로 정당화되는 것은 어떤 근거에서인가? 어떤 사람들은 재산이 필요에 의해 재분배되어야 한다고 생각한다. 또한 다른 사람들은 재산이 보상받을 만한 사람에게 할당되어야 한다고 주장한다. 노직은 이와는 다른 생각을 가지고 있다. 보상이나 필요가 아니라, 소유권리에 대한 고려가 중요하다. 그러나 소유권리가 무엇인가? 이미 큰 부를 누리고 있는 사람이 유래를 찾아볼 수 없는 또 다른 행운을 갖게 되었다고 생각해 보자. 우리는 그가 그 이상의 돈이 필요 없다고 말할 것이 틀림없다. 그리고 그가 그것을 보상받거나 그것을 누릴 공적이 없다는 것도 확실하다. 그러나 우리는 그가 그 돈이 필요하지도, 보상받을 만하지도 않을지라도, 이 돈이 그의 것이 되는 것이 정당하고 그것을 가질 소유권리가 있다고 말하는 경향을 보인다. 노직은 소유권리 개념에 애착을 갖는다. 사실상, 그가 재산 소유와 관련한 정의의 문제에서 중요하게 여기는 것은 그 사람의 특징, 즉 필요나 공적이 아니라 그들이 그 재산을 어떻게 획득했는가에 대한 사실이다. 즉 그들은 그것에 대한 권리를 가질 수 있는 방식으로 그것을 획득했는가?

노직에 따르면, 사람들은 두 개의 기초적인 과정을 통해 재산에 대한 권리를 갖는다. 재산은 이미 그것을 정당하게 소유하고 있는 사람으로부터 정당하게 획득할 수 있다. 그리고 어떤 상황에서는, 재산을, 아무도 소유하고 있지 않다면, 자연으로부터 적절하게 획득할 수 있다. 따라서 노직은 '이전의 정의'와 '획득의 정의'의 원리를 제시한다. 이런 과정과 방법에 의한 소유는 정당한 것이 될 것이다. '교정의 정의'라는 세 번째 원리는 과거의 피해를 보상하기 위한 것으로, 노직의 '정의의 소유권리 이론'을 완전한 것으로 만들어준다. 이 이론은 개인이 신체의 권리만큼이나 강력한 절대적인 사적 소유권을 가졌다고 주장하는 배경을 제공한다.

최소국가

노직에 따르면, 우리는 생명과 자유에 대한 절대적인 권리를 갖는다. 그리고 또한 절대적인 소유의 권리를 형성할 수 있다. 그러나 우리가 권리를 갖는다는 단순한 사실이 이 권리들이 항상 존중된다는 것을 보장해 주지는 못한다. 우리는 우리의 권리를 침해하려고 하는 사람들로부터 우리를 어떻게 보호할 수 있을까? 현대 사회에서 우리는 우리를 보호할 제도를 가지고 있다. 우리는 경찰을 부르고, 우리의 권리를 침해한 사람을 고소할 수 있다. 그러나 무정부 사회에서 이런 행위 과정은 사용될 수 없다. 어떤 국가도 없다면 경찰이나 법적 체계도 없을 것이다. 어떤 이상적인 무정부주의자는 국가가 모든 악의 근원이라고 믿고 있다. 그리고 국가가 없다면 어떤 사람도 타인의 권리를 침해하지 않을 것이라고 생각한다. 노직은 이런 견해에 의존하지 않는다.

대신에 노직은 최소국가 또는 때때로 '야경국가'라고 불리는 국가를 승인한다. 국가는 폭력, 사기, 그리고 도둑, 계약 이행으로부터 사람들을 보호하는 기능을 수행하는 한에서 정당하다고 노직은 생각한다. 따라서 국가의 존재는 권리를 보호하기 위한 것이다. 그리고 이것이 유일한 정당화이다. 국가가 좀더 포괄적인 정책을 시도한다면 권리를 침해하게 될 것이다.

우리가 익숙한 정부의 형태와 비교하지 않는 한, 이런 정당한 국가 개념의 특별하고 유별난 점이 무엇인지 이해하기 어렵다. 현대의 정부는 많은 활동 영역을 갖는다. 그리고 정부는 이런 활동 영역에 거둬들인 세금을 할당한다. 따라서 우리는 국방, 교육, 건강, 치안, 무역, 복지 등과 같은 부서를 가지고 있다. 우리는 이런 활동을 정부의 다른 분과로 생각한다. 그러나 자유주의자의 관점과는 기본적인 차이가 있다.

첫째, 공격 행위로부터 시민을 보호하는 것과 관련된 정부기관이 있다. 즉 외국의 침범으로부터 시민을 보호하는 기관이다. 경찰과 법정은 시민들 서로로부터 시민을 브호한다. 둘째, 모든 사람의 삶의 질을 개선하려는 의도를 가지고 다양한 공적 서비스 — 도로, 화재 진압, 도서관 — 를 제공하는 정브의 영역이 있다. 셋째, 아프거나, 가난하거나, 실업으로 인해 자신을 돌볼 수 없는 시민들을 보살피는 정부의 활동 영역이 있다. 마지막으로, 정부는 또한 개별자의 삶을 어느 정도까지는 관리 감독을 담당하고 있다. 대부분의 국가에서 검열제도를 시행하고 있다. 즉 많은 나라에서 특정 약물은 금지되어 있다. 거의 대부분의 나라에서 강제 교육제도를 시행한다. 이것은 사람들에게 너무나도 명백히 좋은 것을 위해 정부가 사람들에게 하거나 하지 못하게 강제하는 영역이다.

이런 네 영역 중 첫 번째 것만이 간섭받지 않을 권리를 옹호하는 것과 관련 있다는 것에 주목하라. 둘째 영역은 이것을 넘어서 있다. 이것은 모든 사람이 이익을 누리는 재화와 서비스를 제공하고 있다. 셋째는, 일부분의 사람을 희생하여, 사회의 일부분이 이익을 누리는 재화와 서비스를 제공한다. 넷째는 모든 사람에게 좋은 것을 공급하거나 금지한다. 이것은 그 사람들이 동의하는지 그렇지 않은지와 무관하게 이루어진다.

최소국가는 이런 영역 중 첫 번째 영역을 위해서만, 즉 사람과 재산에 대한 권리를 보호하기 위해서만 세금을 부과할 수 있다. 노직은 최소국가가, 사람들을 강제하여 타인을 돕도록 만들기 위하여, 또는 사람들의 이익과 보호를 목적으로 사람들의 활동을 금지하고자, 강제 기구를 이용할 수 없다고 주장한다. 그래서 그는 세 번째와 네 번째 영역 모두를 불법적인 것이라고 규정한다. 우리는 노직의 입장에 두 번째 영역의 금지를 부가해야 할 것이다. 정부는 사람들의 더 나은 복지에 이바지하도록 사람들을 강제할 수 없다. 따라서 우리는 강제적인 재분배에 하나의 장벽을 가지고 있다. 그리고 또한 모든 형태의 부권주의에 대한 장벽도 가지고 있다. 강제적인 재분배는 노직의 정의의 권리 이론에 의해 배제된다. 이 이론은 이전이 완전히 자발적이라면, 그 이전은 도덕적으로 정당화된다고 말한다. 반면에 부권주의는 자신의 삶의 과정을 결정할 수 있는 자유에 대한 개인적 권리를 침해한다. 노직의 주장에서 가장 놀랄 만한 결론은 바로 국가가 가난한 사람을 돕는 일을 할 수 없다는 것이다. 즉 사람은 복지를 위한 도움을 받을 권리를 가지고 있지 않다.

유토피아를 위한 토대

정부의 활동이 이런 식으로 점점 줄어들게 되면, 삶이 어떤 모습일 것인가를 생각하기는 쉽지 않다. 음식에 대한 권리가 없기 때문에 굶어 죽는 가난한 사람을 보게 될 것인가? 소방 서비스가 없기 때문에 집은 불타버릴 것인가? 그리고 길도 없고, 하수구도 없으며, 전기도 공급되지 않을 것인가? 실제로 노직은 최소국가가 "고무적일 뿐만 아니라 옳다"고 주장한다. 최소국가가 옳은지의 여부는 이 책 전반에 걸쳐 추구되는 문제이다 그러나 우리는 이제, 이런 문제에 의거해서, 최소국가가 고무적이라고 생각하는 이유가 무엇인지를 물어볼 수 있다.

먼저, 비록 노직이 여분의 재산을 내놓도록 부유한 사람들에게 강제할 수 없다고 주장할지라도, 그가 가난한 사람의 곤경을 무시하라고 권고하고 있는 것은 아니라는 것을 이해하는 것은 매우 중요하다. 그는 사적인 인류애를 억제하려고 시도하지는 않는다. 자유지상주의자는, 무언가 할 수 있는 위치에 있을 때, 부자가 가난한 사람을 굶어 죽도록 내버려두는 것이 비도덕적이라고 말하는 선까지도 나아갈 수 있다. 즉 부유한 사람은 사적인 재분배에 참여해야만 한다. 그러나 도덕적으로 옳은 것과 법에 의해 강제되는 것이 옳은 것을 구별하는 것도 중요하다 자비심을 보이지 않는 것은 잘못일 수 있다. 그러나 자유지상주의자에게 있어서, 이것이 누군가를 그렇게 하도록 강요할 수 있는 이유는 되지 않는다. 재산의 권리는 자선의 의무를 으뜸으로 삼는다.

도덕적인 옳음과 온당한 강제의 구별은 우리가 다른 경우에 통상적으로 사용하는 것이다. 내가 드로에 쓰러져 있는 동료를 도와

주지 않고 지나쳐버리는 것은 잘못된 일이며, 도덕적으로 용서할 수 없는 일이다. 그러나 우리는 내가 비도덕적인 선택을 하는 것이 불법적이라고 생각한다면 달가워하지 않을 것이다. 자유지상주의자는 재분배를 목적으로 하는 세금 부과는 가난한 사람의 궁핍함을 경감시키지 않는 것을 불법적인 것으로 만들어버린다고 지적한다. 그러나 도덕적인 사람이 가난한 사람과 병든 사람을 도와야 한다고 믿는 것은 매우 일관적이다. 그렇지만 이것은 강제되어서는 안 된다. 자발적으로 돕는 것이, 원리적으로, 도움이 필요한 사람에게 더 많은 도움을 줄 수 있다. 굶주리고 있는 사람에게 음식을 주는 것처럼, 도서관이나 박물관에는 장서와 유물을 기증할 수 있다. 공적 재화뿐만 아니라 복지를 위한 활동에도 자선기금을 낼 수 있다.

그러나 모든 도움이 자발적이어야 한다면, 얼마나 많은 도움이 있을 수 있겠는가? 최소국가는 박애정신을 자극할 것인가? 아니면 기를 꺾어버릴 것인가? 물론 이것은 사변적인 문제이다. 현재의 박애에 의한 행위가 복지국가나 복지를 유지하기 위해 요구되는 세금에 의해 현격하게 줄어든다고 주장하는 사람들이 있다. 복지제도를 폐지하고, 세금 부담을 줄인다면, 박애심이 더 많이 흘러나올 것이다. 밀턴과 로즈 프리드먼이 지적했듯이, 박애심이 크게 작용했던 시대는 포괄적 정부가 활동하던 시대에 앞서 있었다. 즉 사립학교와 사립대학, 고아원, 부상병 구조 등은 19세기에 생겼다.[7] 하나의 반응으로, 현대의 국가가 복지국가로 이행하도록 한 것은 19세기 박애주의가 효과적이지 못했다는 결론에 의한 것이다. 그러나 이런

---

7) M. Friedman and R. Friedman, *Free To Choose* (Penguin, Harmondsworth, Middlesex, 1980), pp.57-58.

활동이 새로운 최소국가에서 다시 시작될 것인지는 생각해 볼 문제로 남아 있다.

그러나 박애주의가 불운에 대처하는 유일한 방법은 아니며, 최소국가에서 공적인 선을 대비하는 유일한 관점은 아니다. 자유시장은 잘 알려진 해결책을 가지고 있다. 병자가 될 것을 우려하는 사람, 실업자가 될 것을 우려하는 사람은 자신의 약점을 만회할 수 있는 보장을 받으려 할 것이다. 우연에 의한 피해로부터 개인을 보호하기 위한 보험시장의 가능성을 과소평가하지 않는 것이 중요하다. 어떤 사람들은 가난하게 태어나기도 하고 병이 들기도 한다. 그래서 이들은 보험회사가 받아들이기를 꺼리는 피보험자이다. 불치병이나 오랜 기간 병에 시달리는 사람이 건강을 회복하는 것은 어려운 일일 수 있다. 재정적인 어려움에 처한 사람에게 있어서, 보험료는 필수적인 지출로 생각되지 않고, 손해를 보는 돈으로 여겨질 수 있다. 그럼에도 불구하고, 보험의 가능성은 타인의 자선에 대한 의존의 비율을 줄여준다. 그리고 최소국가의 많은 사람들에게, 비록 전부 다는 아니지만, 안전을 제공할 것이다.

마찬가지로, 어떤 공적인 재화는 개인에 의해 제공될 수도 있고, 비회원으로부터 이득을 얻고자 하는 자발적인 단체로부터 제공될 수도 있다. 아마 아무도 모든 사람이 공짜로 즐길 수 있는 분수를 시장 한복판에 세우려고 하지 않을 것이다. 그러나 예를 들면 송수관이나 물병으로 물을 사적으로 공급하는 일은 이루어질 수 있다. 많은 재화는 상업적 이유 때문에 사적으로 제공될 수 있다. 그러나 다른 재화는 이런 방식으로 다루기가 더 어려울 수 있다. 상당수의 재화는 본성상 공적이며, 이 경우에 비용을 분담하지 않고 그 재화의 혜택을 누리는 사람을 방지할 실천적인 방법이 없다. 가로등이 이 경우에 통상적으로 인용되는 예이다. 결론적으로 이런 종류의 재화는 최소국가에서 공급될 수 있을 것이다.

지금까지 우리는 최소국가가 냉혹하지 않을 수 있다고 생각할 수 있는 이유들을 살펴보았다. 그러한 국가에서 더욱 포괄적인, 국가의 상당수 기능들을 대체하는 다소간 효과적인 것들을 잘 제공할 수 있을 것이다. 그러나 최소국가가 고무적이라고 판단할 만한 것은 거의 찾을 수 없었다. 그렇다면 노직은 왜 이런 주장을 하는 것인가? 그 대답은 그가 이것이 '유토피아의 골격'을 제공한다고 믿고 있기 때문이다.

유토피아에 대한 환상은 많은 사람들에게 매력적인 것이다. 상당수의 사상가들은 인간이 완벽하게 확장된 삶을 살 수 있는 사회 모델을 고안하는 데 많은 노력을 기울이고 있다.[8] 노직은 유토피아 사상가는 자신이 인간에게 좋은 삶의 본성을 진정으로 이해하고 있다고 생각할 것이라고 말한다. 그래서 이런 발견을 통해 먼저 인간의 완전한 가치를 담고 있는 하나의 사회가 가능하다고 생각할 것이라고 주장한다. 어떤 유토피아 사상가는 자기 충족적인 농업사회로 복귀하는 것에 의거하고 있다. 그리고 다른 사람은 시민사회에 의거하고 있기도 하다. 그러나 일반적으로 하나의 견해 안에서 단지 한 형태의 삶이 제시될 것이다. 비록 다양한 형태의 삶이 허용되기는 하지만 그러하다. 그런 하나의 삶은 인간의 완전한 삶의 본성을 표현한다. 즉 인간에게 있어서 좋은 삶을 표현한다.

그러나 노직은 인간에게 있어서 좋은 삶이 단일한 것이라고 생

8) 분명한 조망을 위해서는 F. E. Manuel and F. P. Manuel, *Utopian Thought in the Western World* (Blackwell, Oxford, 1979)를 참조할 것.

각하지 않는다. 각각의 개별자는 선에 대해 각각의 생각을 가지고 있다. 이것은 모든 인간이 하나의 유토피아 사회에서 행복하고 충만한 삶을 살 것 같지가 않다는 것이다. 유토피아 사상가가 할 법한 생각에 관심을 기울이고서, 노직은 "비트겐슈타인, 엘리자베스 테일러, 버트란드 러셀, 토마스 머턴, 요기 베라, 알렌 진스버그, 해리 울프슨, 소로우, 캐세이 스텐젤, 루바비처 레브, 피카소, 모세, 아인슈타인, … 당신과 당신의 부모"(310) 모두에게 최고인 유일한 사회를 고안하는 유토피아주의자들을 공격한다.

'유토피아를 위한 구조'의 배후에 놓여 있는 생각은 자신의 유토피아를 구성하고 그런 삶을 사는 것이 가능하다는 배경을 기술하기 위한 것이다. 최소국가에서, 하나의 집단은 모든 재화를 공유하는 사회주의 마을을 만들어낼 수 있다. 반면에 다른 집단은 수준 높은 문화를 추구하기 위해서 모든 안락함이 희생되는 완전주의자의 사회를 창출해 낼 수 있다. 세 번째 집단은 자유로운 시장을 모델로 하는 사회를 설정할 수 있다. 최소국가에서, 개인들은 다양한 형태의 국가 형태를 자발적으로 만들어낼 수 있다. 사회가 자본주의에 의거해서 구성되어야 하는지, 아니면 사회주의에 의해 구성되어야 하는지는 논변이 필요하지 않다. 자본주의를 선호하는 사람은 자본주의 국가에서 살 수 있다. 사회주의를 선호하는 사람은 사회주의 국가에서 살 수 있다.

포괄적인 국가가 중립적인 '유토피아를 위한 구조'를 어떻게 제공할 수 있는지를 알아보기는 쉽지 않다. 예를 들면, 펜실베이니아의 아만파[9] 농부와 같이, 엄격하게 자기 충족적인 특정한 형태의

9) [역주] 17세기에 스위스의 목사 J. Arnmann이 창시한 Menno파의 한 분파

사회에서 살고자 하는 사람은, 그들이 바라지 않는 재화를 공급하기 위한 세금이 다른 사람을 위해 일하지 않고서는 자신의 재정적인 의무 이행을 불가능하게 만든다는 것을 알게 될 것이다. 따라서 국가에 대한 자신의 의무가 포괄적이면 포괄적일수록, 특정한 삶의 유형을 지키기 어려워진다. 마찬가지로 비최소국가는 특정한 사회적, 성적, 경제적 활동을 금지할 수 있다. 그리고 상당수의 시민이 바라는 삶의 유형을 배제해 버린다.

따라서 비최소국가는 특정 형태의 사회에서의 삶의 가능성을 배제해 버린다. 물론 최소국가에서조차도 특정한 유토피아적 환상을 가진 삶을 살고자 하는 사람들을 많이 발견하기 어려울 수도 있다. 그러나 어렵다 할지라도, 이것이 불법적인 것이 되지는 않을 것이며, 국가의 의무에 의해 배제되지도 않을 것이다. 비최소국가에서 이것은 불법이 될 수 있고, 배제될 수 있다. 이런 다원적인 유토피아의 실현 가능성과 안정성에 관해서는 의문이 제기될 수 있다. 이것은 5장에서 살펴보게 될 것이다. 그러나 유토피아를 위한 구조는 자유지상주의 견해를 전적으로 비정한 것으로 인식하는 사람에 의해 제시될 것이다.

로 미국의 펜실베이니아 주에 이주하여 현대 문명의 이기들을 받아들이지 않고 검소한 생활을 함.

2 장
자유지상주의자의 권리

개인의 권리와 공리

우리는 벤자민 터커가 어떤 국가도 도덕적으로 정당화될 수 없다고 주장했다는 것을 알고 있다. 노직은 도덕적으로 정당한 국가가 존재할 수 있다고 주장한다. 터커의 주장은 상식적인 주장들에 전적으로 배치된다. 왜냐하면 국가가 정당하게 존재할 수 있다는 생각은 논증이 필요 없는 일반적인 것이기 때문이다. 어떤 형태이든 국가의 존재는 불가피하다는 것은 분명하다. 어떤 다른 진지한 설명이 있을 수 없다. 그래서 국가의 존재에 대한 의문이 제기된다면, 국가의 존재에 대한 대답은 이런 설명만으로도 충분히 정당화할 수 있다. 그러나 노직은 이런 설명에 동의하지 않는다. 국가가 정당화된다는 것을 논증해야만 한다고 노직은 생각한다. 이것은 무정부주의를 논박한다는 것을 의미한다(노직에게는 포괄적 국가로 나아가지 않고서도 무정부주의를 논박한다는 것을 의미한다).

그러나 우리가 무정부주의를 논박하려고 노력하기 전에, 무정부주의가 논의될 만한 가치가 있는 것인지를 살펴보아야 한다. 무정부주의적 결론에 이르게 하는 가정들은 진지하게 받아들일 만한 가치가 있는 것들인가? 그러나 노직은 이런 가정들을 실제로 매우 진지하게 받아들이고 있다. 왜냐하면 무정부주의의 가정들은 노직의 가정들과 동일하기 때문이다. 그래서 노직에게 있어서 무정부주의는 하나의 대답이 긴급하게 필요한 하나의 사례를 제시한다. 그리고 논박은 이런 공유된 가정이 모든 형태의 국가의 정당성을 함축하지 않는다는 것을 보여주는 것으로 구성되어 있다.

무정부 상태에 대해서는 여러 상이한 논변들이 있다.[1] 노직의 관심은 1장에서 설명된 자기 소유와 개인의 독립성이라는 전제에서 추론하는 '개인주의적 무정부주의'에 있다. 개인주의적 무정부주의자는, 일단 우리가 이런 이론의 결론을 살펴본다면, 모든 형태의 국가가 부도덕하다는 것을 알게 될 것이라고 주장한다. 그러나 모든 정치철학자들이 자기 소유를 강조하고 있지는 않다. 예를 들면, 공리주의자는 벤담의 전제로부터 "각자는 하나로 간주되고 하나 이상으로 간주되는 사람은 없다"고 주장하고, 시즈위크는 "어떤 한 개인의 선이 다른 어떤 사람의 선보다, 보편적 … 관점에서, 더 중요한 것이 아니다"[2]라고 주장한다. 이런 전제들 각각은, 서로 결합되었을 때, 행복이나 쾌락이 어떻게 분배되어야 하는지와는 무관하

1) David Miller, *Anarchism* (Dent, London, 1984)을 참조할 것.

2) H. Sidgwick, *Methods of Ethics* (Macmillan, London, 1907), p.382.

게 그것의 총량을 극대화해야 한다는 공리주의 결론의 기초가 된다. 이런 이론은 직관적인 호소력을 갖기는 하지만 그 결론은 극단적이다.

영희가 자신의 그랜저 승용차를 통해 얻는 쾌락보다 자전거를 가졌을 뿐인 철수가 영희의 그랜저 승용차를 통해 더 큰 쾌락을 얻을 수 있다고 해보자. 왜냐하면 영희는 수입 명차를 여러 대 가지고 있어서 그랜저 승용차는 거의 사용하지 않기 때문이다. 공리주의자는 그래서 영희에게서 그랜저 승용차를 빼앗아 철수에게 주어야 한다고 주장할 것이다. 왜냐하면 그렇게 함으로써 쾌락의 총량을 극대화할 수 있기 때문이다. 좀더 세련된 공리주의자는 이런 결론을 도출하기 전에 망설일 것이다.[3] 그러나 노직의 견해와 '조야한 공리주의'를 대비시킴으로써, 우리는 노직의 입장이 무엇인지를 분명하게 알 수 있다. 조야한 공리주의는 단지 전체적인 행복을 극대화하는 데 관심을 갖는다. 이런 목표를 성취하기 위해 사용되는 수단이 무엇인지는 개의치 않는다. 따라서 개인의 독립성은 결국 중요하지 않다.

노직의 관점에서 보면, 공리주의 관점은 개인의 독립성을 무시함으로써 도덕적인 과오를 범하게 된다. 그리고 노직은 이런 도덕적인 과오가 형이상학적 과오와 관련이 있다고 주장한다. 영희에게서 차를 빼앗아 철수에게 주어야 하는 이유는 무엇인가? 공리주의자의 대답은 그렇게 함으로써 행복이 극대화되기 때문이라는 것이다. 그러나 왜 우리는 행복을 극대화하는 데 흥미를 가져야 하는가? 노

---

3) H. Sidgwick, *Methods of Ethics* 또는 R. M. Hare, *Moral Thinking* (Oxford University Press, Oxford, 1981)을 참조할 것.

직은 공리주의자가 다음과 같은 유추를 통해 주장할 것이라고 생각한다. 수입의 10퍼센트를 저축하는 것은 아마도 직접적인 행복이 약간 줄어드는 결과를 낳을 것이다. 그러나 결국에는 그 저축으로 원하던 차를 살 수도 있을 것이다. 또는 바라던 별장을 살 수도 있고, 경제적인 어려움 없이 말년을 보낼 수 있을 것이다. 저축을 한다면, 당장의 희생은 가치 있는 것이 될 것이다. 즉 저축은 더 행복한 삶을 위한 것이며, 순간의 만족감 그 이상의 무엇인가를 줄 것이다. 그래서 우리 인생에서 행복을 극대화하기 위해서는 이익과 부담을 미리 재분배해야 할 것이다. 우리는 미래의 이익을 위하여 현재의 부담을 받아들인다. 공리주의자는 이런 추론을 사회 전체로 확대하는 것이 도덕적으로 옳다고 주장한다. 즉 다른 사람의 더 큰 이익을 위하여 몇몇 사람에게 부담을 부과하는 것, 즉 행복의 전체 총량을 증가시키는 것은 도덕적으로 옳다.

그러나 노직은 이런 유추에 반대한다. 미래의 이익을 위하여 지금 저축하는 것이 나에게 적어도 합리적이라고 말할 수 있는 이유는 그 이익을 누릴 사람이 바로 나 자신이어야 한다는 것이다. 즉 부담을 감당하고 그 이익을 누리는 사람이 한 명의 사람이어야 하며, 그래서 그 한 사람의 전체적인 행복이 증가해야 한다. 따라서 나의 미래 이익은 나의 현재 부담을 상쇄시켜 준다. 그러나 영희의 차를 빼앗아서 철수에게 주었을 때, 고통을 겪고 행복을 누리는 사람은 한 사람이 아니며, 그 이전 행위에 의해 극대화되는 행복은 한 사람의 행복이 아니다. 영희의 행복을 줄여서 철수의 행복을 증가시키는 일이 발생하였다. 노직이 말했듯이, “단지 이것일 뿐이다.”(33) 노직은 공리주의를 비판하면서 ‘사회’ 자체를 하나의 실체로 상정하고, 이것이 쾌락과 고통을 경험하며, 사회의 웰빙이 극대화되어야 한다고 생각하는 형이상학적 과오를 범하고 있다고 말한다. 그러나 그런 실체는 없다. 단지 독립된 개인만이 있을 뿐이다. 그리고 한 사람의 쾌락은 다른 사람의 고통을 보상해 줄 수 없다.

어떤 공리주의자는, 한 사람의 행복이 또 다른 사람의 고통을 엄밀하게는 보상할 수 없다 할지라도, 그럼에도 불구하고 다른 사람의 더 큰 이익을 위해 어떤 사람에게 비용을 부담시키는 것은 좋은 일이라고 주장하면서, 형이상학이 자신들의 견해의 배후에 놓여 있다는 것을 거부할 것이다.[4] 그러나 노직은 공리주의가 개인의 독립성을 존중하지 않는 도덕적 과오를 범하고 있다고 비판하고 있다. 그는 한 사람을 다른 사람을 위한 '수단(resource)'으로 이용하는 것은 잘못이라고 주장한다. 즉 다른 사람을 위하여 한 사람의 웰빙을 희생시키는 것은 잘못이다. 그런데 공리주의자는 이것이 우리가 해야 할 것이라고 말한다. 그러므로 노직은 개인의 독립성을 중요한 것으로 다루고 있는 도덕적 견해를 제공하고 있다. 그 견해의 핵심부에는, 개인은 통제할 수 있는 절대적인 권리를 가지고 있으며, 사회 복지에 대한 고려가 이런 권리를 힘으로 눌러 무시할 수 없다는 생각이 자리 잡고 있다.

노직에게 있어서, 일차적으로, 개인은 자신의 삶과 자유에 대한 권리를 가지고 있으며, 재산에 대한 특정한 권리를 형성할 일반적 권리를 가지고 있다. 더 완벽하게는, 개인은 폭행, 침해, 강제, 사기, 또는 기만당하지 않을 권리를 가지고 있다. 그리고 교환 또는 상속에 의해, 어떤 상황에서는 자연상태에서 소유함으로써, 사유재

---

4) 이러한 관점을 위해서는 T. Nagel, "Equality", in his *Mortal Questions* (Cambridge University Press, Cambridge, 1979), pp.106-127을 참조할 것.

산을 형성할 권리를 가진다. 노직에게 있어서, 재산에 대한 권리는 자기 신체에 대한 권리만큼이나 강력하다. 노직은 이런 주장이 특별히 논쟁이 필요하다는 것을 인식하고 있다. 그리고 특별한 옹호가 필요하다는 것도 인식하고 있다. 우리는 4장에서 재산의 권리에 대한 노직의 설명을 살펴볼 것이다.

침해되어서는 안 되는 권리들

노직과 개인주의적 무정부주의자는 우리가 삶, 자유 그리고 재산에 대한 매우 강력한 권리를 가지고 있다는 주장을 공통 근거로 삼고 있다. 권리에 대한 노직의 자유지상주의 이론은 많은 무정부주의자들의 이론보다 훨씬 분명하게 표현되어 있다. 우리의 다음 목표는 노직 이론의 어떤 특징이 우리의 권리가 침해되어서는 안 된다고 주장하도록 하는지를 살펴보는 것이다.

먼저 우리가 삶, 자유 그리고 재산에 대한 권리를 가지고 있다고 노직이 믿었다고 말하는 것은 하나의 혼란을 초래할 수 있다. 그래서 이 문제를 살펴볼 필요가 있다. 내가 굶어 죽어가고 있으며, 당신이 여분의 음식을 가지고 있는 유일한 사람이라고 생각해 보자. 내가 생명의 권리를 가지고 있다고 믿는다면, 내가 당신의 음식에 대한 권리를 가지고 있다는 결론에 이르게 될 것이다. 왜냐하면 이것이 내가 살 수 있는 유일한 방법이기 때문이다. 그러나 노직에게 있어서 이런 결론은 도출될 수 없다. 이런 결론이 도출될 수 없는 이유를 아는 것이 중요하다.

노직의 입장을 분명하게 하기 위하여, 우리는 두 종류의 권리를 구분할 수 있다. 즉 소극적 권리와 적극적 권리를 구분할 수 있다. 내가 어떤 것에 대한 적극적인 권리를 가지고 있다면, 이것은 특정한 사람 또는 다른 경우에서는 모든 사람이, 그것을 또는 그것을 확보하기 위해 필수적인 모든 것을 나에게 제공해야 할 상응하는 권리를 갖는다는 것을 함축한다. 그래서 내가 생명에 대한 적극적인 권리를 갖는다면, 다른 사람은 내가 살기 위해 필요한 것을 나에게 제공해야만 한다. 그러나 생명에 대한 소극적 권리는 이런 함축을 갖지 않는다. 오히려 이것은 간섭받지 않을 권리이다. 이것은 어떤 다른 사람이 내가 살기 위해 필요한 것을 나에게 제공할 의무를 갖는다는 것을 함축하지 않는다. 그러나 이들은 나의 생명을 위태롭게 하는 행위를 하지 않을 의무를 갖는다. 달리 말하자면, 소극적 권리는 피해를 당하지 않을 권리 또는 '간섭받지 않을 권리'이다. 반면에 적극적 권리는 일반적으로 도움을 받을 권리이다. 이 구분은 그다지 분명하지는 않다. 왜냐하면 이것은 우리가 다른 사람에 해를 주는 것과 이들을 돕지 않는 것을 항상 구별할 수 있다는 것을 미리 가정하고 있기 때문이다. 우리가 이 장에서 나중에 알게 되겠지만, 어떤 권리는 적극적이거나 소극적이지 않다. 그럼에도 불구하고 이런 구분을 빌어 생각해 본다면, 노직의 견해의 본성을 이해하는 데 도움이 될 수 있다.

노직은 우리가 적극적인 권리를 가질 수 있다는 것을 인정하고 있다. 그러나 매우 특별한 사례는 예외로 하고, 적극적 권리는 사람들이 이런 권리에 상응하는 의무를 자발적으로 받아들인 결과로서만, 예를 들면 계약을 함으로써만 존재한다. 내가 나를 살려주기로 의사와 계약하였다면, 나는 의사의 대한 적극적 권리를 획득한 것이다. 그러나 내가 그런 계약을 하지 않았다면, 노직에 따르면,

나의 권리는 단지 간섭받지 않을 소극적인 권리일 뿐이다. 이 이론은 보호받을 권리의 영역에 대한 내용을 제공한다. 이 이론은 개인의 독립성을 받아들이고 있다. 노직에 따르면, 이것이 우리 권리의 가장 중요한 특징이다. 권리들은, 일반적으로, 간섭받지 않을 권리이다.

권리에 관한 노직 이론의 두 번째 본질적인 내용은 한 사람의 권리가 다른 사람의 권리와 상충할 수 있는지에 관한 문제를 살펴봄으로써 제기될 수 있다. 노직과는 달리, 사람들이 적극적인 권리를 갖는다고 주장한다면, 상충은 통상적으로 일어날 수 있다. 하나의 분명한 사례는 내가 당신의 여분의 음식을 먹지 않는 한 굶어 죽게 되는 예를 통해서 등장한다. 당신의 음식이 여분으로 남는 것이라 할지라도, 그 음식은 여전히 당신의 것이며, 그 음식에 대한 권리는 당신이 가지고 있다. 당신이 그 음식을 넘겨주기를 꺼려한다면, 음식에 대한 당신의 소유권과, 생명에 대한 나의 권리를 추구하는 음식에 대한 나의 권리가 충돌하게 된다. 하나의 권리는 포기되어야 한다. 우리는 아마도 음식에 대한 당신의 권리가 무시되어야 한다고 주장하려 할 것이다. 당신의 권리가 포기되는 것이 필연적이지는 않지만 그래도 당신의 권리를 포기해야 한다고 말할 것이다. 그러나 다른 사례에서는 이와 다른 결론에 도달할 수 있다.

이 경우에서 권리의 상충은 생명에 대한 적극적 권리와 재산에 대한 소극적 권리의 충돌에서 결과한 것이다. 그러나 노직과 마찬가지로, 우리가 단지 비계약적 권리가 간섭받지 않을 소극적 권리라고 믿는다면, 그 입장은 어떠할 것인가? 상충이 생겨날 것인가? 우리가 생명, 자유 그리고 재산에 대해 소극적 권리를 가졌을 뿐이라고 생각해 보자. 그래서 어떤 사람도 죽임당하지 않을 것이고,

자신의 신체나 재산에 간섭받지 않는다고 생각해 보자. 그리고 이런 권리들이 우리가 가진 유일한 권리라고 생각해 보자. 이런 권리들이 보편적으로 준수되는 한, 상충은 있을 수 없는 것처럼 보인다. 그러나 어떤 사람이 다른 사람을 위협하여 그의 권리를 침해할 때, 그 입장은 더 복잡해진다.

테러 집단이 자기 단체 소속원을 구속한 한 판사를 자신들에게 넘겨주지 않는다면, 전폭적인 테러를 감행해 많은 사람을 죽이고 재물을 파괴하겠다고 협박하고 있다고 해보자. 우리가 승낙하지 않는다면 실제로 테러를 행할 것이며, 테러가 이루어지지 않을 수 있다고 생각할 어떤 이유도 없다. 우리는 어떻게 해야 할까?

우리는 그 판사가 생명과 자유의 권리를 가지고 있다는 것에 동의할 수 있다. 적어도 간섭받지 않는 것이 정당화될 수 있다는 의미에서 이에 동의할 수 있다. 판사를 테러 집단에게 넘겨주는 것은 판사의 자유를 간섭하는 것이 될 것이 분명하다. 그리고 판사는 아마도 심한 고문을 받으며 죽게 될 것이다. 판사를 테러 집단에게 넘겨주는 것은 그의 간섭받지 않을 권리를 침해하는 것임에 틀림없다. 그래서 우리는 판사를 테러 집단에게 넘겨주어서는 안 된다는 결론에 이를 것처럼 보인다.

그러나 우리가 테러 집단의 요구를 거부한다면, 더 많은 권리의 침해가 결과될 것이라고 말할 수도 있을 것이다. 많은 무고한 사람들이 죽거나 시민의 재산이 파괴될 것이다. 우리가 권리에 대해 진정으로 관심이 있다면, 우리는 판사를 테러 집단에게 넘겨주어야 할 것이다. 왜냐하면 넘겨주는 것이 결과적으로 권리 침해가 가장 적을 것이기 때문이다. 이런 견해를 받아들이는 사람은, 권리를 무시하는 것이 결코 정당화될 수 없다는 의미를 받아들이지 않을 것이며, 권리가 절대적이며 침해될 수 없는 것이라고 주장할 수 없을 것이다. 왜냐하면 어떤 권리들에 있어서는, 그 권리 침해를 최소화하기 위해서 특정한 권리를 침해하는 것이 필요할 수도 있는 상황이 있다는 것은 합당할 수 있기 때문이다.

물론, 노직은 판사를 테러 집단에 넘겨주어야 한다는 논변을 강력하게 거부한다. 판사를 넘겨주고자 하는 사람은 노직이 '권리의 공리주의'라고 말했던 것을 옹호하는 것이다. 이것에 의하면, 권리를 수행하는 것이 극대화되어야 할 하나의 목적이다. 마치 이것은 전통적인 공리주의자가 웰빙이나 행복을 극대화하고자 원하는 것과 같다. 따라서 이들은 더 중요하거나 더 많은 수의 권리를 위해서는 권리들이 무시될 수 있다는 것을 인정한다. 그러나 노직은 전적으로 다른 이론을 제시한다. 그는 권리를 소극적으로 이해할 뿐만 아니라 행위의 '측면 제약 사항'을 제공하는 것으로 여긴다. 이것이 노직의 권리 이론의 두 번째 특징이다.

측면 제약적 견해에서, 개인의 권리는 타인의 행위를 방해하거나 제약하는 것으로 생각될 것이다. 판사가 자유의 권리를 가지고 있다면, 우리는, 결과와는 관계없이, 그의 권리를 침해하는 행위를 선택해서는 안 된다. 우리가 판사를 넘겨주는 행위는, 도덕적으로 말해서, 우리에게 허용되지 않는다. 극대화의 문제는 생각될 수 없다. 도덕의 관점에서도, 노직에 따르면, 고려 중인 사례에서 할 수 있는 유일한 것이 있을 뿐이다. 즉 그 결과와는 무관하게 테러 집단의 요구를 거부하는 것이다.[5)]

---

5) '결과와는 무관하게'는 설명이 필요할 수 있다. 결과가 권리 침해를 정당화할 정도로 중요한 것일 수 있는가? 노직은 확신하지 못하는 듯이 보인다. "측면 제약 사항이 절대적인지, 또는 도덕적 재앙을 피하기 위해 측면 제약

엄격하게 말해서, 권리를 측면 제약 사항으로 이해하는 이론은 '더러운 손'이라는 논의와는 구별되어야 한다. 우리가 판사를 넘겨주어서는 안 되는 하나의 이유는, 만약 넘겨준다면 우리가 그의 권리를 직접적으로 침해하는 것이기 때문이다. 반면에 우리가 판사를 넘겨주지 않는다면, 권리는 침해받게 될 것이다. 그러나 그 침해는 우리에 의한 것이 아니다. 따라서 자신의 손을 '깨끗하게' 유지하려는 사람은 판사를 넘겨주는 것을 거부할 것이다.

노직에게 있어서 손을 깨끗하게 유지하라는 이런 가르침은 측면 제약 사항 이론의 일부분일 뿐이다. 측면 제약 이론은 그 이상의 측면을 가지고 있다. 나는 나의 미래 권리 침해를 최소화하기 위해서조차도 권리를 침해해서는 안 된다. 예를 들어, 내가 도벽을 가지고 있으며, 이것은 약물을 복용해야만 통제될 수 있다고 생각해 보자. 오늘 그 약이 내게 없다면 나는 내일 도둑질을 하게 될 것이다. 내가 그 약을 다 먹어 이제 가지고 있지 않으며, 당신만이 그 약을 공급해 줄 수 있다고 생각해 보자. 당신이 약의 공급을 거부하였다. 나는 (전혀 강박 증세 없이) 당신의 약을 훔쳐야 하는가? 그렇게 하여 나는 내일 많은 다른 것들을 (강박적으로) 훔치지 않아야 할 것인가?[6] 노직의 견해는 내가 당신의 약을 훔치는 것이 잘못된 일이라고 말하는 것처럼 보인다. 왜냐하면 나의 관심은 항상 현재의 권리 침해를 피하려고 노력하는 것이어야 하기 때문이

사항이 위반될 수 있는지에 관한 문제는 … 내가 다루고 싶은 문제가 아니다."(30) 노직의 견해가 도덕적 재앙을 피하기 위한 권리에 간섭할 수 있도록 어떻게 개정될 수 있는지에 관한 논의를 위해서는, J. J. Thomson, "Some Ruminations on Rights", in *Reading Nozick*, ed. J. Paul (Blackwell, Oxford, 1982), pp.130-147 참조.

6) 이 예는 Simon Evnine의 생각을 차용한 것이다.

다. 따라서 우리는 손을 깨끗하게 유지해야 하는 명령을 가지고 있는 것이 아니라, 지금 할 수 있는 한 손을 깨끗하게 유지하라는 명령을 가지고 있다. 이것은 이들이 달리 했을 때보다도 손이 미래에 더 더러워지게 된다는 것을 의미할 때조차도 그러하다.

첫째, 우리가 단지 소극적인 권리만 가지고 있다고 주장하는 것, 그리고 둘째, 권리들이 극대화되어야 할 목표가 아니라 측면 제약 사항으로 간주되어야 한다고 주장하는 것은 아직은 이런 권리들이 침해될 수 없다는 것을 보장하지는 못한다. 어떤 다른 고려 사항들도 이런 권리를 무시할 수 없다는 것이 증명되어야 한다. 우리는 노직이 상위의 주장을 거부하고 있다는 것을 알고 있다. 즉 사회적 유용성이 많다고 해도 하나의 권리를 압도할 수 없다. 그러나 다른 가치 역시 권리 주장과 상충할 수 있다. 이런 상충은 해결되어야 한다.

예를 들면, 사유재산권의 행사는 자연 환경 보존이나 고대 문화 유물 보존과 상충할 수 있다. 독특한 고고학적 취미를 가진 소유주가 그가 가진 유물을 폐기하거나 파괴하는 것이 허용되어야 하는가? 여기서 우리는 사적 재산권이, 다른 주장, 즉 권리에 의거한 주장이 아니라 미학적 또는 역사적 근거에 기초한 주장과 상충하는 것을 알 수 있다. 이런 다른 주장들은 행복에 대한 주장으로 필연적으로 환원되지 않는다. 파르테논 신전을 테마 공원으로 변환시킴으로써 인간의 행복을 많이 증진할 수 있다. 그러나 많은 사람들은 파르테논 신전을 그대로 유지하는 것이 더 중요하다고 주장할 것이다. 따라서 파르테논 신전은 인간 행복에 대한 기여와는 다른 가치를 갖는다고 생각되어야만 한다. 그래서 권리와 다른 가치의 논쟁을 어떻게 판단할 수 있는가?

노직에게 있어서 이에 대한 대답은 간단하다. 우리가 강제적인 의무에 관해 말하는 한 — 강제적 의무는 우리가 처벌을 부여함으로써 합법적으로 강제할 수 있는 것이다 — 권리는 전면적이며 총체적인 것이다. 우리가 단지 강제할 수 있는 도덕적 영역은 권리에 근거하고 있다. 따라서 사적 재산권은 고고학적 가치보다 도덕적으로 항상 우선할 것이다. 이것은 노직이 권리 이외에 가치 있는 것은 아무것도 없다고 믿고 있다는 것을 의미하는가? 물론 그렇지 않다. 노직은 많은 것들이 다양한 형태의 가치를 가지고 있다는 것에 동의한다. 개발 사업을 하면서 고대 유물을 파괴한다면, 매우 슬픈 일이 될 것이다. 그러나 그 개발업자가 합법적으로 그 땅을 소유했다면, 중요한 가치를 가지고 있는 것을 파괴하는 결과를 가져온다 할지라도, 거기에 건물을 지을 수 있는 완벽한 권리를 가지고 있다. 우리는 자신이 소유한 땅에서 자신이 하고자 하는 바를 하지 못하게 할 권한을 가지고 있지 않다. 비록 우리가 그 행위에 매우 놀라게 될 것이라도 그러하다. 좀더 최근에 노직은, 권리보다도 더 도덕적인 것들이 있지만, 정치철학은 의무의 강제와 관련되어 있으며, 이런 것들은 권리에 의해서만 논의될 수 있다고 지적하면서, 옳은 것이 무엇인지와 강제하는 것이 옳은 것이 무엇인지의 차이점을 반복하여 말하고 있다.[7] 노직의 권리 이론의 세 번째 본질적인 부분은 정치학적으로 옳은 것이 우리의 유일한 관심사라는 것이다. 이런 권리들은 배타적인(exhaustive)[8] 것이다.

---

7) R. Nozick, *Philosophical Explanations* (Oxford University Press, Oxford, 1981), p.502.

8) [역주] 배타적 권리의 의미에 관해서는 2장의 '자기 옹호와 처벌'의 끝부분 (이 책 77쪽)을 참고할 것.

권리를 소극적인 것으로 여기는 것, 즉 권리를 측면 제약 사항을 제공하는 것으로, 그리고 배타적인 것으로 여기는 것은 권리가 확고하고 절대적인 특성을 갖는다는 노직의 주장을 허용하는 것이다. 그 권리들은 공적인 복지를 위해서 무시될 수 없으며, 타인의 권리를 위해서도 무시될 수 없고, 이 이외의 다른 이유들에 의해서도 무시될 수 없다.[9] 물론 권리는 살인자나 사기꾼에 의해 실제로 침해될 수 있다. 이것은 판사를 테러 집단에 넘겨주지 않는다면 사람들의 권리가 침해될 수 있는 것과 마찬가지이다. 그러나 핵심은 권리가 무시되는 것이 정당화될 수는 없다는 것이다.

물론, 노직의 권리 이론의 세 가지 주요 특징 각각에 대해서 문제점이 제기될 수 있다. 이것은 그 이론이 그런 문제점 때문에 거짓이 된다고 말하려는 것이 아니라, 그의 이론이 여러 이론 들 중 하나의 이론에 불과하며, 따라서 논증이 필요하다는 것을 지적해 두려는 것이다. 우리가 소극적 권리를 갖고, 단지 소극적 권리만 갖는다는 견해에 반대해서, 공리주의자는 공리주의적 계산에서 '하나로 간주되어야 하는' 권리를 넘어서는 그 어떤 도덕적 권리도 가지고 있지 않다고 주장할 수 있다. 소극적 권리 이론에 대한 하나의 완전히 다른 유형의 반론은 사회주의자와 자유주의적 평등주의자에 의해 제시된다. 즉 우리는 생명에 대한 적극적 권리를 가지고 있으며, 버젓한 삶을 살 권리가 있다. 권리가 전면적이라는 주장에 반대하면서, 어떤 경우에는 권리를 무시할 수 있는 (자연환경을 보존하는 것과 같은) 다른 가치가 있다고 하며, 이 가치에 대해 논변

---

9) 노직의 이론에 의해서도 권리의 상충이 있을 수 있는 더욱 미묘한 사례들은 3장에서 다루어질 것이다.

을 제시한다. 마지막으로, 우리는 권리에 대한 측면 제약적 구조에 대한 대안이 공리주의적 권리 이론이라는 것을 알고 있다. 이런 반론이나 대안적 견해가 입증될 수 있다면, 권리는 침범될 수 있는 것이 아니라는 주장은 실패한 주장이 된다. 우리는 이런 주제를 나중에 살펴볼 것이다. 우선 당장은 노직의 이론이 분명하게 참인 것도 아니며, 이 영역에서 유일한 이론인 것도 아니라는 것을 꼭 기억해 두어야 할 것이다.

자연권과 존 로크

노직은 우리의 권리가 침해될 수 없을 뿐만 아니라 자연적인 것이라고 주장할 것이다. 하트(H. L. A. Hart)는 자연권의 두 가지 중요한 특성에 관해 지적하고 있다. 첫째, 자연권이 "선택될 수 있는 것이라면, 모든 사람이 갖는 것이어야만 한다. 사람들은 사회의 구성원으로서 각자가 서로 특정한 관계를 맺고 있는 경우에만 자연권을 갖는 것이 아니라, 단순히 인간으로서 자연권을 가진다." 둘째, 자연권은 "사람의 자발적 행위에 의해 만들어지거나 수여되는 것이 아니다."[10] 따라서 자연권은 법이나 협약에 의해 만들어지는 것이 아니라, 인간 행위와는 무관하게 존재한다. 인간이 자연권을 갖는다는 주장의 일부분은 인간의 법과 협약을 비판할 수 있는 토대를 제공하는 것이다.

10) H. L. A. Hart, "Are There Any Natural Rights?", in *Theories of Rights*, ed. J. Waldron (Oxford University Press, Oxford, 1984), pp.77-78.

자연권과 같은 것이 있을 수 있는가? 인간 존재는 자연적으로 팔과 다리를 가지고 있다. 권리를 갖는 것도 이와 같이 자연스러운 것인가? 분명 자연권은 개인의 생물학적 특성이 존재한다는 의미와 같은 의미로 존재하지는 않는다. 벤담에 따르면, 자연권은 터무니없는 것이며, 자기 모순적이다. 그는 권리가 법에 의해 주어진다고 주장한다. 의미를 갖는 유일한 권리는 인간의 법에 의해 창조된 법적 권리이며, 신적인 법 제정자의 존재를 인정한다면, 신적인 권리이다. "나에게 있어서 권리는 법의 산물이다. 다른 종류의 권리는 법의 다른 작용에서 결과된 것이다."[11] 결국 "자연권은 순전히 무의미한 것이다. 자연적이며 불가침한[즉 침해될 수 없는] 권리는 수사학적으로 무의미하며, 단언하건대 무의미하다."[12]

우리가 벤담의 수사술에 감탄하고 있기는 하지만, 자연권은 보편적인 도덕적 요구의 이념만큼이나 형이상학적으로 의심스러운 것은 아니다. 드워킨이 말하고 있듯이, 자연권을 믿는다는 것은 "개인의 선택을 보호하는 것이 기초적이라는 것을" 단순히 받아들이는 것이다.[13] 실제로 우리가 노직의 자연권을 받아들일 것인지는 두 가지 문제에 귀착하게 된다. 첫째, 모든 인간은 타인을 공격하지 않도록 강제하는 도덕적 의무를 가지고 있는가? 둘째, 사람들이 자발적인 동의에 의해 다른 의무를 만들어내지 않는 한, 이것이 사람들이 가지고 있는 강제되는 도덕적인 의무 모두 다인가? 물론 노직은 두 문제에 단정적으로 말한다. 그러나 이런 대답을 하면서 그

11) J. Bentham, *Anarchical Fallacies*, in *Nonsense upon Stilts*, ed. Jeremy Waldron (Methuen, London, 1987), p.73.

12) Bentham, *ibid.*, p.53.

13) R. Dworkin, *Taking Rights Seriously* (Duckworth, London, 1977), p.177.

가 제시하는 근거는 무엇인가? 그리고 그의 입장에서 어떤 근거가 제시될 수 있는가?

앞에서 나는 노직이 존 로크에 크게 의거하고 있다고 말했다. 이 두 철학자는 자연권에 대한 자신의 설명에 관심을 집중하고 있다. 여기에서 노직은 분명히 로크의 뒤를 따르고 있다. 노직의 권리 이론에 대한 논변을 밝혀내기 위하여, 로크의 정치철학적 견해에 관심을 갖는 것, 그리고 우리가 자연권을 가지고 있다는 자신의 견해를 로크가 어떻게 옹호하는지를 살펴보는 것은 가치 있는 일이다. 인간 존재가 자연권을 가졌다고 로크가 주장하는 이유는 무엇인가? 로크는 이런 견해를 옹호하기 위해서 어떤 고려 사항들을 제시하고 있는가?

로크 정치철학의 주요 저작인 『통치론(*Two Treatises of Government*)』(1690)은 로버트 필머의 책에 대한 응답으로 기획되었다. 로버트 필머는 왕권 신수설을 옹호하기 위해 『가부장제(*Patriarcha*)』(1680)라는 책을 쓴 사람이다. 그러나 로크는 이런 소극적이고 비판적인 목적을 뛰어 넘어 『통치론 2권』을 출판하면서 주권자의 힘의 적절한 기초와 제한에 관한 자신의 이론을 제시하고 있다. 노직과 다른 현대 철학자들에게 영향을 미친 책이 『통치론 2권』이라고 할지라도, 로크의 『통치론 1권』에 대해 약간 말해 두는 것은 가치 있는 일이다.

『가부장제』에서 필머는, 군주가 성스럽고 절대적인 권리를 가지고 통치한다고 주장했다. 이러한 권리는 신의 최초로 아담에게 맡긴 세계로까지 이어져 추적될 수 있다. 기초적인 논변은 단순한 것이다. 신은 세계의 통치자로 아담을 창조하여, 지구와 그 피조물들과 인간 존재에 대한 절대적인 통치권을 주었다. 아담은 그 권한을 후손에게 전해 주었다. 현재의 왕과 여왕은 신이 준 절대적인 통치의 권리를 아담에게서 이어 받았다. 결론적으로 군주의 통치권은 무한하다. 그의 행위가 정의로운지에 대해 어떤 고려도 있을 수 없다. 군주는 마음대로 행동할 수 있다. 즉 적이나 무고한 사람을 투옥하거나 사형에 처하고, 재산을 몰수할 수 있다. 이러한 모든 것은 궁극적으로 군주에게 속하는 것이다.

로크는 여러 곳에서 필머를 논박하면서, 필머의 견해를 철저하게 파괴하였다. 첫째, 그는 성서의 구절들이 신이 아담에게 다른 사람을 통제할 권리를 주었다는 해석을 지지해 주지 못한다고 주장한다. 둘째, 아담이 이런 권리를 부여받았다고 해도, 그의 상속인들이 합법적 통치의 자격을 물려받았다고 생각할 이유가 없다. 셋째, 통치의 권리를 상속받았다 할지라도, 상속의 규칙은 신이나 자연의 법이 아니라 협약의 문제이다. 그래서 상속의 권한이 누구에게 있는가는 모든 경우에 임의적인 방식으로 결정될 수 있을 뿐이다. 마지막으로 누가 상속받을 권리가 있는지에 대한 하나의 사실이 인정된다 할지라도, 현재의 군주가 아담에서 이어져 온 신이 지정한 합법적 통치자라고 생각할 이유가 없다.

로크의 『통치론 2권』에서 서술된 적극적 견해는 성서의 권위가 필머의 입장을 지지해 주지 못하며, 아주 다른 해석이 필요하다는 논변을 통해 시작하고 있다. 성서를 잘 읽어보면, 신이 지구를 아담에게 주지 않았으며, 그가 유일한 소유주가 아니며, 모든 인간이 지구의 공동 소유주라는 것을 알 수 있다고 로크는 주장한다. 신은 인간 존재를 자유롭고, 평등하고, 독립적으로 창조하였다.[14] 인간

14) J. Locke, *Second Treatise*, in his *Two Treatises On Civil Government*

은 지구의 우월한 존재가 아니며, 다른 사람을 통제하는 주체가 될 수 없다.

그러나 루소가 말했듯이, 사람이 자유롭게 태어났다는 것이 사실이라면, 우리는 국가의 존재에 대해 무엇을 빚지고 있는지 물어야만 한다. 그리고 국가의 명령에 복종해야 할 책무는 무엇 때문인지도 물어야만 한다. 우리는 이 문제를 다음 장에서 다룰 것이다. 그러나 먼저 인간 존재가 자유롭고, 평등하며, 독립적이라고 말하는 로크의 의미가 무엇인지를 살펴보아야만 한다. 국가 없는, 즉 타인의 의지에 의존하거나 허락이 필요하지 않고, 스스로 적합하다고 생각하는 대로 할 수 있기 때문에 인격체들과 그들의 소유물로 이루어져 있어서 모든 사람이 자유로운 '자연상태'에서, 로크에 따른 삶은 어떤 모습일 것인가?[15]

로크는 "비록 이것이 자유국가이기는 하지만, 아직 허가를 받은 국가(State of Licence)는 아니"라고 말한다.[16] 자연상태에서조차도, 사람들이 자유롭고 독립적이라고 할지라도, 사람들이 할 수 있는 일을 합법적으로 제한할 수 있다. 이런 제한은 자연법에 의해 주어진다. 자연법은 이성의 법이며 신의 법이라고 로크는 말한다. 자연법은, 우리가 신의 재산이며, 신에 의해 세상에 등장하게 되었으며, "신의 즐거움을 위해 만들어졌다"고 말하고 있다. 따라서 "다른 사람의 생명, 건강, 자유 그리고 소유물에 피해를 주어서는 안 된다." 본질적으로 인류는 가능한 한 많이 보존되어야 한다. 그러나 자연상태에서 사람에 대한 제한은 그들이 '그들이 적절하다고

(Cambridge University Press, Cambridge, 1960), s. 4.

15) Locke, *ibid.*, s. 4.

16) Locke, *ibid.*, s. 6.

생각'하기 때문에 행해질 수 있다.

여기에서 인간은 서로 생명과 자유를 존중해야만 한다는 것이 도출된다. 따라서 로크는 자연법이 생명과 자유에 대한 권리를 인정한다고 주장한다. 즉 로크는 우리가 자연권을 가지고 있다고 주장한다. 로크는 이것을 기초로, 자연상태에서 사적 재산권 또한 있을 것이라고 주장한다. 우리는 이 문제에 대해 4장에서 자세하게 살펴볼 것이다. 그러나 현재의 입장은 로크가 '생명, 자유 그리고 토지'에 대한 자연권을 주장했다는 것을 인식하는 것이다. 이 견해는 노직의 견해와 매우 유사하다는 것이다.

우리는 노직의 자연권에 대한 기초를 찾고 있다. 우리는 우리가 가지고 있다고 노직이 주장하는 권리를 믿기 위한 이유를 찾아야 한다. 노직은 로크의 견해를 통해 자신의 견해를 지지할 수 있을 것인가? 간략히 살펴봄으로써 그렇게 하지 못하게 된다는 것을 알 수 있다. 우리는, 필머에 반대하는 주장을 하면서, 로크는 많은 현대 철학자들이 그렇게 하듯이 신학은 정치철학적 입장을 갖지 않는다고 주장하지 않았다. 대신에 그는 성서에 대해 적절하게 이해한다면 사람들은 가능한 한 많은 것을 보존해야 한다는 것을 알게 된다고 주장한다. 그리고 이것을 통해 그는 자연권에 대한 설명을 도출해 낸다.

노직이 권리의 기초에 관한 이런 견해를 받아들일 수 없는 두 가지 이유가 있다. 첫째, 노직은 그의 이론에 대한 사례를 성서적 권위에 기대려 하지 않는다. 둘째, 이 이유가 더 중요한데, 권리 이론의 기초가 인류의 일반적 보존이라면, 이런 권리의 내용은 노직의 것이 될 수 없다. 첫째, 권리를 보존하는 것은, 상당수의 사례에서, 살아남기 위한 적극적 권리를 낳을 것이다. 굶주리는 사람은 나머지 사람들로부터 도움을 받을 권리를 갖는다. 로크는 이것을 첫 번째 저서에서 인정하고 있다.[17] 둘째, '가능한 한 많은 것을 보존하라는' 극대화 원리를 갖는다면, 로크는 측면 제약적 견해가 아니라 '권리의 공리주의'를 승인해야만 하는 것처럼 보인다. 그래서 노직은 자연권에 대한 그의 견해에 대한 로크 방식의 기초를 주장할 수 없다.

칸트적 기초와 삶의 의미

노직의 권리 이론의 기초가 로크적인 것이 아니라면, 그 기초는 무엇인가? 『무정부, 국가 그리고 유토피아』에서, 이 문제는 놀랍게도 거의 진술되지 않는다. 물론 노직은 "도덕 이론과 그 중요한 기초에 대한 명확한 진술을 포함한 도덕적 배경에 대한 완벽하게 정확한 진술을" 제공하지 못하는 것은 바람직하지 못하다는 것을 인식하고는 있었다. 따라서 그는 로크에 대해 부당하게도 다음과 같이 적고 있다.

> 이 작업은 결정적인 중요성을 지니며, 이를 성취하지 않을 때 남는 빈틈은 너무도 넓고 허전해 우리는 단지 다음의 점만을 지적함으로써 작은 위안을 삼으려 한다. 우리는 로크의 존경할 만한 전통을 따르고 있으나 그는 그의 『통치론 2권』에서 자연법의 위치와 기초에 대해서 만족할 만한 설명 비슷한 것도 제공하지 않았다(9).

---

17) Locke, *First Treatise*, s. 42. 그러나 로크가 이런 권리를 법률적으로 강제해야 한다고 의도했는지는 분명하지 않다.

그러나 노직이 완전하게 침묵하고 있는 것은 아니다. 부분적으로 칸트적인 영감이 그의 견해에 숨어 있다는 것을 암시해 주는 것들이 있다. 노직은 자신의 이론이, 철두철미한 것은 아니지만, 칸트주의적 취향이 있다고 믿고 있는 것처럼 보인다. 사실상 노직은 칸트주의적 이념, 즉 일반적으로 '정언명령의 두 번째 형식'이라고 말해지고 있는 이념을 받아들이고 있다. 정언 명령의 두 번째 형식은 "그대는 항상 인간성을 … 결코 단지 수단으로 취급하지 말고, 항상 동시에 목적으로 대접하라"[18]이다. 따라서 노직은 "행위의 측면적 제약 사항의 이념은, 개인은 목적이지 단순히 수단이 아니라는 근원적인 칸트적 원리를 반영한다"(30-31)고 주장한다. 자연권에 대한 노직의 설명을 옹호하기 위한 가능성 있는 논변이 하나 있다.

한 사람을 단순히 수단으로 이용한다고 말하는 것이 의미하는 바는 매우 분명하다. 이것은 당신이 망치, 우산, 또는 구둣솔을 이용하는 것과 마찬가지로, 어떤 사람을 당신의 목적과 관련하여 이용하듯이, 어떤 사람을 도구나 기구로 대우한다는 것에 대한 은유를 통해 명료해진다. 아리스토텔레스는 노예를 '살아 있는 도구'라고 말했다. 내가 어떤 사람을 단지 수단으로 대우하고 있다고 비난받는다면, 이것은 다른 사람에 대한 나의 행위에 있어서 내가 간과하고, 무시하고, 또는 경시하는, 그 사람에 상당히 중요한 무언가가 있다는 것을 함축하고 있다. 즉 사람들이 나의 목적에 따라 단순히 하나의 도구로 다루어지는 것을 전적으로 온당치 않은 것으로 만들어주는 상당히 중요한 무언가가 있다는 것을 함축하고 있다. 사람

18) I. Kant, *Groundwork of the Metaphysic of Morals*, in H. J. Paton, *The Moral Law* (Hutchinson, London, 1948), p.91.

들을 목적 그 자체로 대우하는 것은 이런 특성을 존중하는 방식으로 이들에 대해 행동하는 것이다.

사람들을 수단으로 대우하는 것을 그른 것으로 만들어주는, 사람들이 소유하고 있는 특성은 무엇인가? 칸트에게 있어서는 합리적 의지를 소유하고 있다는 것이 중심이다. 인간은 합리적 선택을 할 수 있다. 즉 인간에게 영향을 미치는 행위 과정에 동의하거나 동의하지 않을 수 있다. 이것이 사람과 도구의 차이를 두드러지게 한다. 따라서 칸트의 견해에서, 타인을 목적으로 대우하는 것은 그들의 합리적 의지를 존중하는 것이다.

노직은 『무정부, 국가 그리고 유토피아』에서 사람을 수단으로 대우하는 것이 부적절한 이유에 대한, 칸트의 견해와 매우 닮아 있는, 자신의 견해를 제시한다. 노직은 많은 사상가들이 합리성, 자유의지, 도덕적 행위자에 집중하고 있다는 것에 대한 고찰에서 출발하여, 이런 특징 중 어떤 것도 이런 특징을 소유하고 있는 사람이 특정한 대우를 받을 만하다는 것을 충분히 보여주지 못한다는 것에 주목하고 있다. 한 존재가 자유의지를 가졌다는 것이 자유롭게 행동할 수 있게 허용할 수 있는 근거가 되는 이유는 무엇인가? 노직의 더욱 복잡한 제안은 "그가 받아들이기로 선택한 전체적인 개념에 따라 그의 삶을 규제하고 인도할 수 있는 능력"이 가진 그 이상의 특징을 밝혀준다(49). 합리성, 자유의지, 그리고 도덕적 행위자를 앞에서 말한 특성에 덧붙인다면, 이것은

> 그 의미가 분명한 어떤 것, 즉 자신의 삶을 위해 장기적인 계획을 세울 수 있는 존재, 스스로 형성한 추상적 원리들이나 고려 사항들에 기초해서 숙고하여 결정할 수 있어서, 직접적인 자극에 휘둘리지

> 않을 수 있는 존재, 어떤 원리들에 따라서, 또는 자신과 타인에게 적절한 삶이 무엇인가에 대해 가지고 있는 개념에 따라서 자신의 행위를 제한할 수 있는 존재(49)

에 대한 묘사를 제공한다.

이 묘사의 의의는, 노직이 추측하듯이, "난해하여 파악하기 어려운 개념, 즉 삶의 의미와 관련되어 있다." 따라서 사람들은 단지 수단으로서가 아니라 목적으로 대우받아야 한다. 왜냐하면 사람들은 의미를 갖는 삶을 살고 있기 때문이다. 이런 제안에 매력적인 점이 있다는 것은 분명하다. 그러나 이것이 어떻게 자유지상주의의 권리를 옹호하는 기능을 수행할 수 있는가? 노직이 분명하게 말하고 있지는 않다. 그러나 생각해 볼 수 있는 것은, 첫째, 의미 있는 삶은 '자기가 구체화하는(self-shaping)' 삶이라고 부르는 것이다. 둘째, 자기가 구체화하는 삶을 살기 위해서는, 어떤 점에서는, 자유지상주의의 권리가 적합하다. 노직이 자유지상주의의 권리를 가졌을 때에만 자신의 삶을 구체화하는 것이 가능하다고 주장할 것인지는 분명하지 않다. 또는 좀 약한 주장으로 자신의 삶을 구체화하기 위해서 가질 수 있는 최고의 기회는 자유지상주의의 권리를 갖는 것이라고 주장할 것인지도 분명하지 않다. 그럼에도 불구하고, 어떤 견해가 승인되든, 우리는 자유지상주의의 권리와 의미 있는 삶의 관련성에 대한 유력한 개괄적 설명을 제공하였다. 그리고 그 전제들이 옹호될 수 있는 것이라면, 그 결과는 중요하고도 흥미로운 것이다.

의미 있는 삶의 조건에 대한 노직의 개괄적 설명이 얼마나 받아들여질 수 있을까? 노직이 의미를 가진 삶을 인도하는 것이 무엇인지에 대해 부분적인 파악을 하고 있다는 것은 그럴듯하다. 나는 '부분적'이라고 말했는데, 그 이유는 많은 사람들이 노직이 매우 중요한 한 가지 요소를 놓치고 있다고 생각하고 있기 때문이다. 이것은 서로를 돕고 영향을 미치는 것에 의거해서 사람의 관계가 달라지는 한 체계의 부분으로 삶을 여기는 것과 관련되어 있다. 심지어, 인간의 삶 전반은 적어도 부분적으로는 타인을 위해 사는 사람이라는 생각이 노직의 개념에서는 완전히 배제되어 있기조차 하다.[19] 이런 특징들 각각이 중심적인 것으로 생각된다면, 권리에 관한 완전히 다른 견해가 등장하게 될 것이다. 즉 타인을 도울 의무뿐만 아니라 도움을 받을 권리를 포함하는 견해가 등장하게 될 것이다. 아니면 실제로 '권리' 개념을 정치철학의 기초 개념으로 받아들이는 것이 잘못이며, 정치철학은 '인간의 사회적 본성'이라는 개념에 의거해서 성립되어야 한다는 결론에 이르게 될 것이다. 그러나 삶의 의미에 관한 노직의 개념으로 우리의 탐구를 제한하고, 이 개념을 기초로 삼아 자유지상주의의 권리가 옹호될 수 있는지의 여부를 살펴보도록 하자.

자신의 입장을 옹호하기 위하여, 노직은 두 가지 일을 완벽하게 해내야만 한다. 첫째, 그는 자기가 구체화하는 삶이 간섭받지 않을 권리를 요구한다는 것을 증명해야만 한다. 둘째, 그는 그러한 삶이 권리들이 침해되어서는 안 된다는 것을 요구한다는 것을 증명해야만 한다. 특히 이런 삶이 타인을 돕도록 하는 강제적인 의무, 즉 적극적 권리를 배제한다는 것을 증명해야만 한다. 간섭받지 않을 권리를 옹호하기 위하여, 노직은 강력한 협력자로 홉스(Hobbes)를 끌

19) 나는 이 견해에 있어서 Michael Rosen에게 빚지고 있다.

어들인다.[20] 강제적인 권리나 의무가 전혀 없는 자연상태에서,

> 산업도 없다. 왜냐하면 그 결실이 불확실하기 때문이다. 결과적으로 지구상에 문화도 있을 수 없다. 항해술도 없으며, 바다를 통해 수입될 수 있는 상품을 이용할 수도 없다. 커다란 건물도 없다. 움직이는 데 많은 힘이 필요한 물건을 움직이고 제거할 수 있는 도구도 있을 수 없다. 지식도 있을 수 없으며, 시간 체계도 있을 수 없다. 예술도, 편지도, 사회도 있을 수 없다. 무엇보다도 최악인 것은 공포가 지속되며, 죽음에 대한 극단적인 위험이 지속된다는 것이다. 그리고 사람들의 삶은 고독하고, 불행하고, 불쾌하고, 야만적이며, 불충분하다.[21]

홉스가 철학적으로 다른 기질을 가졌다면, 그는 이런 조건에서 삶은 의미를 갖지 않는다는 것을 고찰함으로써 이 인용문을 끝맺었을 것이다.

자기가 구체화하는 삶을 사는 최고의 방법이 소극적 권리에 대한 노직의 목록을 요구하는 것이라는 것을 증명하기는 더욱 어려울 수 있다. 그러나 최고로 가치 있는 삶은 자유지상주의의 권리를 가지고 있을 때 가능하다는 생각이 어느 정도 그럴듯한 점이 없는 것은 아니다. 랜드(Ayn Rand)는 비록 철학적으로 세련된 것은 아니지만, 노직과 자유지상주의의 선구자로서, 그의 다양한 저작에서 이런 견해를 제시하였다.[22]

---

20) 물론 홉스는 우리가 자연권을 가졌다는 데 동의하지 않을 것이다.

21) T. Hobbes, *Leviathan*, ed. C. B. Macpherson (Penguin, Harmondsworth, Middlesex, 1968), p.186.

22) 특히 그녀의 소설인 *The Fountainhead* (New American Library, New York, 1952)을 참조할 것.

랜드의 견해는 가장 합리적이고, 가장 자유롭고, 가장 가치 있는 특정한 유형의 삶이 있다는 것을 인정하는 듯이 보인다. 이것은 '자기 자신에게 참된' 삶이다. 그리고 이런 삶은 자신의 견해에 따르려는 용기를 갖고, 자신의 삶을 통제하며, 전적으로 책임을 진다. 따라서 가치 있는 삶은 타인의 노예로 사는 삶이 아니며, 대중의 요구에 영합하지 않으며, 잘못된 지혜를 가진 세대에 의해 속박당하지 않는다. 핵심적인 주장은, 사람들에게 간섭받지 않을 절대적인 권리, 그리고 타인의 주장으로부터의 자유가 인정되지 않는다면, 이런 삶은 쓸모 없을 것이며, 적어도 이런 삶이 쓸모 있을 것이라는 것이 보장되지 않는다는 것이다. 따라서 사람들에게 의미 있는 삶의 가능성을 보장하기 위해서, 이들에게 자유의 권리를 인정하는 것은 필수적이다.

노직은 어느 정도는 자신의 입장을 랜드의 입장과 분리시키고 있다.[23] 그리고 노직은 이런 묘사의 모든 측면을 승인하지 않는다. 특별한 형식의 삶이 가장 가치 있다는 주장과 같은 까다로운 반자유주의적 묘사는 가능하다. 이런 어려운 논제는 노직의 유토피아주의 그리고 그와 자유주의의 관계를 다루고 있는 5장에서 철저하게 논의될 것이다. 우선은, 자신의 삶을 구체화하는 능력과 자유지상주의의 권리 간의 관계, 그리고 의미 있는 삶에 대한 노직의 개념과 자유지상주의의 권리 간의 관계를 밝히는 하나의 방식에 대한 개략적 설명을 간략하게 제시하는 것이 중요하다.

사람에게 자유지상주의의 권리를 부여하는 것이 이들에게 자신

23) Rand에 대한 노직의 상세한 비판을 위해서는, 비록 여기의 관점을 포함하고 있지는 않지만, "On the Randian Argument", in *Reading Nozick*, pp. 206-231을 참조할 것.

의 삶을 구체화할 수 있는 기회를 부여하는 최고의 방법이라는 것이 사실인가? 삶의 의미에 관한 노직의 개념에 의하면, 자유지상주의의 권리를 인정하는 것이 의미 있는 삶을 살 수 있는 기회를 최고로 향상시키는 것인가? 이와 관련된 문제점은, 사람들이 단지 소극적인 권리만을 가지고 있다면, 많은 개인들이 가치 있는 삶을 살아 갈 수 있는 사실상의 위치에 있다는 것을 보장할 수 없다는 것이다. 아마도 그런 사회에서, 많은 사람들은 계속해서 가난한 생활을 지속해야만 할 것이다. 상당수의 사람이 굶어 죽을 수도 있고, 비참한 삶으로 추락하는 사람도 있을 것이다. 달리 말해 본다면, 운이 좋아서 재능을 갖게 된 사람이 큰 의미를 갖는 삶을 사는 세상은, 그 대가로 많은 주민들이 살아남기 위하여 근근히 하루하루를 이어가게 될 것이다.

이것을 염두에 두고서, 사무엘 셰플러(Samuel Scheffler)는 권리에 관한 다른 이론을 제안한다. 그는 이 이론이 '의미 있는 삶'에 대한 관심과 더 잘 부합한다고 주장한다.

> 모든 사람은 재화를 분배함에 있어서 충분한 몫을 가질 자연권을 갖는다. 사람들이 그 재화를 통해 얻는 즐거움은 번듯하고 충실한 삶을 살 수 있는 합리적 기회를 가진 사람의 필요조건이다. 타인의 번듯하고 충실한 삶을 살 수 있는 합리적 기회를 방해함으로써만 재화가 획득될 수 있다면, 어떤 사람도 그 재화에 대한 자연권을 갖지 않을 것이다.[24)]

---

24) S. Scheffler, "Natural Rights, Equality, and the Minimal State", in *Reading Nozick*, p.153.

이런 견해가 음식, 의료, 집 그리고 의료를 필요로 하는 타인들로부터 이것들을 배제할 것을 요구하지 않는다는 것이 인정된다면, 바로 이런 견해로부터 각자가 "적절한 음식, 의료, 집, 그리고 의료에 대한 권리"를 가지고 있다는 것이 도출되는 듯이 보인다.[25] 셰플러의 지적은 의미 있는 삶을 살기 위한 필요조건이 하나의 삶을 인도한다는 것을 관찰함으로써 이루어질 수 있다. 사람들이 의미 있는 삶을 산다는 것을 보장하는 데 실제로 관심을 가지고 있다면, 적어도, 우리는 살기 위해 필요한 것들을 사람들에게 인정해야 할 것이다. 따라서 사람들은 음식, 집과 같은 것에 대한 적극적 권리를 가질 것이다.

노직이나 랜드는 셰플러에게 무슨 말을 할 것인가? 이들의 직접적인 반대 주장은, 우리가 적극적인 권리를 갖는다면 이것은 적극적인 의무를 의미하며, 사람들이 서로 도와야 한다는 도덕적으로 강제되는 권리를 갖는다는 것을 의미한다는 것이다. 가장 의미 있는 삶이 타인의 주장으로부터 평온함과 안전을 요구하는 것이 사실이라면, 랜드가 암시하고 있듯이, 우리가 적극적인 복지의 권리를 인정한다면, 가장 의미 있는 삶은 쓸모 없게 될 것이다. 모든 사람은 자선을 베푸는 행위에 일정 시간을 할애해야만 할 것이다. 그러나 이런 대답이 얼마나 그럴듯할 것인가? 책무는 세금을 내는 것으로 단순히 충족되지 않을 것인가? 이런 논의를 더 이상 고려하는 것은 "세금은 노동을 강제하는 것이다"라는 노직의 충격적인 주장에 관한 논의에 들어서게 될 것이다. 이에 관한 논의는 4장에서 다루고 있다. 우선, 의미 있는 삶에 대한 노직의 견해에 따른다면, 모

25) Scheffler, *ibid.*, p.153.

든 사람에게 복지의 권리를 인정하는 경우, 가장 의미 있는 삶을 사는 것이 불가능하거나 매우 어려운 일이 될 것이라는 것을 인정하도록 하자.

우리는 지금 어디에 와 있는가? 자유지상주의의 권리를 인정하는 것이 자신의 삶을 구체화할 수 있는 최고의 기회를 제공하는 것이어서, 의미 있는 삶을 살게 해준다는 것이 참인지를 물었다. 이제 이런 물음이 잘 형성될 수 없다는 것을 알 수 있다. 왜냐하면 이것이 애매함을 감추고 있기 때문이다. '의미 있는 삶을 살 수 있는 최고의 기회'로 우리는 '의미 있는 삶을 살 수 있는 최고의 가능성'을 의미하는가? 아니면, '가장 의미 있는 삶을 살기 위한 가능성'을 의미하는가?

랜드와 노직은 가장 의미 있는 삶은 자유지상주의의 권리를 가지고서 살 수 있을 뿐이라고 주장한다. 셰플러는 의미 있는 삶을 살 수 있는 최고의 가능성을 갖기 위해서 복지의 권리가 필요하다고 반격한다. 지금까지의 예들은 두 측면 모두 옳다는 것을 보여주고 있다. 가장 의미 있는 삶을 살 수 있는 가능성을 갖기 위하여, 자유지상주의의 권리가 인정될 필요가 있다고 주장하는 것은 가능하다. 또한 복지의 권리를 소유하는 것이 의미 있는 삶을 살 수 있는 최고의 전망을 주는 것이라는 주장도 가능하다. 또한 이 둘 모두에 동의하는 것도 가능하다. 우리가 알게 된 것은 의미 있는 삶을 살 수 있는 최고의 기회를 사람들에게 제공하려는 시도로는 하나의 권리 이론을 유력한 것이라고 결정할 수 없다는 것이다.

노직이 여기까지는 논의하지 않았다 할지라도, 계속해서 공격하는 전략적 입장을 취할 수 있다. 의미 있는 삶을 살 기회를 제공하는 것보다, 복지의 권리가 제공될 가능성이 없다는 것이 증명될 수 있다면, 그 문제점은 노직의 입장에서 해결될 것이다. 예를 들면, 사람들에게 도움을 받을 적극적인 권리를 부여하는 것은 사람들을 어린아이와 같이 대우하는 것이며, 사람들을 어린아이로 만들어버리는 것이라는 주장이 있을 수 있다. 설상가상으로, 자신의 삶을 구체화하기는커녕, 사람들은 생활에 필요한 필수품조차도 타인에 의존하는 의존적인 문화를 형성하게 된다는 점이다. 따라서 적극적 권리를 통한 '보장'을 사람들에게 제공하는 것은 이들이 의미 있는 삶을 살기 위해 가질 수 있는 가능성을 박탈하는 것이다. 그래서 이것이 유지된다면 셰플러의 주장은 자멸하고 만다.

나는 이 문제를 더 이상 논의하지 않겠다. 이런 논의가 결정되어야 한다면, 핵심적인 중요한 점이 과장되지도, 무시되지도 않도록 많은 주의가 필요하다는 것은 확실하다. 나의 목적은 노직이 어떻게 자신의 자연권 이론을 옹호할 수 있는지를 살펴보는 것이었다. 이 논의를 결론짓기 위하여 노직의 논변이 불완전했던 점에 관심을 갖도록 하자. 첫째, 의미 있는 삶에 대한 그의 개념은 논쟁의 여지가 있었다. 그리고 다른 개념들은 전적으로 다른 권리 이론이나 정치 이론을 만들어낼 수도 있었다. 이런 다른 이론들에서는 다른 개념이 기초적인 것으로 간주되고 있다. 둘째, 의미 있는 삶에 대한 노직의 개념에 있어서조차도, 노직의 권리 이론이 셰플러의 이론보다 더 선호될 것인지는 분명하지 않았다.

노직은 자신의 논거를 확립하지 않았다. 그러나 그는 이 문제에 관해 잘못 생각한 것은 없다. 『무정부, 국가 그리고 유토피아』에서, 그는 이 문제를 앞으로 탐구해야 할 영역으로 제시하고 있다. 노직의 가장 적절한 후속 연구는 그의 『철학적 설명』에 나타나 있다. 거기에서 의미 있는 삶에 대한 노직의 개념이 약간 깊이를 더하고 있기는 하지만, 방금 제기했던 문제를 해결하기 위한 방법을 말하고 있지는 않다.

자기 방어와 처벌

이제 노직의 권리 이론에 대한 궁극적인 정당화의 문제는 제쳐놓기로 하자. 그리고 그 권리 이론의 정교함으로 우리의 관심을 돌려보도록 하자. 특히 우리가 간섭받지 않을 권리를 가졌다면, 공격과 침해가 항상 도덕적으로 금지되었다는 결론이 도출될 것인가? 여기에서 다시금 노직은 로크를 자신의 길잡이로 삼는다. 로크의 입장은, 본질적으로 물리력을 사용하는 것이 결코 합법적일 수 없다 할지라도, 물리력이 물리력과 물리력에 의한 위협에 대한 도덕적으로 적절한 반응일 수 있는 경우들이 있다는 것이다. 가장 분명한 제안은 우리가 자기를 방어할 수 있는 자연적 권리를 가졌다는 것이다. 노직은 개인이 권리를 침해하려는 것에 맞서서 합법적으로 스스로를 방어할 수 있다는 것에 동의한다. 로크는 자신의 집에 침입한 '도둑을 살해하는 것'[26]이 합법적일 수 있는 상황이 있다고 주장하기도 한다. 어떤 사람이 나의 재산을 위협할 때, 그가 나의 자유나 나의 생명을 빼앗지 않을 것이라고 생각할 이유가 없다고 로크는 주장한다. 이런 의미에서, 도둑은 나를 파멸시키려고 위협하고 있다. 로크가 "나는 나를 파멸시키려고 위협하는 것을 제거할 권리를 가져야 한다"고 주장하듯이, 나는 도둑을 정당하게 죽일 수

26) Locke, *Second Treatise*, s. 16.

있다.

노직은 이런 주장에 대해서 전혀 언급하고 있지 않다. 그가 이것을 도둑과 관련된 모든 경우에 적용하는 것을 인정하지 않을 것은 확실하다. 오히려 노직은 자기 방어가 위협을 통해 받게 되는 피해에 비례해야 할 것이라고 주장한다. 비록 자기를 방어하는 사람이 합당한 처벌을 부과할 수 있다 할지라도 그러하다. 이것은 우리의 논의를 받아들일 만한 물리력의 두 번째 유형에 이르게 한다. 노직은 로크에 동조하여 개인이 권리를 침해한 사람을 처벌하는 것은 합법적이라고 주장한다. 로크의 견해는, 우리가 범죄자를 처벌할 수 있다 할지라도, "극도로 흥분된 것에 따라서, 또는 범죄자의 의지를 무한히 확대하여, 처벌할 수는 없고, 단지 범죄자가 받아야 할 응분의 대가에 의해서만 처벌할 수 있다. 침착한 이성과 양심이 그의 위법에 비례하는 것, 즉 보상과 제한을 위하여 부여되어야 하는 만큼의 것을 지시할 수 있는 한 그러하다."[27] 따라서 자기를 방어할 수 있는 권리 이외에도, 우리는 또한 처벌할 권리를 가지고 있다.

우리가 자기를 방어하고 공격자를 처벌할 권리를 소극적인 권리로 분류해야 하는지는 결정하기 어렵다. 한편으로, 처벌할 권리와 방어할 권리는 간섭받지 않을 권리가 아니다. 다른 한편으로, 이 권리들은 도움받을 권리가 아니다. 따라서 이런 구분은 노직의 이론을 이해할 수 있도록 도움이 되었는데, 여기에서는 그 역할을 잘 수행하지 못하고 있다. 우리는 노직의 국가에 대한 옹호에 대해 이것의 결론을 다음 장에서 알아볼 것이다.

---

27) Locke, *ibid.*, s. 8.

로크를 넘어서, 노직은 폭력이 합법적으로 가능한 두 가지 영역에 대한 논의를 열어 놓고 있다. 즉 '무고한 위협자(innocent threat)'와 '무고한 방패물(innocent shieldd of threats)'이다. 노직은 "어떤 사람이 제3자를 골라서 깊은 우물 밑바닥에 있는 나에게 던져 버린다면, … 그 떨어지는 사람이 당신에게 떨어져 살아남을 수 있을 때조차도, 당신은 광선총을 사용해 그가 당신과 부딪혀 당신이 죽기 전에 그를 분해시켜 버릴 것인가?"(34)를 묻고 있다. 다른 말로 한다면, 당신은, 자신의 잘못은 없지만 당신의 생명을 위협하는 무고한 사람을 살해할 수 있는가? 유사한 예가 조합될 수 있는데, 그것은 당신의 생명을 구하는 유일한 방법이 당신의 생명을 위협하는 사람이 방패막이로 삼고 있는 무고한 제3자를 살해하는 것과 관련되어 있다. 노직은 적어도 무고한 위협자의 사례에서 폭력은 때때로 합법적일 수 있다고 주장하고자 한다. 그러나 그는, "나는 이 믿을 수 없을 만큼 어려운 문제의 언저리만 조심스럽게 맴돌았을 뿐이다. 단지 불가침의 문제가 핵심적이라고 주장하는 견해는 이런 문제를 어느 곳에선가는 분명하게 해결해야만 한다는 것을 말해 두고자 한다"(35)고 덧붙이고 있다.

노직의 자유지상주의의 권리를 요약해 보자. 그는 모든 인간 존재가 생명과 자유의 권리를 가졌다고 주장한다. 또한 재산에 대해서도 똑같이 강력한 권리를 가졌다고 주장한다. 기초적으로 우리의 권리는 사람과 재산을 침범하는 것에 대한 도덕적 금지의 기초를 형성한다. 이런 권리는 침해될 수 없다고 말해진다. 이런 권리가 무시되는 것은 결코 정당화될 수 없다. 이것이 바로 노직이, 우리의 권리는 소극적이며 측면 제약 사항을 제공하는 것으로 이해되어야 한다고 주장하면서 확실하게 해두려고 한 것이다. 이것은 이 권리들이 서로 상충할 수 없다는 결론에 이를 것처럼 보인다. 또한 권리는, 정치학적으로 말해서, 배타적이다. 배타적(exhaustive)이라는 것의 의미는 권리들이, 사회적 유용성, 미적 가치 등 그 무엇이든, 다른 고려 사항이나 가치에 의해 결코 무시될 수 없다는 것이다. 이런 권리들은 인간의 법이나 협약에 의존하지 않는다. 따라서 이런 권리들은 자연적이며, 모든 사회의 모든 인간이 소유하고 있는 것이다(이들이 자발적으로 포기하지 않는 한). 자유지상주의의 권리를 위한 기초나 정당화는, 노직이 추측하듯이, 삶의 의미와 관련이 있다. 이에 대한 논변이 보잘것없다는 것을 노직이 인정하고 있다 할지라도 그러하다. 결국에, 그 묘사는 자기 방어와 우리의 자연권을 침해하는 사람을 처벌할 권리를 포함하도록 정교하게 이루어졌다.

3 장
최소국가에 대한 옹호

무정부 상태를 위한 진술

비록 사람들이 생명과 자유에 대한 자연권을 갖는다는 견해를 노직이 확실하고도 적절하게 옹호하지 못했다 할지라도, 이 견해는 많은 것들을 말해 주고 있다. 실제로 노직 이론에 대한 약한 해석은, 우리가 이런 해석이 로크의 방법에 의한 것이라고 말한다면, 이제는 거부될 수 없을 것처럼 보인다. 즉 인간은 본래 자유롭고, 평등하며, 독립적이다.

로크 주장의 맥락을 다시 살펴보는 것도 가치 있는 일이다. 이것은 부분적으로는 왕의 신성한 권리에 대한 필머의 이론을 공격하기 위해 이루어졌다. 인간이 본래 자유롭고, 평등하며, 독립적이라면, 어떤 왕도 통치할 수 있는 자연적 권리나 신이 준 권리를 가질 수 없다. 그러나 이것이 어떤 왕이나 주권자도 통치할 수 있는 어떤 권리도 가질 수 없다는 것을 의미하는가? 벤자민 터커가 다시 한 번 모습을 드러낸다. 자유에 대한 로크적인 자연권이 스스로를 통제하기 위한 권리라면, 무정부론은 순식간에 따라 나오게 될 것이다.

주권자나 국가가 자기 통제를 위협하는 방식으로 통제해야만 하는가? 물론 부권주의적 국가, 즉 사람들의 삶을 결정해 주고 행동을 임의로 강제하거나 금지하는 국가는 중요한 일에 있어서 자유를 제한한다. 그러나 노직이 말하는 최소국가는 이런 일을 하지 않는다. 최소국가는 경찰력, 군대, 법정을 제공할 뿐이다. 이런 정도의 제도가 존재하는 것도, 이 제도들이 자연법을 강제하기 위해서만 존재한다면, 개인의 자유를 위협하는 것인가? 보통의 무정부주의자의 대답은 그런 힘이 존재한다면, 그 힘은 틀림없이 남용될 것이라는 것이다. 그러나 이것은 노직이 국가에 대해 걱정하고 있는 것이 아니다. 일단 사람에게 자연권이 인정되었다면, 국가의 여지는 있을 수 없다고 생각할 수 있는데, 이에 대해 노직은 아주 다른 근거를 가지고 있다.

노직의 관심을 평가하기 위해서, 첫째, 우리는 국가가 무엇인지를 물어야만 한다. 노직은 현명하게도 이에 대해 엄격한 정의를 제공하려고 시도하지 않았다. 그러나 그는 "한 지리적 영역 안에서 권력을 독점적으로 사용하는 것이 … 국가 존재에 있어서 결정적이다"(23)라는 막스 베버(Max Weber)와 그 추종자들의 주장을 승인한다. 이 정의는 우리가 바라는 것만큼 말끔한 것은 아니다. 왜냐하면 노직 역시 지적하고 있듯이(노직은 마샬 코헨(Marshall Cohen)을 인용한다), 국가는 권력을 독점적으로 소유하고 있지 않아도 존립할 수 있기 때문이다. "마피아, KKK단, 백인 위원회, 파업하는 노동조합원들, 일기예보가들의 단체"(23)와 같은 집단들도 힘을 사용할 수 있다. 여전히 국가는 그 영역 내에서 권력 사용의 권한과 감독할 수 있는 전면적인 권리를 주장한다. 그리고 이런 권리가 일반적으로 합법적인 것으로 인정될 것이라고 주장한다. 이것이 우리가 국가의 첫 번째 중심적인 특징이라고 말할 수 있는 것이다. 두 번째 중심적인 특징은, 원리적으로, 그 경계 내에서 거주하는 모든 사람을 보호해 주는 것이다. 노직의 전략은 국가의 이런 특징들과 자연권에 대한 인식 간의 명백한 상충을 들춰내는 것이다.

권리에 대한 노직의 설명에 의하면, 국가의 존재는 이런 권리를 침해하면서 등장할 것이다. 논변은, 어떤 국가든 권력을 합법적으로 위임받은 유일한 존재라고 주장한다. 그러나 어떤 기관도 이런 권리를 가질 수 없다. 우리들 각자는, 자연권의 전통에 따르면, 자기 방어의 권리를 가지고 있으며, 우리의 권리를 침해한 사람을 처벌할 권리를 가지고 있다. 이런 권리를 행사하지 못하도록 금지하는 사람은 불법적인 행동을 하는 것이다. 그래서 국가가 그 존립에 결정적인 독점적 권력 사용을 주장한다면, 부도덕하다. 따라서 우리가 노직 식의 권리를 인정한다면, 우리는 최소국가마저도 거부해야 할 것처럼 생각된다.

더욱이, 국가의 두 번째 중심된 특징 — 모든 사람의 보호 — 은 자연권과 조화되지 않을 것처럼 보인다. 놀랍게도, 이것은 소유의 자연권과 상충하는 것처럼 보인다. 모든 사람을 보호하는 국가는 부자와 가난한 사람, 즉 돈을 지불할 수 있는 사람과 지불할 수 없는 사람 모두를 보호하여야 한다. 그렇다면 국가는 다른 사람에게 제공되는 서비스를 위한 비용을 그와는 다른 사람에게 요구해야만 한다. 이것은 강제적인 재분배에 해당한다.[1] 그리고 노직에게 있어서 이것은, 1장에서 언급했고 4장에서 자세히 논의될, 정의의 소유권리론을 침해하는 것이다. 이것은 최소국가마저도 부도덕하게 등장할 수 있다는 것을 보여주기 위해 고안된 두 번째 논변이다.

로크주의의 어려움

우리는 국가의 명백한 부도덕성을 유감스럽게 생각해야 하는가? 노직 식의 무정부주의나 로크 식의 자연상태론에서, 우리는 생명, 자유 그리고 재산에 대한 권리를 갖는다. 그리고 이런 권리들을 집행할 수 있는 권리를 갖는다. 그러나 분명한 것은, 도덕적 관점에서, 우리가 자연상태에서 이런 권리를 가질 때조차도, 이런 권리들이 존중되는 것은 법에 의한 제도나 법의 집행에 의해 지지될 때에야 비로소 가능하다는 것이다. 그래서 우리들이 이런 권리들을, 형식적으로 말해서 무정부 상태에서, 가지고 있을 때조차도, 이런 권리들은 쓸모 없는 것이 될 수 있다. 왜냐하면 우리들은 이것을 누릴 수 있는 힘을 가지고 있지 않기 때문이다. 우리는 끊임없이 살인, 노예 매매, 도둑에 대한 공포에 시달리게 될 것이다. 이것은, 혼돈과 침해가 일반적이라는 의미에서, 무정부주의에 반대하는 논변과 유사하다.

그러나 이것은 자연상태에 대한 로크의 반론이 아니다. 물론 그

---

1) 부족액이 자발적인 기부금이나 또 다른 상업적 활동에 의해 충당되지 않는다면, 그러하다.

는 자연상태에서 권리 침해는 적어도 관찰될 수 있는 일이라는 것을 인정하고 있다. — 처벌 이론을 논의하는 이유가 무엇이겠는가? 그러나 그는 자연상태를 홉스의 만인에 대한 만인의 투쟁 상태와 조심스럽게 구별하고 있다. 로크는 자연상태에서 권리는, 항상 그런 것은 아니지만, 일반적으로 존중될 것이라고 믿었다. 사람들은 대부분 자신들이 해야 할 바에 따라 행동한다.

로크는 "자연상태에 사람들은 어디에 있으며, 있기나 했던 것인지, 이 물음이 하나의 강력한 반론으로 종종 제시되고 있다"고 말한다.[2] 우리는 또한 분명한 질문에 흥미를 가질 수도 있다. 즉 자연상태에서의 삶은 어떤 삶인지 우리가 어떻게 알 수 있는가? 첫 번째 질문에 대한 로크의 대답 중 일부분은 두 번째 질문에 대답하는 것이기도 하다. 즉 이 "세계는 [자연상태에 있는] 사람들 없이는 존재하지도 할 수도 없다." 그는 사람들이 시민사회를 구성하여 참여하기 이전에 이런 상태에서 살았으며, 17세기의 북미가 이런 상태였다고 주장한다. 더욱 흥미롭게도, 그는, 사람들을 지배할 권위를 가진 상위의 단체가 없다면, 상이한 상태들 중 최고는 서로를 존중하는 자연상태라고 주장한다. 우리가 역사적인 주장에 대해 무엇이라고 생각하든, 이런 후자의 관점은 적어도 상당수의 사람들이 한때 자연상태에 있었다고 주장하는 셈이다. 이런 견해의 흥미로운 점은, 더 일반화된 자연상태에서의 삶이 어떤 삶일 수 있는지에 대한 생각을 제공해 준다는 것이다. 즉 '군주'가 서로를 존중하며 어떻게 행동하는지를 보면 알게 된다.

---

2) J. Locke, *Second Treatise*, in his *Two Treatises On Civil Government* (Cambridge University Press, Cambridge, 1960), s. 14.

실제로, 버트란드 러셀은 이런 견해를 무정부주의에 반대하는 논변으로 정확하게 사용하고 있다. 자연상태에서, 군주 또는 적어도 정부는 제1차 세계대전을 일으켰다고 러셀은 지적한다. 러셀은 이에 근거하여 첫째, 인간은 무정부 상태에서 행복하게 살 수 없으며, 둘째, 단일한 세계 정부가 세계 평화를 위해 필요하다는 결론을 내린다.[3] 로크는 낙관적으로 생각한 것처럼 보인다. 로크가 생존했을 당시, 영국은 여러 차례 전쟁에 휘말려 있었다. 이런 모든 것에도 불구하고, 그는 자연상태는 전쟁상태일 필요가 없다고 확신하고 있었다.

자연상태가 전쟁상태가 아니라면, 왜 벗어나야 하는가? 시민사회에는 어떤 이로운 점이 있는가? 로크의 대답은 이런 물음은 정의의 집행에서 성립한다는 것이다. 사람들은 고의로 타인의 권리를 침해하려고 작정하지 않으며, 이런 권리를 무시하고 그런 행동을 하는 것도 아니라는 것이다. 오히려 "모든 사람은 자연법의 집행권을 갖는다." 이것은 세 가지 문제를 낳는다. 첫째, 사람들은 자연법에 대한 해석에서 차이를 보일 수 있다. 둘째, 판결을 위하여 논쟁이 제시될 수도 있는 제 3의 제도적 기구가 없다는 것이다. 그래서 개인은 잘못이 범하여졌는지, 그렇다면 정당하고 알맞은 처벌이 무엇인지를 스스로 결정해야만 한다. 따라서 모든 사람은 자신의 입장에서 판단을 한다. 그리고 이것은 각각의 사례에 두 판단자가 있게 되며, 각자는 '자기애, … 나쁜 본성, 정념 또는 복수심'에 의해 자신이 원하는 대로 편견을 가지고 판단한다. 마지막으로, 사람들은

3) B. Russell, *Political Ideals* (George Allen & Unwin, London, 1963), pp. 19-20.

판단을 집행할 힘을 결여할 것이다. 결론적으로 로크에게 있어서, 법체계를 안정적이고 공개적이며 알 수 있도록 하여, 이것을 적용하고 실행하게 하는 것은 법 제정자에게 큰 이익이 될 것이다. 로크는 "나는 시민 정부가 자연상태의 불편함을 적절하게 교정한 것임을 쉽게 인정한다"[4]고 말하고 있다.

자연상태에 대한 이런 비판은 우리가 로크주의의 어려움이라고 말할 수 있는 것을 문젯거리로 던져 주고 있다. 권리 이론은 무정부가 도덕적으로 요청된다는 것을 증명해 주지만, 무정부 상태에서 정의를 집행하는 것이 어렵다는 것에 기초해 있는 고려 사항들은 하나의 국가가 있어야 한다는 것을 증명해 주고 있다. 우리는 사람들의 자연권을 침해하지 않는 국가를 가질 수 없을 것처럼 보인다. 그러나 우리의 삶은, 우리가 국가를 갖는다면, 훨씬 더 나아질 것이다. 이상 다른 방법은 없는가? 정치철학은 결국 '도덕적 비극'으로 끝을 맺을 수밖에 없는가?

로크주의의 이런 어려움이 국가가 제공하는 안전과 자연권을 우리에게 선택하도록 한다고 생각해 볼 수 있다. 많은 사람들에게 있어서, 자연권을 가정하는 것이 국가가 비도덕적이라는 것을 증명해 주는 것이라면, 자연권을 위해서 국가는 최악의 것이며 거부되어야 하는 것이다. 그러나 노직에게 있어서, 권리 이론을 거부하거나 수정하는 것은 전혀 문제가 되지 않는다. 권리 이론은 노직의 정치철학의 출발점, 즉 노직 자신의 확고한 발판이다. 권리 이론을 이렇게 쉽게 포기하는 것은 자신의 전체적인 계획을 거부하는 것이 될 것이다. 자연권이 무정부를 함축한다면, 노직에게 있어서, 국가가

---

4) Locke, *Second Treatise*, s. 13.

우리에게 어떤 이점을 제공하든지 간에, 우리가 선택해야 할 것은 무정부주의이다. 노직의 탐구는 국가와 자연권을 조화시키는 것이지, 자연권을 포기함으로써 국가를 정당화하려는 것이 아니다.

우리는 다음과 같이 물을 수 있다. 즉 조화시키려는 노직의 계획은 성취될 만한 가치가 있는가? 개인적인 자연권과 국가 모두를 가치 없는 것으로 여기는 사람은 설득력을 갖지 못할 것이다. 그리고 로크주의에 어려움이 있다는 것을 거부하기조차 할 것이다. 거의 모든 사람에게 있어서 독립성을 바탕으로 해서 개인주의적 무정부주의자에 호의를 갖는 경향이 있다. 반면에 이들은 국가의 이점을 분명하게 이해하고 있다. 그렇다면, 결국에 우리의 결론이 자연권을 거부하는 것일 때조차도, 국가의 합법성을 거부하는 것일 때조차도, 우리 모두는 노직의 계획에 상당한 흥미를 가질 것이다.

동의 이론

로크는 물론 자율성과 국가를 조화시키려고 노력하고 있다. 이것이 동의 이론이다. 실제로, 시민사회에 참여한 모든 사람은 자신의 응징의 권리를 국가에 이양하는 데 동의한다. 따라서 국가는 권력의 합법적인 독점을 주장할 수 있다. 이런 주장은 개별자의 권리를 자발적으로 이양함으로써 정당화된다. 개인 소유권과 국가는 조화를 이룰 것이다. 그래서 로크는 국가에 복종해야 할 책무를 군주에 대한 우리의 동의, 즉 사회 계약에 근거해서 주장하고 있다.

이런 논변으로부터, 우리는 국가에 대한 로크의 설명, 그리고 국가 권력의 적절한 범위에 대한 로크의 설명을 이해할 수 있다. 국가는 자연법에 의해 부여된 자연권을 보호하기 위하여 만들어졌다. 그래서 국가는 이런 권리를 방해할 권한을 가지고 있지 않다. 자연권을 방해하려는 국가의 시도는 합법적인 권한을 넘어서는 것이다. 로크의 결론이 노직의 결론과 유사한 이유는 분명하다.

국민의 동의에 기초해서 합법적인 권한을 가질 수 있다는 로크의 주장은 얼마나 합당한가? 우리가 합법적 권한을 동의에 기초하여 주장한다면, 사람들은 실제로 자신의 정부에 동의한다는 것을 증명하는 것이 중요하다. 그러나 개인과 정부 간의 계약은 일반적으로 구체적인 문서나 언어로 이루어지지 않는다는 것이다. 물론 많은 사람들은, 여러 경우에, 자신들의 충성을 맹세할 수 있다. 그러나 어떤 국가가 보편적이고 공개적인 동의를 받았는지는 알 수 없다. 따라서 로크는 상이한 동의 개념을 요구한다. 이런 요구는 자신의 이론, 즉 모든 사람이 국가에 공개적으로 동의하지는 않을지라도, 우리는 그 이점을 받아들임으로써 국가에 암묵적으로 동의한다는 자신의 이론을 유도하고 있다. 실례로, 로크는 다음과 같이 주장한다.

> 정부가 지배하고 있는 것의 일부를 소유하고 있거나 누리고 있는 모든 사람은 암묵적인 동의를 한 것이다. 그리고 정부의 영향하에 있는 한, 그래서 혜택을 누리는 한, 정부의 법에 복종해야 할 의무를 지게 된다. 땅에 대한 그의 소유가 그와 그의 상속인에게 영원한 것이든, 일주일 동안 빌린 것이든, 고속도로를 통해 자유롭게 여행하고 있는 중이든, 이런 의무를 지게 된다.[5)]

5) Locke, *ibid.*, s. 119.

사람들이 국가에 동의했을 때에만 국가에 얽매여 있다는 일반적인 생각은 개인 소유권의 옹호자들이 확실히 매력을 느낄 수 있는 생각이다. 모든 시민이 실제로 그리고 공개적으로 강제 없이 동의했다는 것에 근거해서 국가가 옹호될 수 있다면, 무정부주의자가 반대할 수 있는 방법을 찾기는 쉽지 않다. 그러나 첫째, 암묵적인 동의가 동의의 충분한 형식이라고 생각될 수 있다고 말하는 것, 그리고 둘째, 피할 수 없는 분명한 이익을 단순히 받아들이는 것이 암묵적 동의를 구성한다고 말하는 것은, 호소력 있는 이론을 낳게 될 것이다. 그러나 그 이유는 무엇인가? 암묵적 동의에 대한 생각이 동의의 형식이라는 것이 만족스럽지 못한 이유는 무엇인가? 하나의 분명한 생각은, 사람들이 동의에 대해 말하고자 한다면, 동의하지 않을 수 있는 실질적인 선택권이 필수적으로 주어져 있어야 한다는 것이다. 암묵적 동의의 경우에서, 동의하지 않는다는 것은 국가가 제공하는 이익과 보호를 거부하는 것과 같다. 그러나 흄은 다음과 같이 지적하고 있다.

> 우리는 가난한 농부나 기술공이, 외국어나 외국의 생활방식을 알지 못할 때, 자기의 나라를 떠날 수 있는 자유로운 선택을 할 수 있다고 진지하게 말할 수 있는가? 그리고 그가 벌어들인 보잘것없는 수입으로 일상생활을 해나갈 수 있다고 진지하게 말할 수 있는가? 게다가 우리는, 잠자고 있는 동안 배가 출항하였음에도, 사람들이 배 안에 남아 있다면, 그가 선장의 통제에 자유롭게 동의한 것이라고 주장하기도 한다. 그리고 그는 배에서 바다로 뛰어내려야 하며, 그가 배를 떠나는 순간 죽게 될 경우에도 그렇게 주장하기도 한다.[6]

---

6) D. Hume, "Of the Original Contract", in his *Essays Moral Political and Literary*, ed. E. F. Miller (Liberty Press, Indianapolis, Ind., 1985), p.

요약해 보면, 흄과 그 옹호자들은, 우리가 국가로부터 이익을 받을 때조차도, 이것이 국가에 암묵적으로 동의한 것으로 간주되지 않는다고 주장한다. 따라서 로크의 암묵적 동의 이론은 개인 소유권 이론가들에게 국가가 도덕적으로 합법적이라는 확신을 줄 수 없을 것이다. 노직이 국가를 정당화할 수 있고 무정부주의를 부정할 수 있는 방법을 찾았다면, 그 방법은 로크의 방법은 아닐 것이다.

노직의 보이지 않는 손

로크주의의 어려움에 대한 노직의 관점은, 로크주의의 어려움을 공들여 고찰해 본다면, 이런 어려움이 존재하지 않는다는 것을 알 수 있는 사례를 제시하는 것이다. 노직은 로크가 자연상태가 가진 중요한 문제점을 지적했다는 데 동의하고 있다. 그런 한편으로 노직은 무정부주의에 대한 로크의 해체가 너무도 성급한 것이었다고 주장한다. 무엇보다 먼저, 우리는 자연상태가 로크주의의 어려움을 해결하기 위한 나름의 해법을 가지고 있는지 살펴보아야 한다. 자연상태에서 정의를 효과적으로 집행하기 위한 방법이 있는가? 노직의 중심 주장, 그리고 이런 논쟁에 대한 노직의 기여 중 하나는 바로, 자연상태가 이런 방법들을 허용하지만, 이런 방법들이 모두 사용되었을 때는 이미 우리는 사실상 국가와 더불어 있다는 것을 알게 될 것이라는 것이다. 이것이 국가에 대한 노직의 '보이지 않는 손에 의한 설명'의 핵심이다.

475.

보이지 않는 손에 의한 설명의 기본적인 생각은, 어떻게 고안된 것처럼 보이는 것이, 그럼에도 불구하고, 다른 행위의 의도되지 않은 결과를 발생시킬 수 있고 발전시킬 수 있는지를 증명하는 것이다. 그래서 노직은 자연상태의 개별자들이 자신들의 입장을 개선하려고 노력하면서 최소국가를 실질적으로 발생시킬 수 있는 행위를 수행할 것이라고 주장한다. 비록 어떤 사람도 이것을 의도하지 않았으며, 국가를 창조하려는 생각조차 하지 않았지만 그러하다. 이러한 점을 강조하기 위하여, 노직은 『무정부, 국가 그리고 유토피아』의 1부 제목으로 '의도적 노력 없이 어떻게 국가가 성립될 수 있는가'라는 제목을 달고 있다. 이곳의 후반부에서 나는 보이지 않는 손이라는 방법을 노직이 사용한 것은 그의 논변에 궁극적으로는 없어도 되는 것이라고, 즉 그 실제 힘을 모호하게 하는 것이라고 주장할 것이다. 그럼에도 불구하고, 그 논변이 포함하고 있는 참된 면을 밝혀내기 위해서 그 논변을 철저하게 추적할 필요가 있다. 더욱이, 여기에서 노직의 사유를 살펴봄으로써, 우리는 그의 최고의 독창성을 칭찬할 수 있게 된다.

노직은 최소국가가 무정부적인 자연상태에서 도출될 것이라고 주장한다(사람들이 자기 이익을 위한다면, 그리고, 대부분 도덕법칙을 지키려고 각오하고 있다면). 그리고 그는 여기에 덧붙여, 최소국가는 사람들의 권리를 침해하지 않고서도 나타나게 될 것이라고 주장한다. 즉각 두 가지 물음이 생겨난다. 이런 주장들은 참인가? 그리고 참이라면, 이런 주장들은 무엇을 증명하는가? 우리가 자연상태에 있었더라면, 개인의 권리를 침해하지 않고서도 최소국가를 실제로 만들어냈을 것이라고 생각해 보자. 이것은 최소국가가 다른 방식으로 나타나게 될 때조차도 최소국가가 정당화될 수 있다는 것을 증명하기에 충분할 것인가? 이것은 노직이 주장하려고 하는 것이다. 그리고 이런 방법론적 물음은 상세하고 간략하게 논의되었다. 먼저, 최소국가가 자연상태에서 등장하게 될 것이고, 권리를 침해하지 않고서도 등장하게 될 것이라고 노직이 생각하는 이유를 알아보도록 하자. 물론, 권리를 침해하는 방식으로 최소국가가 등장할 수 있는 이유를 생각하는 데에는 아무런 문제도 없다. 그러나 이것은 노직이 확립하고자 바랐던, 그렇게 요청되는, 결점 없는 사유의 가능성이다.[7)]

나중에 우리는 노직 주장에 대해 비판적인 평가를 상세하게 시도할 것이다. 그러나 먼저 그 논증의 구조를 이해하려고 노력해야 한다. 그래야 우리에게 제시된 것이 무엇인지를 정확하게 알 수 있다. 노직과 마찬가지로, 나는 국가가 발달한 유사 역사적 과정을 빌어 그 논변을 제시할 것이다. 즉 자연상태에서 시작하여, 최소국가로 마무리되는 여러 단계를 통해 그 논변을 추적할 것이다. 그 논변은, 부분적으로, 각 단계에서 다음 단계로의 이전이 어떤 사람의 권리도 침해되지 않는 방식으로 이루어져 있다는 주장에 의거하고 있다.

자연상태에서 지배적인 보호 대행사로

우리는 자연상태에 의해 제시된 문제의 본성을 되새기면서 출발해야만 한다. 자연상태에서 모든 사람은 자기 자신이 재판관이라는

7) Murray N. Rothbard, *The Ethics of Liberty* (Humanities Press, Atlantic Highlands, NJ, 1982), p.229.

로크의 지적을 확장하면서, 노직은 추론한다.

> 자신의 사건에 재판관이 될 때 사람들은 항상 미심한 점에 있어 자신에게 유리하게 해석하며 자신은 옳다고 가정한다. 그들은 자신들이 당한 해나 손해의 양을 과대 평가할 것이며 걱정은 그들로 하여금 가해자를 과도하게 징벌하려고 시도하고 지나친 보상을 징수하려 시도하게끔 유도할 것이다. … 복수와 보상을 징수하려는 끝없는 행위로 이끈다. 그리고 이와 같은 다툼을 해결할 어떤 확실한 방법도 없다. … 설령 한 쪽이 그의 복수 행위를 그치겠다고 말한다 해도, 상대방은 먼저의 사람이 보상을 취하고 보복을 할 권리가 있다고 느끼지 않음을 알기 전까지는 안심할 수 없다. … 서로가 불이익의 표적이 되었다는 이러한 느낌은, 명백히 옳은 편이 있고 쌍방이 서로의 행위의 사실에 관해 동의하는 경우에도 생겨날 수 있다. 그래서 사실과 옳음이 어느 정도 불확실한 경우에는 그와 같은 복수의 투쟁이 일어날 가능성은 더욱더 많다. 또한 자연상태에서 개인은 자신의 권리들을 행사할 힘을 결여할 수 있다. 그는 그의 권리들을 침해한 상대방이 자신보다 강한 경우 그를 처벌하거나 보상을 받아낼 수 없을 것이다(11-12).

자연상태의 사람들은 이런 어려운 문제를 해결하려고 어떻게 시도할 수 있는가? 가장 자연스러운 생각은 개별자가 '상호 보호 협회'에서 타인과 단결할 수 있다는 것이다. "타인들도 그의 요청에 따라 그의 방어에 합세할 수 있다. 그들은 합세할 수 있다. … 그 이유는 그들의 공공 정신이 강해서일 수도 있고 그의 친구이기 때문일 수도 있으며, 그가 과거에 그들을 도와주었거나 또는 무엇에 대한 대가 때문일 수도 있다."(12) 이런 방법으로, 적어도, 강력한 침해자로부터 정의가 요구될 수도 있다. 비합리적 주장에 반하여 획득된 보호가 요구될 수도 있다. 우리의 첫 번째 유사 역사적 진행은 자연상태에서 상호 보호 협회가 존재하는 상황으로 나아간다.

상호 보호 협회는 자연상태에 비해 어떤 이점이 있는가? 상호 보호 협회는 폭력 집단, 개인적인 차원이 아닌, 전쟁과 마찬가지 수준의 문젯거리를 만들어내지 않을 것인가? 그러나 우리가 순전히 개인적인 다툼만 있는 상황, 즉 권리 침해가 발생했는지, 그리고 그에 상응하는 처벌과 배상이 어떤 것인지에 동의하는 데 어려움을 겪고 있을 뿐인 상황을 결코 가정하고 있지 않다는 것을 기억하기 바란다. 상호 보호 협회는 이런 최초의 상태에 비해 적어도 하나의 이점을 가지게 된다. 구성원들은 그 경우가 합리적이라고 느끼지 않는 한 주장하는 사람에 협력하려고 하지 않을 것이다. 자기애나 정념에 눈이 멀지 않았다면, 이들은 거의 가치 없는 주장을 추구하면서 시간과 노력을 낭비하려고 원하지 않을 것이다. 결론적으로, 사람들은 비합리적인 다툼이 적어지기를 기대할 것이다.

이런 이점은 불이익에 의해 경감된다. 즉 동료들을 위하여 어떤 주장을 추구하는 것은 시간과 노력이 소비된다는 것을 함축한다. 그리고 이것은 대부분의 사람들이 피하고자 하는 것이다. 노직은 이에 대한 해결책이 노동의 분화라고 말한다. 진정한 자유시장에서, 그는 기업가가 보호 서비스를 제공하려는 사업을 시작할 수 있다고 제안한다. 상호 보호 협회에 참여하여 보호를 받는 것보다 보호 대행 회사의 서비스를 구매할 것이다. 이것이 세 번째 단계이다. 즉 상업적인 보호 대행사가 설립된다.[8] 아마도 많은 사람들은, 한 사

---

8) 재산의 존재가 인정되면, 교환과 화폐도 역시 자연상태에서 존재할 것이라는 것은 합당하다.

람이 지속적으로 다른 사람의 요구에 따라야 하는 보호 협회를 형성하기보다는 전문적인 서비스 회사를 고용하려고 할 것이다.

처음엔, 일정한 지역에, 경쟁적인 대행사들이 서로 서비스를 제공할 것이다. 그러나 노직은 이것이 독점, 또는 적어도 과점적 성향을 갖는 자유시장이라고 주장한다. 우리는 이 논변을 나중에 살펴볼 것이다. 그러나 기초적인 생각은 경쟁하는 대행사가 각자의 이익에 따라 합병하거나, 서로 돕는 데 동의하게 될 것이다. 그래서 다른 대행사의 구성원들 간의 다툼은, 상호 소모적인 싸움으로 치닫는 것이 아니라, 중재에 의해 해결될 수 있다. 가장 크고 가장 강력한 대행사에 가입한 소비자는 이점이 있을 것이다. 합병, 지배권 취득, 연합하는 과정을 통해, 그리고 구성원의 유형을 바꾸는 과정을 통해, 우리는 네 번째 단계에 도달할 것이다. 즉 일정한 지역에 하나의 지배적인 보호 대행사가 있는, 또는 상호 협력하는 대행사들이 연합하여 하나로 통합하는 상황에 도달할 것이다.

지배적인 보호 대행사가 존재하게 된 상황에 도달했다면, 우리는 실제적인 노력 없이 국가로 넘어가 버린 것인가? 즉 지배적인 보호 협회는 국가인가? 국가의 한 특징이 권력의 독점을 주장하는 것이라는 것을 2장에서 살펴보았다. 지배적인 보호 협회는 권력의 독점을 주장하는가? 보호 협회가 구성원들에게 개인적인 처벌의 권리를 포기하도록 요구할 수 있다는 것은 합당하다. 또한 어떤 상황에서는 가입 조건으로서 자신들을 보호할 권리를 포기하도록 요구할 수 있다는 것도 합당하다. 그래서 투쟁 행위는 대행사의 통제를 받게 될 것이다. 그러나 모든 사람이 그 보호 대행사의 회원이 될 필요는 없을 것처럼 보인다.

강력한 힘을 가진 개인은 이런 서비스를 구매하기를 거부할 수 있다. 왜냐하면 이들은 자신을 스스로 보호할 준비가 되어 있으며, 필요한 경우에 타인을 직접 처벌할 준비가 되어 있기 때문이다. 물론, 우리는 이들이 얼마나 성공적일 것인지 의문을 가질 수 있다. 그러나 중요한 점은, 자유지상주의 입장에서는 사람들에게 처벌할 수 있는 자연권을 포기하도록 어떻게 강제할 수 있는지를 알기는 어렵다는 것이다. 상당수의 개인들이 처벌할 수 있는 사적인 권리를 유지하고자 한다면, 지배적인 보호 대행사는 분명 국가가 아닐 것이다. 게다가 지배적인 보호 대행사는 국가로서 요구되는 두 번째 특징을 가지고 있지 못했다. 즉 모든 사람에게 보호 서비스를 제공해야 하는 특징을 가지고 있지 않다. 존 웨인[9]이 보호 서비스를 구매하지 않는다면, 그는 스스로를 보살펴야만 한다. 그렇다면 지배적인 보호 협회는 자연상태에서 노직 식의 권리가 국가로의 이행 과정에서 우리를 이끌고 가는 한 단계인가?

극소국가와 최소국가

노직의 설명이 이것으로 다 끝나 버린 것이 아니다. 노직은 보호 대행사와 그 고객이 존 웨인을 어떻게 다룰 수 있는지를 묻고 있다. 우리는 이런 문제를 이해하기 전에 또 다른 문제를 제기할 필요가 있다. 존 웨인에 의해 어떤 문제가 발생하는가? 다른 말로 하자면, 무엇을 다루어야 하는가? 그 대답은 아마도 존 웨인이 본래

9) [역주] 존 웨인은 미국의 영화배우로, 여기서는 강력한 힘을 가진 독립된 개인으로 묘사됨.

의 자연상태에서 발견되는 문제점들을 정확하게 드러내고 있다는 것이다. 자기를 방어하고 처벌할 권리를 행사하면서, 그는 자기애와 복수심에 의해 분별력을 상실했을 수 있다. 그래서 자연법의 수준 이상으로 처벌하려고 할 수 있다.

이것이 지배적인 대행사에게 문젯거리인가? 존 웨인이 대행사의 고객에 대해 사적인 정의를 행사하면서 자연법을 넘어서는지 단순히 기다렸다가 확인해서는 안 되는가? 그래서 그가 자연법을 넘어섰다면, 그를 처벌하고 배상을 받아내면 되지 않겠는가? 그러나 대행사가 기다려야만 하는가? 고객들의 권리가 침해될 위험이 있다면, 대행사는 먼저 이런 일이 발생하지 않도록 행동을 취할 수 있지 않을까? 달리 말해 본다면, 이런 사적 권리 행사가 권리를 침해하지 않는 확실한 경우를 제외하고는, 대행사는 자신의 고객에 대한 사적 권리 행사를 금지할 수 있는가? 합리적인 근거에 의해 행동할 것이라고 확신할 수 없는 사람들 집단에 존 웨인과 같은 사람이 있다는 것은 우리 모두에게 큰 위협이 될 것이다. 이런 위험으로부터 고객을 보호하기 위하여, 지배적인 대행사는 자신의 고객에게 폭력을 행사하는 사람을, 이런 강제력이 합법적이라는 것을 대행사에 증명할 수 없다면, 처벌할 것이라는 것을 공표할 권한을 가질 것처럼 보인다.

이 단계에서 생겨날 수 있는 것에 주목해 보자. 이제 권력을 독점적으로 행사한다고 주장하는 대행사가 존재하게 된다. 이 대행사는 자신의 고객에 편에 서서 유일한 권력 사용자이며, 자신의 고객에 대하여 독자적으로 사용되는 권력의 유일한 권위자이다.[10] 이제

10) 다른 독립인에 대한 독립인의 권력은 어떠한가? 나는 다음에 이 논의로 되

우리는 지배적인 보호 협회를 넘어서, 국가의 존립에 핵심적이라고 말하는 두 가지 특징 중 하나를 소유하고 있는 지배적인 조직체인 다섯 번째 단계에 도달하였다. 즉 정당한 권력의 독점적 행사. 이런 이유 때문에, 우리가 이제 극소국가에 도달했다고 말해야 한다고 노직은 주장한다.

그러나 문젯거리들이 여기서 끝난 것은 아니다. 존 웨인은 다른 사람을 처벌할 자연권을 가지고 있다. 그러나 지배적인 대행사는, 그가 이런 권리를 남용했을 때 가져올 피해의 위험 때문에, 그가 이런 권리를 행사하는 것을 허용하지 않는다. 그러나 지배적인 대행사가 그의 자연권 행사를 금지한다면, 지배적인 대행사는 이에 대해 그에게 보상해 주어야만 한다고 노직은 주장한다. 이 상황에서, 가장 적절한 보상은 그에게 보호 서비스를 제공하는 것이다. 극소국가가 권력 행사를 금지하고 있는 사람들에게 보호 서비스를 제공할 때, 극소국가는 국가, 즉 최소국가가 된다. 자신의 영토 내에 거주하는 모든 사람들에게 보호 서비스를 제공하는 것은 노직이 말하는 국가가 가진 두 번째 핵심적인 특징이다.

모든 사람에게 보호 서비스를 제공하면서, 국가는 재분배적 활동 — 타인에 제공될 서비스를 위해 비용을 부담시키는 것 — 을 하는 것처럼 보이지만, 이것의 배후에 있는 이유는 재분배적인 것이 아니라는 것에 주목해 보자. 즉 최소국가는 타인이 보호 서비스를 받지 못한다는 점에 의거해서 타인의 보호 서비스를 위한 비용을 부담시키지 않는다. 오히려, 이들은 타인이 자연권을 행사하지 못하게 한 것에 대해 보상해야만 한다. 그리고 가장 편리한 보상 방식

돌아올 것이다.

은 이들에게 보호 서비스를 제공하는 것이다. 그래서 재분배를 위한 이유는 복지나 평등에 대한 고려에 근거해 있는 것이 아니라, 자유주의자에 의해 인정되고 있는 자연권에 대한 고려에 근거해 있다.

우리는 여러 단계 중 최소국가에 도달하였다. 이것은 모든 사람을 보호하면서 권력의 독점 사용을 주장한다. 이것이 노직의 국가에 대한 보이지 않는 손 논변이다. 자연상태에 있는 어떤 사람도 국가의 발생을 의도한 사람은 없다. 그러나 국가는 어쨌든 존재하게 되었다. 국가로 이행해 가는 어떤 단계에서도 권리는 전혀 침해되지 않았으며, 실질적인 노력 없이 국가를 형성하게 되었다. 노직의 논변은 "무정부주의를 논박하고 국가를 정상화하는 금세기의 가장 중요한 시도"[11]라고 불리고 있다. 그러나 그 시도가 성공했는지 평가하기 전에, 그 논변이 어떻게 작동될 것인지 먼저 자세하게 살펴보아야 한다.

노직의 방법론

노직의 논변이 증명하려고 하는 것은 무엇인가? 하나의 의미에서, 노직이 옳다면, 무정부주의자는 거부될 것이다. 왜냐하면 이 논변은 도덕적으로 합법적인 하나의 국가가 가능하다는 것을 증명해 주고 있기 때문이다. 국가가 노직의 보이지 않는 손의 과정을 통해 자연상태에서 발전되었다면, 그 국가는 합법적일 것이다. 그러나

11) Rothbard, *The Ethics of Liberty*, p.247.

이것이 노직이 증명하려고 바랐던 모든 것이라면, 노직이 새로운 논변을 고안하려고 애쓰는 이유가 무엇인지 의아해할 것이다. 우리가 살펴보았듯이, 노직과 사회 계약 이론가들은 이미 자유주의 권리를 침해하지 않고서도 도덕적으로 합법적인 국가가 생겨날 수 있다는 것을 무정부주의자에게 증명하였다. 우리는 국가가 존재하도록 계약을 맺었다.

그래서 노직은 로크의 공허한 가능성 논변보다 더 강력한 것을 확립하려고 노력하였다.12) 그런데 그 노력은 어떤 것인가? 어떤 것인지에 대해 생각해 볼 수 있는 하나의 생각은 그가 합법적인 최소국가의 가능성에 대해 주장할 뿐만 아니라, 최소국가의 도덕적 필연성에 대해서도 주장한다는 것이다. 즉 최소국가는 사회단체의 합법적인 형식일 뿐이다. 노직이 이와 같은 것을 확실하게 믿는다 할지라도, 그가 보이지 않는 손 논변에 기초해서만 최소국가의 유일한 합법성을 확립하려고 기대하지 않았다는 것을 인식하는 것이 중요하다.

이 결론을 위한 논변은 두 단계를 거친다. 첫째, 적어도 최소국가가 정당화되며, 그런 다음 기껏해야 최소국가가 정당화된다고 주장된다. 이 별개의 논변이 서로 합쳐져서 단지 최소국가만이 정당화된다는 결론에 이르게 된다. 두 번째 단계는 더 포괄적인 국가가 사람들의 재산권을 침해할 것이라는 노직의 논변에 의해 이루어진다. 우리는 다음 장에서 이에 대해 살펴볼 것이다. 보이지 않는 손

---

12) 모든 학자들이 동의하는 것은 아니지만, Robert Paul Wolff는 노직 논변의 목적이 "정당한 합법적 국가의 가능성을 확립하려는 것"이라고 주장한다. ("Robert Nozick's Derivation of the Minimal State", in *Reading Nozick*, ed. J. Paul (Blackwell, Oxford, 1982), p.80.)

논변은 다른 형태의 국가들 중에서 최소국가가 정당화된다는 것을 무정부주의자에게 증명하려는 첫 번째 임무를 수행하도록 고안되었다. '유일한' 결과는 기다려야 할 것이다.

무정부주의에 반대하는 논변은 어떻게 작동하는 것일까? 이것은 오히려 단순한 듯이 보인다. 어떤 사람은 국가가 무정부보다 더 낫다는 것을 증명해 주고 있다. 어떤 사람은 노직이 로크의 자연상태라고 생각하는 무국가 상황 중에서는 최고의 형태를 묘사하고 있다. 이것은 "현실적으로 바랄 수 있는 최고의 상태"(5)이기 때문에 선택될 것이다. 국가가 없다면 상황은 로크가 생각하는 것보다 더 나빠질 것이다. 또한 국가 없이도 상황이 더 나아질 것이라고 진심으로 믿고 있는 사람은 거의 없다. 최고의 실재론적 무정부주의에 대해 설명하면서 노직은 다음과 같이 제안한다.

> 국가가 무정부 상태로서는 최선의 상황, 현실적으로 바랄 수 있는 최고의 상태보다 낫다는 것을 증명할 수 있다면, 또는 도덕적으로 허용될 수 없는 과정을 거치지 않고서도 국가가 생겨날 수 있다는 것을 증명할 수 있다면, 국가가 생겨난다면 국가가 현실을 개선할 것이라는 것을 증명할 수 있다면, 이것은 국가의 존재를 위한 이론적 근거를 제공할 것이다. 즉 국가를 정당화할 것이다(5).

노직의 실질적 방법론은 이런 설명에 의해 드러난 것보다 더 엄격하며, 적어도 더 엄격해야 한다는 것에 주목해야 할 것이다. 그의 방법론은 국가에 대한 여러 가능한 대안이 되는 정당화들을 제안하고 있는 듯이 보인다. 우리가 이미 알고 있듯이, 국가가 무정부보다 낫다는 것을 증명하는 것은, 노직의 견해에 비추어, 국가를 정당화하기에는 충분하지 않다. 왜냐하면 이것은 어떤 권리도 침해하지 않는 것으로 증명될 것이 분명하기 때문이다. 물론 이것이 로크주의의 어려움의 힘이다. 그러나 실제로 노직의 논쟁점은 국가가 도덕적으로 허용될 수 없는 과정을 거치지 않고 생겨날 수 있다는 것을 우리가 증명할 수 있다면, 그리고 국가가 생겨난다면 국가가 현실을 개선할 것이라는 것을 증명할 수 있다면, 이것은 국가를 정당화한다는 것이다. 이 두 주장은 필연적이다. 왜냐하면 노직이 지적하고 있듯이, 국가가 자연상태에서 개선이 아니라 방해물로 간주된다면, 권리의 침해 없이 국가가 생겨날 것이라는 사실은 국가를 정당화하지 못할 것이기 때문이다.

이것이 비록 국가를 옹호하는 논의에 대한 매력적인 관점처럼 보인다 할지라도, 여기에는 하나의 중요한 방해물이 있는 듯하다. 가설적인 무정부 상황에서 무엇이 개발될 것인지에 관심을 가져야 하는 이유는 무엇인가? 무정부주의자는 가설적인 상황에서 무엇이 생겨나고 생겨나지 않을 것인지가 중요한 것이 아니라, 실제로 무엇이 생겨날 것인지가 중요하다고 주장할 것이다. 대부분 존재하는 국가는 무력, 정복, 혁명, 시민전쟁에 그 뿌리를 두고 있다. 무정부주의자는 이런 폭력에 기초했다는 것이, 자연상태에서 발전될 것이 무엇인지와는 무관하게, 모든 국가가 부도덕하게 기초되어 있다고 말하기에 충분한 것이라는 결론에 드달할 수 있다.[13)]

노직은 무정부주의자들에게 국가의 실질적 발생에 관한 이런 근

---

13) 노직은 또한 이런 논변을 의도한 것으로 해석되고 있다. Bernard Williams는 다음과 같이 말한다. "하나의 국가가 실제로 어떻게 발생했는가는 그 국가를 받아들이는 데 있어서 결정적이라는 것이 정의 이론에서 노직의 생각이다."("The Minimal State", in *Reading Nozick*, p.33.) 이 절의 논변이 함축하고 있듯이, 나는 윌리엄스가 여기서 잘못 생각했다고 생각한다.

심이 핵심에서 벗어나 있다는 것을 어떻게 설명하는가? 노직은 이 것을 분명하게 설명하고 있지 못하다. 그리고 그가 말한 대부분의 것이 해명하는 것이라기보다는 더욱 혼란을 가중시키는 것이다. 특히 『무정부, 국가 그리고 유토피아』의 서두에서 노직은 자기 논변의 구조와 헴펠 논변 구조의 유사성을 설명하고 있다. 이 헴펠 논변을 노직은 '잠재적 설명'이라고 말하고 있다. 헬펠이 논의한 설명이론은, 간략하게 말해서, 어떤 것이 발생한 이유가 무엇인지를 설명한다는 것은 법칙과 초기 조건에서 그것을 연역하는 것이다. 그래서 예를 들면,

> 노로 젓는 배 안의 관찰자에게, 물 아래 잠겨 있는 노의 부분은 위로 구부러져 보인다. 그 현상은 일반적 법칙－주로 굴절의 법칙과 물이 공기보다 밀도가 높은 시각적 매개물이라는 법칙－과 초기 조건－특히 노의 일부분은 물에 잠겨 있고, 다른 부분은 공기 중에 노출되어 있으며, 노는 반듯한 나무로 되어 있다는 것－에 의해 설명된다. 따라서 '그 현상이 왜 발생하는가?'라는 물음은 '어떤 일반 법칙에 따르며, 그 현상이 나타나는 초기 조건이 무엇인가?'를 의미하는 것으로 평가된다.[14]

노직은 잠재적 설명을 "그 속에 있는 모든 것이 사실이고 작동된다면 옳은 설명일 수 있는 것"(7)으로 정의하고 있다. 따라서 하나의 잠재적 설명은 거짓 법칙, 존재하지 않는 사실, 또는 발생하지 않은 과정에서 설명될 법한 것을 통한 타당한 연역이다. 어떤 주석가들[15]에게는 노직이 잠재적 설명을 제공함으로써 국가를 정

14) C. G. Hempel, *Aspects of Scientific Explanation* (Free Press, New York, 1965), p.246.

당화했으며, 보이지 않는 손에 의한 설명은 국가에 대한 잠재적 설명으로 말해질 수 있다고 제안하는 것처럼 보일 수 있다. 그러나 이런 제안은 무정부주의자를 논박하는 일에는 거의 도움이 되지 않는다. 노직 책에 대한 주의 깊은 고찰은 그가 이런 방식으로 국가를 옹호하려 하지 않았다는 것을 드러내 주고 있다.[16] 이런 시도가 분명하게 실패할 것이라는 것은 약간의 반성만으로도 분명해진다. 어떤 것이 발생한 이유를 설명하는 것은 그것을 정당화하는 것이 아니다. 즉 그것이 발생해야만 하는 이유를 또는 그것이 합법적으로 발생하는 이유를 설명하는 것이어야 그것을 정당화한다. 미국의 노예 제도가 존재한 이유에 대한 역사적 설명은 그것을 필연적으로 정당화해 주지 못한다. 실제로 그 반대는 사실일 수 있다. 그러나 참된 설명이 도덕적 정당화를 위해 충분한 것이 아니라면, 잠재적 설명으로 바랄 수 있는 것은 무엇인가?

실제적인 과정으로 나아가기 위해서, 우리는 여기서 뒤돌아가서 노직이 하지 않은 것을 해야만 한다. 즉 더 일반적으로 생각될 수 있는 정치적 의무의 문제와 관련시켜 논의를 제기해야만 한다.[17]

---

15) Robert Holmes, "Nozick on Anarchism", in *Reading Nozick*, p.59를 참조할 것.

16) 노직은 정치철학과 설명적 정치 이론을 구별한다. 설명적 정치 이론은 우리가 정치학이라고 부르는 것이다. 노직은 '잠재적 설명'이라는 개념을 도입한다. 그가 이 개념을 도입한 것은 국가를 옹호(정당화)하기 위한 것이 아니라, 국가가 특정한 특징을 가져야 하는 이유에 관해 설명하기 위한 것이다. 따라서 우리는 국가가 실제로 권력의 독점을 주장하는 이유에 대한 설명을 요구할 수 있다. 그러나 이것은 국가가 권력의 독점을 주장하는 것이 정당화될 수 있는가의 문제와는 다른 문제이다.

17) 정치적 책임의 문제에 관한 완전한 논의를 위해서는 J. Wolff, "What is the Problem of Political Obligation?", *Proceedings of the Aristotelian*

우리는 먼저 "우리가 정부의 명령에 복종해야만 하는 이유가 무엇인가? 정부는 나에게 어떤 권위를 가지고 있는가?"라는 문제를 제기할 수 있다. 국가가 이런 권위를 가지지 않았다는 무정부주의자의 직관은, 우리가 알고 있듯이, 노직의 전체적인 계획의 기초가 되고 있으며, 로크주의의 어려움이라고 불렀던 것의 한 측면이다. 그러나 로크주의의 어려움의 다른 측면도 또한 이 장에서 알게 될 것이다.

로크가 주장했듯이, 하나의 국가가 있다면, 더 낫게 될 것이며, 특히 정의를 지켜야 하는 분야에서 더 나아질 것이다. 따라서 대부분의 다른 사람들이 국가의 존재를 반기고 그 권위를 받아들인다면, 나는 국가의 존재를 반기고, 나에 대한 국가의 권위를 받아들일 만한 좋은 이유를 가지고 있다. 내가 이런 이유를 인식했을 때, 내가 국가에 동의하고 있다고 말할 수 있을 것이다. 내가 질문을 받았더라면, 내가 숙고 끝에 내린 판단은 "나는 국가의 많은 활동에 동의한다"가 될 것이다. 이것이, 우리들 대부분에게, 본래의 무정부주의자의 직관이 실천적 이점보다 더 많은 철학적 이점을 갖는 이유이다.

그러나 정부가 나의 일에 합법적으로 간섭할 수 있다고 내가 납득하고 있다 할지라도, 다른 사람들은 국가가 그들의 일에 간섭할 권리를 가졌다는 것을 납득하지 못할 수도 있다. 이들은 무정부주의자의 직관에 의거하지 않고서는 단순히 주장할 수 없을 것이다. 그렇다면, 이들은 국가의 권위를 거부할 것이다. 그러나 물론 어떤 실제로 존재하는 국가도 자신의 권한이 권위를 받아들이고 있는 사

Society, 91 (1990-1991)를 참조할 것.

람에게만 한정되어 있다는 것을 받아들이려 하지 않을 것이다. 따라서 국가는 반대자들을 복종시키기 위해 힘을 사용할 것처럼 보인다. 그리고 이런 활동을 하면서 국가의 행위는 국가를 지지하는 사람들의 승인을 받을 것처럼 보인다. 그러나 국가가 합법적으로 이런 방식으로 힘을 사용할 수 있는가? 또는 우리는 단순히 그리고 비도덕적으로 '권리'가 있는 것처럼 가정할 수 있는 사례를 가질 수 있는가? 따라서 정치적 의무의 문제가 새롭고도 긴급한 형식으로 다시금 나타날 것이다. 즉 독립된 존재에 대해 법을 강제하기 위해 국가는 어떤 권리를 가지고 있는가?

정치적 의무의 문제에 대한 이런 관점이 받아들여진다면, 국가를 정당화하는 작업을 두 단계로 구분하여 생각하는 것이 합당하다. 첫째, 합리적인 사람이 자신이 국가의 영역 내에 있다고 생각할 좋은 이유를 가지고 있다는 것을 증명하는 것이다. 이런 작업을 수행하는 것은 국가가 자연상태에 비해 가지게 되는 이점을 우선적으로 보여주는 것이다. 즉 "국가가 발생한다면, 현실에 대한 개선이 이루어질 것이다." 그래서 사람들이 국가의 존재에 동의하는 것은 합리적이다. 둘째, 이것은 좀더 어려운 작업이기도 하다. 이 작업은 국가에 대한 논증에 납득하지 못하는 사람들조차도 도덕적으로 국가에 복종해야 한다는 것을 증명하는 일이며, 복종을 강요하는 것이 어떤 권리도 침해하지 않는다는 것을 증명하는 것이다. 로크의 암묵적 동의 이론이 가진 하나의 기능은 실질적 동의에 반대한다고 말하는 사람들조차도 복종해야 한다고 제안함으로써 이런 작업을 수행하는 것이다.

이런 논의를 염두에 두고서, 그리고 특히 국가를 옹호하는 두 단계의 차이를 염두에 두고서, 우리는 노직 논변의 뿌리를 알 수 있게 될 것이고, 그 세련됨과 영향력을 이해할 수 있게 될 것이다. 노직의 보이지 않는 손의 과정은 자연스럽게 두 부분으로 나누어진다. 첫째, 우리는 자연상태에서 지배적인 보호 대행사로 나아간다. 그리고 둘째, 지배적인 보호 대행사에서 최소국가로 나아간다. 우리는 이런 두 단계들을 정치적 의무의 두 물음들에 대해 대답하는 것으로 여길 수 있다. 내가 왜 국가의 권위를 받아들여야만 하는가라는 물음에 대한 노직의 대답은, 사실상 내가 대안들, 즉 사적인 강제나 상호 보호 협회를 고려해 본다면, 권리를 지키고 정의를 지키기 위해서는 국가는 단언컨대 가장 효율적인 체계이다. 심지어 내가 이를 위해 비용을 분담해야 하더라도 그러하다. 달리 말해서, 자연상태에서 지배적인 대행사로 발전해 갔다는 것은 국가의 합리적인 우월성이 드러났다는 것을 말해 주고 있다.

노직이 국가의 합리적 우월성에 대해서 옳게 생각했다면, 국가에 대한 정당화가 더 이상 필요치 않은 사람, 그리고 그 권위를 받아들일 준비가 되어 있는, 즉 국가에 동의하는 사람이 있을 것이다. 그러나 그럼에도 불구하고 독립적인 삶을 더 선호하는 존 웨인과 같은 사람도 있을 것이다. 당신이 강인하다면, 또는 무엇보다도 독립적인 것에 가치를 부여한다면, 어려움을 능히 헤쳐 갈 수 있다면, 국가가 제공해야 할 어떤 것도 가지고 있지 않다고 생각하게 될 것이다. 그래서 당신은 국가가 존재해야 한다는 데 동의해야 할 이유가 없게 될 것이다.

실제로 강력한 국가가 무정부 상태보다 더 위험한 것이라고 믿을 수도 있다. 그래서 존 웨인이 국가에 동의하지 않는다면, 우리가 그에게 복종하도록 강제하는 것은 어떤 권리에 의해서인가? 우리가 알고 있듯이, 노직의 대답은 존 웨인이 그의 권리를 사적으로 행사하면서 위험한 행동을 하지 못하도록 금지할 수 있는 자격을 우리가 가지고 있다는 것이다. 그러나 우리는 그에게 보호 서비스를 제공함으로써 보상해 주어야만 한다. 따라서 금지와 보상은 우리로 하여금 동의하는 사람들만 한정되어 보호받는 상황에서 모든 사람이 국가에 복종하고 국가의 보호를 받는 상황으로 나아가게 한다. 적어도 법의 집행의 문제와 관련되어 있는 한에서는 그러하다.

나의 해석이 옳다면, 정치적 의무의 문제에 대한 노직의 대답이 가정적 과정을 빌어서 진술되어 있다 할지라도, 이것은 제안이 우아하고 고상하기를 바라는 노직의 바람과 크게 관련이 있다. 그리고 보이지 않는 손에 의한 과정이라는 생각에 대한 그의 매력과 크게 관련이 있다. 이것은 그의 이론에 대한 실질적 동의에 관련 있는 것만큼이나 관련되어 있다. 노직은 보이지 않는 손, 잠재적 설명 또는 가설적 과정에 대한 언급을 하지 않아도 그의 해결책을 제시할 수 있다. 여러 경우에서 이런 고안 장치들이 설명에 도움을 줄 수 있다 할지라도, 이것들은 또한 설명을 혼란스럽게 할 수 있다. 노직이 좀더 분명하게 제시했다면, 그의 혁신적인 생각은 더 잘 이해될 수 있었을 것이다. 내가 해야 한다고 제안하는 것은 결정적인 사항을 드러낼 수 있는 방식으로 논변을 재구성하자는 것이다.

요약해 보면, 노직은 두 물음에 답해야 한다. 첫째, 사람들이 국가의 권위를 받아들이는 것이 합리적인가? 둘째, 그럼에도 불구하고 독립성을 선호하는 사람을 복종하도록 강제하는 것이 정당할 수 있는가? 이 물음 중 첫 번째 것에 집중해 본다면, 나는 노직이 그것이 합리적이라고 여기는 입장을 가진 것으로 생각하고 있다. 그리고 이것은 로크의 자연상태에 놓여 있는 대다수의 사람들이 국가와 매우 유사한 실체가 존재하는 상황에 자발적으로 동의할 것이라는 사실에 의해 증명된다. 우리의 직접적인 일은 이것이 사실인지, 또는 이것이 국가의 합리적인 수용 가능성을 확립하는지를 확인하는 것이다. 우리는 그런 다음에 두 번째 문제로 넘어갈 수 있다.

국가의 합리적 수용 가능성

우리는 어떻게 법을 집행해야 하는가의 문제를 자연상태에서 시작하였다. 이때 우리는 각자가 각자의 심판관이라는 생각을 받아들이고 있다. 첫 번째 변화는 개인이 상호 보호를 위해 결속해 있는 상황으로의 이행이다. 이 상황에서는 분쟁이 일어났을 때 서로 도움을 주고받는다.

이쯤에서 노직의 여러 비판에 의해 분명해진 일반적인 걱정거리를 제기해 보는 것은 가치 있는 일일 듯하다. 우리가 사람들이 어떠한지 알지 못한다면 어떤 변화가 그럴듯한지 어떻게 알 수 있겠는가? 여기에는 지적해야 할 두 가지 사항이 있다. 첫째, 고려되고 있는 존재에 대한 심리학적 묘사가 없다면 우리는 이들이 무엇을 할 것인지 알지 못할 수 있다. 둘째, 여기에 보편적 진리는 없을 것이다. 전적으로 사람을 싫어하는 사람들은 매우 다른 경향에서 더 사교적인 존재 중 하나로 발전해 나갈 것이 확실하다.

그러나 노직이 역사적 발전 이론을 제시하지 않았다는 것을 분명하게 해두는 것이 중요하다. 그는 실질적 인간 존재가 어떻게 행동할 것인지를 예언하려고 하지는 않았다. 그는 단지 합리적 이기심을 가지고 있지만 타인의 권리를 일반적으로 존중하려고 하는 사람에게 관심이 있었을 뿐이다. 이것은 노직이 심리학적 문제와 사회학적 문제에 관해 시간을 할애하지 않은 이유이다. 그리고 그가 게임 이론과 경제학에서 말하는 추상적인 합리적 존재에 만족하는 이유이기도 하다. 이런 존재의 심리는 게임 이론과 경제학 분야의 전제들에 의해 결정된다.[18] 이런 전제들이 인간의 합리성을 충분히 정확하게 이상화한 것이 아니라면, 노직의 논변은 합리적인 인간이 자연상태에서 어떤 것을 선택할 것인지 말해 주지 못한다. 그러나 (경제 이론과 사회과학의 많은 부분을 포함하여) 합리적 선택 이론도 똑같은 약점이 있다. 그리고 일단 그의 계획의 본성을 인식했다면, 노직을 그렇게 할 수 있는 존재의 예로 제시하는 것도 잘못이다.

일단 우리가 사람들이 자연권을 갖는다는 것을 받아들인다면, 자연상태에서 상호 보호 협회로의 첫 번째 변화에는 거의 반론이 없을 듯하다. 정의가 집행될 수 있도록 타인들을 서로 단결하는 것은 충분히 합리적일 듯하다. 우리는 이런 발전 단계를 지지하기 위해서 요구되는 두 개의 가정에 주목할 필요가 있다. 첫째, 개인들은 다른 사람들에게 자신을 보호하고 범칙자를 처벌할 수 있는 자신의 권리를 이양할 수 있다. 둘째, 타인의 권리가 위협받고 있을 경우에, 모든 사람은 자연법을 집행할 권리를 갖는다. 엄밀히 말해서, 일단 두 번째 가정이 인정된다면, 첫 번째 가정은 필요하지 않다. 이 두 번째 가정은, 노직이 그럴 수 있다고 제안하고 있듯이, 부정

---

18) 인간 본성에 관한 가정을 고찰하고 비판하는 입장을 위해서는, Amartya Sen, "Rational Fools", in *Philosophy and Economic Theory*, ed. F. Hahn and M. Hollis (Oxford University Press, Oxford, 1977), pp.87-109를 참조할 것.

의한 대우를 받은 사람을 위하여 '공적인 정신'이 결성되기 위하여 필요하다. 이 가정이 비록 로크에 의해 인정되고 있다 할지라도, 개인주의적 무정부주의자는, 노직이 인지하고 있듯이, 이것이 사적 이해관계를 간섭하고 강제할 수 있다고 우려한다. 그럼에도 불구하고, 처벌할 일반적 권리를 가정하지 않고서도 권리가 이전될 수 있다는 가정이 인정된다면, 실제로 잃을 것은 거의 없다. 이 공적인 정신은 일단 도입되었다면 사적 제재를 가할 수 있는 군중들을 끌어들일 수 있다.19)

상호 보호 협회에서 상업적인 보호 대행사로의 이행은 도전적인 특징을 갖는다. 많은 사람들에게 이런 이행은 자연상태에 있는 사람들이 달가워할 것 같지 않은 상당 정도의 사변에 의존하는 듯이 보인다. 그러나 이런 전개과정이 이루어질 수 없다고 생각할 어떤 원리적인 이유도 없다. 자연상태에서 사유재산이 있다면, 교환과 화폐가 있을 수 있으며, 그리고 여러 상품이 판매될 수 있다. 보호 서비스는, 그 경우에서, 상대적으로 빨리 고안되었을 수 있다. 단지 분명하게 요구되는 것은 우리가 사적 재산권에 동의하는 것이다. 그러나 사적 재산권이 없다면 정의를 집행하는 것은 어렵지 않을 것이고, 그래서 국가에 대한 필요성도 줄어들 것이다. 더욱이 그런 권리는 자연권 전통 안에서 일반적으로 가정되고 있다. 이 가정이 정당한지의 여부는 물론 어려운 문제이다. 이에 대해서는 4장에서 논의하게 될 것이다.

그러나 이런 이행 과정에 하나의 심각한 문제점이 나타날 것이

---

19) 처벌할 권리가 사적 재산권이 주어져 있는 방식과 동일한 방식으로 주어질 수 있다고 가정하지 않는 한, 살인을 보복하는 것에 관한 문제점들이 있을 수 있다.

다. 보호 서비스는 비용이 많이 든다.[20] 보호 대행사는 범죄를 발견하고 이에 대한 공정한 평가를 위하여 전문적으로 전담하여 활동할 수 있는 지원을 요구한다. 이제 자연상태에 가난한 사람들이 산다면, 사람들이 이런 보호 서비스를 원하고 있을 때조차도, 이들은 이 보호 서비스를 구입할 여유가 없을 수 있다. 그래서 여러 상황에서 상업적 보호 대행사로의 이행은 이루어지지 않을 수 있다.

이런 반론이 증명하고 있는 것은 자연상태에 적당한 정도의 재화가 있다고 노직이 가정한다는 것이다.[21] 노직이 어떤 실제적인 역사적 발전 과정에 대해 전혀 말하지 않았다고 믿기 위한 또 다른 이유가 있다. 실제로, 우리가 "내가 국가의 권위를 받아들여야 하는 이유는 무엇인가?"라는 무정부주의자의 의문에 대답하려 한 것으로 노직을 생각한다면, 고려되어야 하는 재산을 가진 사람은 이 문제에 대답하는 사람이며, 그리고 그 사람들은 이 사람의 사회에 속한 다른 구성원들이다. 그래서 이 책을 읽고 있는 대부분의 사람들에게 노직은 다음과 같이 말하고 있다. 당신은 국가를 선호할 것이다. 그리고 당신과 당신 주변의 사람들은 국가를 감당할 수 있다. 이것은 당신이 자연상태에 있었더라면 당신이 보호 대행사와 계약을 할 것이라는 사실을 통해 증명된다. 이 논변을 이렇게 이해하는 것이 설득력 있는 것으로 보인다면, 자연상태에 있는 사람들이 보

20) 이 점은 J. E. J. Altham에 의해 제기되었다. "Reflections on the State of Nature", in *Rational Action*, ed. R. Harrison (Cambridge University Press, Cambridge, 1980), pp.136-137.

21) 가능한 또 다른 대답은 보호 대행사를 고용함으로써 노동 분업에 의해 발생한 비용을 고객에게 부담시킨다는 것이다. 스스로를 보호하기 위하여 시간을 보낼 필요가 없게 되면, 더 많은 곡식을 생산할 수 있다. 나는 이 점에 대해서 G. A. Cohen에게 빚지고 있다.

호 서비스를 구입하지 못할 정도로 그렇게 가난하지 않다는 가정은 정당한 듯이 보인다.

그러나 우리가 보호 대행사의 서비스를 구입해야 할지를 결정하기 전에, 보호 대행사가 어떻게 행동할 것인지를 우리는 알지 못하는 것 아닌가? 보호 대행사가 번성하기 위해 무엇을 해야 할 것인가? 하나의 생각은, 가장 지배적인 보호 대행사는, 정의에 대한 고려 사항과 무관하게 주장해 본다면, '전혀 문제없는' 서비스를 제공하는 업소일 것이다. 이런 생각은 모든 가능성 있는 경우에서 보호 대행사가 "자기 고객에게 편향적이게 될 것이고, 잠재적인 고객에게는 위선적일 것이며, 고객이 아닐 것으로 확신한 사람에게는 위협적이 될 수 있다"[22]는 버나드 윌리엄스의 불만을 불러온다. 그러나 우리는, 버나드 윌리엄스 또한 주목하고 있듯이, 권리 침해가 없고 어떤 규칙도 없는, 노직의 '가장 실제적인' 형식의 무정부주의를 고려하고 있다는 점을 기억해야만 한다. 상당수의 사람들이 불법적인 대행사의 고객이 되기로 선택했다 할지라도, 다른 사람들은 이런 대행사에 반감을 갖고 배척할 것이고, 협력하기를 거부할 것이다. 다른 대행사들은 협력하여 그런 대행사의 활동을 막으려 할 수 있다. 노직의 가정을 받아들인다면, 이런 대행사가 번성할 것이라고 믿을 이유는 거의 없다.

고객의 편을 들어 기꺼이 권리를 침해하고자 하는 대행사가 거의 존재하지 않을 것이라고 가정할 수 있다. 그러나 상당수의 법률가처럼 권리를 침해하지 않는 한에서 일을 처리하고자 하는 부자, 그리고 패배를 거의 인정하지 않는 부자를 위한 특별한 대행사가

---

22) B. Williams, "The Minimal State", in *Reading Nozick*, p.33.

없을 이유가 무엇이겠는가? 엄격히 말해서 비도덕적이지는 않을지라도, 이런 비합리적인 대행사는 살아남을 것인가?

이에 대한 대답은 보호 서비스를 위한 시장은 자연스럽게 독점으로 이끌어 가는 경향이 있다는 노직의 정확한 고찰에 의존한다. 따라서 노직이 경쟁적인 상업적인 대행사가 하나의 지배적인 대행사로 진행해 간다고 세 번째 이행을 가정한 것은 옳은 일인가? 그가 옳다면, 특정한 '비합리적인' 대행사와 지배적인 대행사를 제외한 모든 대행사는 시장의 힘에 의해 배제될 것이다. 그럼에도 불구하고, 다른 이점을 지닌 보호 정책을 판매하는 것은 지배적인 대행사에게 가능한 일일 수 있다.

독점의 문제

이런 방식에서 자유지상주의자가 어떤 시장이든 독점하려는 자연스러운 경향을 갖는다고 주장하는 것은 놀라운 일이다. 무정부주의자가 반복해서 말하는 주장과 자유방임적 사유는 독점이 국가의 힘, 즉 허가받은 체계에 의해 단지 유지될 수 있다는 것이다. 자연상태에서 자유시장은 완전한 경쟁 상황으로 나아갈 것으로 기대될 것이다. 완전한 경쟁 상황에서 여러 다른 공급자들은 좋은 것을 공급하려고 경쟁한다.

그러나 두 가지 요소가 이것이 보호 서비스를 위한 시장에는 해당되지 않을 것이라는 점을 암시하고 있다. 앞에서 언급했듯이, 이들이 분쟁을 어떻게 해결할 수 있는지에 관해 다른 대행사와 협정을 맺으면 각각의 대행사에 이익이 될 것이다. 이들이 하나의 협정에 동의할 수 있다면, 희생이 큰 전쟁을 방지할 수 있다. 따라서 대행사들은 큰 업체를 만들거나 합병하려는 동기를 가질 것이다. 또한 소비자가 보호 서비스를 구입한다는 것, 그리고 그 서비스의 효과는 보호 업소가 확보하고 있는 재원에 부분적으로 의존한다는 것을 잊어서는 안 된다. 또한 부분적으로 이것은 대행사의 크기에 관한 것이다. 즉 보호를 받는 사람들이 얼마나 많은지에 관한 것이다. 여타의 조건이 같다면, 사람들은 가장 큰 대행사를 찾을 것이다. 왜냐하면 가장 큰 대행사가 가장 잘 보호할 것이기 때문이다. 이런 과정을 통해 하나의 대행사는 실제로 지배적이 되고 독점을 누린다.

이 두 번째 논변이 가진 하나의 문제점은 이것이 대행사의 크기와 구성원을 보호할 수 있는 능력의 관계를 단순하게 가정한다는 것이다. 이것은 보호를 위해 막대한 양의 부담을 지움으로써 상당수의 대행사들 — 아마도 비합리적인 대행사들 — 은 소수의 고객을 가지고 있지만 매우 많은 재원을 사용할 수 있다는 사실을 무시하고 있다. 더 중요한 것은, 우리가 관료주의적 불화라고 부르는 것이 존재한다는 것이다. 큰 규모의 보호 대행사가 고객의 편에 서서 효과적으로 강조하고 주장할 수 있다 할지라도, 대행사가 그렇게 할 것인지의 여부는 대행사가 얼마나 잘 조직되어 있는지에 의존한다. 아마도 많은 비용을 감당해야 하지만, '개인적인 서비스'를 제공하는 작고 능률적인 대행사가 더 효과적일 수 있다. 물론 그런 대행사는 전면 전쟁에서는 패배하여 소멸할 수 있다. 그러나 아마도 이들은 패배하지 않을 것이다. — 게릴라가 결속하여 조직한 집단이 국가의 힘에 도전하여 살아남는다. 그리고 전쟁은 자연법이 지켜진다면 있을 것 같지 않다. 나는 개별자들이 하나의 단순하고 큰 대행사의 서비스에 의해 더 나을지, 아니면 관료주의적 서비스를 적게 제공하는 작은 대행사의 서비스에 더 나은 처지를 가지게 되는지 결정할 수 있는 분명한 방법을 알지 못한다.

이런 이유 때문에 독점을 위한 첫 번째 논변은, 중재에 의해 논쟁을 해결함으로써 얻을 수 있는 이점에 근거하여, 나에게는 믿을 만한 것처럼 보인다. 따라서 과두제 국가나 대행사의 연합이 형성되어, 전쟁을 하기보다는 법정의 절차에 따르기로 동의할 것이다. 보호 대행사는 전문가 단체가 독점을 소유하고 있는 방식으로 독점을 획득할 수 있다. 모든 치과 의사는 전문 집단의 일원이며, 그런 의미에서 독점권을 형성한다. 그럼에도 불구하고 사람들은 자신이 어떤 전문직의 구성원을 고용할지를 선택할 수 있다. 우리는 적어도 이런 의미에서 지배적인 대행사를 말할 수 있다. 그리고 단일한 대행사가 진짜로 지배적으로 됨으로써 규모의 이점이 힘을 제공하게 되는 것도 또한 가능하다. 논변을 위하여 이것이 증명되지 않았다는 단서 조항에 유의하면서, 이것이 가능하다고 가정해 보자.

그러나 우리에게는 상당히 거북한 물음이 남아 있다. 노직이 옳다면, 그리고 하나의 지배적인 대행사가 등장할 것이라면, 지배적인 대행사가 독점적 지위를 이용하지 않을 것이고 그 서비스를 위해 불합리한 가격을 부담시키지 않을 것이라고 어떻게 보장할 수 있는가? 다른 회사가 독점권을 훼손하며 등장할 것이지만, 우리가 여기서 자연스러운 독점권을 갖는다는 노직이 옳다면, 작은 회사들은 경쟁할 수 없다는 것이 통상적인 답변이다. 이런 반론은 노직 논변에 대한 일반적인 근심을 불러일으킨다. 우리는 이 논변에 의해 자연상태에 있는 합리적 사람들은 지배적인 보호 대행사가 존재하는 상황을 초래할 것이라고 확신할 수 있다. 이것은, 각각의 사람들이 조그마한 대행사에 참여하여, 합병의 과정을 거쳐서 관리권을 취득한 후에 하나의 대행사가 지배적이 되었을 때 일어날 수 있는 일이다. 그러나 이것으로부터 지배적인 보호 대행사를 받아들이는 것이 합리적이라는 것은 도출되지 않는다. 아마도 이익을 극대화하는 것은 무엇이든 부과하는, 독점적 대행사가 지배권을 획득했을 때, 사람들은 자신들이 독립성을 포기했다는 것을 몹시 후회할 것이다. 비록 보호 대행사에 참여하기로 선택한 것이 상당히 좋은 생각이기는 하지만, 우리가 보호 대행사가 무엇으로 변질될지를 생각해 본다면, 자연상태가 결국에는 더 선호될 수도 있다. 로크가 지적했듯이, "족제비와 여우가 끼치는 해악을 피하려고 주의하면서도", 사람들은 "사자에게 먹히지" 않도록 살펴야만 한다.[23]

우리는 유사한 구조를 가진 또 다른 문제를 비교해 볼 수 있다. 나는 버스를 타고 출근하는 것보다 자동차를 사서 더 빠르게 출근하고자 결심할 수 있다. 그러나 모든 사람이 유사한 결심을 한다면, 교통 혼잡이 매우 심해지고 버스 회사는 파산하게 될 것이다. 그래서 우리는 결국에 그 이전보다 더 늦게 출근하게 된다. 비록 각각의 결정을 독립적으로 고려해 본다면, 이 결정들은 전적으로 합리적이지만, 출근은 더 늦어질 것이다.[24] 따라서 지배적인 보호 대행

---

23) Locke, *Second Treatise*, s. 93.

24) 이 문제는 합리적 선택 이론에서 유사한 구조를 가진 많은 다른 문제들과 관련되어 있다. 이것들은 종종 '죄수의 딜레마'라고 말해지고 있다. 이 주제에 관한 훌륭한 논문 모음집을 위해서는, *Rational Man and Irrational Society*, ed. B. Barry and R. Hardin (Sage, Beverly Hills, Calif., 1982)를 참조할 것. 또한 '소수의 횡포'에 대한 개념을 위해서는, F. Hirsch, *Social Limits to Growth* (Harvard University Press, Cambridge, Mass., 1976), p.40을 참조할 것.

사의 문제로 되돌아가서, 참여하기로 한 처음 결정의 합리성에 관하여 말하고자 하는 것이 무엇이든 무관하게, 본질적인 문제, 즉 사람들이 자신의 자유로운 선택에 의해 지배적인 대행사에 도달했다 할지라도, 이들이 자신의 선택을 후회할 수 있는 충분한 이유를 가질 수 있다는 문제가 남아 있다.

노직은 이런 문제에 거의 답변하지 않았다. 그러나 그는 기회를 놓쳤다. 이런 유형의 반론을 막을 수 있는 방법은 지배적인 대행사가 단순히 합리적 선택의 불가피한 결과라고 하기보다는, 이것을 합리적으로 바랄 만한 것으로 만드는 것이다. 이렇게 하는 하나의 방법은 대행사와 그 고객의 관계를 다시 생각하는 것이다.

이런 고객들이 수행할 수 있는 가능한 역할이 적어도 두 가지 있다. 하나는 '고객'의 역할, 즉 대행사로부터 보호 서비스를 구매하는 것이다. 여기서 고객의 대행사에 대한 유일한 통제는, 시장에 의해 이루어진다면, 그리고 대행사가 독점적이라면, 그 통제는 실천적으로 존재하지 않는다. 그러나 우리는 또한 개인을 그 조직의 주주로서보다는 구성원으로 생각할 수 있다. 그렇다면 이들은 그 조직에게 조직의 활동을 설명하도록 하며, 그 가격 정책을 변화시키도록 강제하고, 위원회의 새로운 지도자를 선출할 수 있다. 이러한 방식은 구성원들이 시장이 할 수 없는 방식으로 대행사에 대해 엄격하게 통제할 수 있는 그런 방식이다. 그래서 원리적으로는 이들은 대행사가 개발할 수 있는 바람직하지 않은 특성을 제거할 수 있다. 지배적인 대행사에 관한 노직의 개념보다도 더 합리적으로 바랄 만한 것이라는 점 이외에도, 이것은 현대의 민주주의 국가와 같은 특성을 마련할 수 있는 이점으로 간주될 수 있을 것이다. 실제로 노직의 정치철학이 정치학을 위한 여지를 허용하지 않는 듯이 보인다고 자주 지적되고 있다. 왜냐하면 최소국가 안에서는 정치적 절차가 있지 않을 것이 분명하기 때문이다.[25] 그러나 대행사와 그 구성원의 관계를 내가 제안한 방식으로 고치는 것은 빠진 것을 좋게 고치는 길로 나아가는 것이다. 정기 주주총회에서 의장을 선출하는 것은 의회 선거의 좋은 본보기이다.

이런 문제가 흥미로운 것이기는 하지만, 국가가 합리적으로 옹호될 만한 것인지에 관한 결론을 확립하기 위해 이런 상세한 논변이 얼마나 필요한 것인지에 관한 문제가 남아 있다. 아마도 우리는 이 논변을 로크주의의 어려움의 2차적인 부분을 더 분명하게 하는 방법으로 여길 수 있다. 따라서 우리는 무정부주의자에 대한 노직의 발언을 생각해 볼 수 있다.

자연권이 무정부 상태로 이끌어 가는 듯이 보인다는 점에서 당신이 옳다 할지라도, 적어도 특정한 형태의 국가가 존재할 때의 이점을 찾아보는 것은 정당하다. 국가를 무정부보다 선호하는 것은 일반적으로 합리적이다. 그래서 국가의 존재에 동의하는 것이 합리적이다. 무정부주의자는 대답할 수 있다. 즉 이것이 합리적이든 합리적이지 않든 관계없이 나는 무정부 상태를 선호한다. 그리고 나는 명시적으로든 암시적으로든, 또는 가언적으로든 국가에 동의하지 않을 것이기 때문에, 국가가 나에게 복종하도록 한다면 국가는 나의 자연권을 침해하는 것이다. 이런 도전에 대한 노직의 대답은 노직을 사회계약론자들과 구분해 준다.

---

25) 이 생각은 Willie Watts Miller 덕분에 이루어졌다.

무정부주의자에 대한 강제

이 시점에서 어려운 일이 시작된다. 아직도 확신하지 못하는 사람들에게 할 수 있는 말은 무엇인가? 이 물음은 노직이 말하는 진행 단계 중 이 단계에서는 모든 개별자들이 지배적인 대행사의 구성원이 될 필요가 없다는 점에 의해 표현된다. 우리는 이런 독립적인 존재를 존 웨인이라고 불렀다. 우리가 알고 있듯이, 노직은 지배적인 대행사가 존 웨인에게 자신의 권리를 사적으로 행사하지 못하도록 금지할 권한을 가지고 있다고 주장한다. 그 이유는 그가 자신의 주장을 지나치게 강조하여, 무고한 사람들에게 피해를 입힐 수 있으며, 자연법이 인정하는 수준을 넘어서 그들을 처벌하게 되는 위험이 있기 때문이다.

존 웨인이 위험한 인물이라는 것은 확실하다. 그러나 대행사가 자연권 행사를 하지 못하도록 금지하는 것은 정당한가? 대행사가 자연권 행사를 금지시켜서, 그의 권리를 침해할 것인가? 아니면 그가 사람들을 위험에 빠뜨림으로써 이들의 권리를 침해할 것인가? 자신의 권리 이론의 구조를 설정하려는 노직의 노력에도 불구하고, 우리는 권리들이 충돌할 가능성에 직면해 있다. 권리 침해로 나아갈 수 있는 활동을 금지하는 것이 정당하다는 근거에서 존 웨인으로 하여금 위험스러운 정의의 사적 행사를 하지 못하게 해야 자유지상주의자들이 안심할 수 있다는 생각을 통해 이런 어려움 문제를 피해 가려고 시도해 볼 수 있다. 그러나 노직은 이렇게 대답할 수 없다. 왜냐하면 그는, 보상이 주어진다면, 우리에게 권리를 침해하는 것으로 알려져 있는 활동을 허용해야 한다고 이따금씩 주장하고 있기 때문이다.

침해를 종종 인정하는 것은 침해에 대항하는 권리의 가치에 관한 자유지상주의자의 설명과 어울릴 것처럼 보이지 않는다. 본질에 있어서, 우리가 알고 있듯이, 자유지상주의 이론에 따르면 사람은 권리를 갖는다. 그래서 그 사람은 합리적인 자율성을 행사하며 자신의 운명을 통제할 수 있다. 보상이 주어진다는 조건하에 권리가 자의적으로 침해될 수 있다면, 권리는 이런 목적을 달성할 수 없는 쓸모 없는 것이 될 것이다. 노직은 비록 자유지상주의적 추론과 공리주의적 추론을 절묘하게 뒤섞는 듯이 보이기는 하지만 다음과 같이 간략하게 말하고 있다. 즉 "보상이 지불된다는 조건하에 월경행위(boundary crossing)를 허용하는 체계는 사람들을 수단으로 사용케 한다. 이들이 그와 같이 사용됨을, 그리고 그들의 계획이나 기대가 자의적으로 저버려질 수 있음을 앎은, 벌써 그 사람들에 초래되는 비용이다."(71)

그럼에도 불구하고, 노직은 계획이 저버려지지 않고서도, 즉 사람을 수단으로 이용하지 않고서도, 권리가 침해될 수 있는 상황을 지적한다. 여기서 노직의 생각을 상세하게 살펴보는 것은 너무도 먼 길을 돌아가는 것이다. 그러나 "위반이 있었으면, 이후에 보상하라"는 정책이 전적으로 합당해 보이는 사례를 생각해 보는 것은 어렵지 않다. 한 가지 유형의 사례가 노직에게 제시될 수 있다. 즉 권리 소유자가 제안된 교환에 동의할 것이라고 생각할 수 있는 좋은 이유가 있기는 하지만, 어떤 종류의 기술적인 이유에서, 권리 소유자의 동의를 얻는 것이 불가능한 경우가 있다. 또는 허락을 얻을 수 있는 가능성은 있지만, 그 비용이 너무 많이 들어서 이전에 의해 생겨나는 이익을 상쇄시켜 버리는 경우가 있다. 또 다른 중요한 사례는 누구의 동의를 얻어야 하는지를 알 수 없는 경우이다.

여기서 누구의 동의가 필요한지를 찾는 일은 너무도 많은 비용이 들 수 있다.

노직의 논변을 요약해 본다면, 내가 조금 언급했듯이, 우리는 노직의 입장에서 복잡하지만 불완전한 결론을 임시적으로 도출해 낼 수 있다. 권리 침해와 관련된 행위가 큰 이익을 만들어낸다면, 이것이 큰 비용이 들거나 미리 권리 소유자의 동의를 얻는 것이 불가능하다면, 그리고 접촉했다면 권리 소유자가 동의를 거부할 것이라고 생각할 어떤 이유도 없다면, 그 교환에 의해 생겨날 이익이 공정하게 나누어질 수 있다면, 그런 침해를 허용하는 권리가 큰 두려움을 낳지 않을 것이라면,[26] 보상이 주어진다는 조건하에서, 권리 침해는 허용되어야 할 것이다. 이런 복잡한 원리는 물론 불완전하다. 왜냐하면 우리는 '큰 이익',[27] '큰 비용', '공정하게 나누어짐', '큰 두려움'에 대한 분명한 기준을 알지 못하기 때문이다. 이 원리는 단지 임시적으로만 노직에 귀속시킬 수 있다. 왜냐하면 노직이 이런 원리가 사람을 수단으로 대우할 것인지에 관해 말하고 있지 않으며, 우리가 이 논의에 관해 어떻게 결정해야 하는지에 관해서도 전혀 정보를 주지 않기 때문이다. 아마도 그는 적절한 근거에서 동의가 거부될 수 있다고 생각할 이유가 없다면, 그 원리는 사람들을 수단으로 사용하는 것이 아니라고 믿고 있는 듯하다.

따라서 노직은 모든 권리 침해를 처벌해야 한다고 믿지 않았다.

---

26) 이런 이유 때문에, 보상이 이루어진다 할지라도 생명, 인격, 그리고 자유에 대한 권리 침해는 일반적으로 금지되며 처벌받는다.

27) 노직이 '큰 이익'을 하나의 조건으로 그려했는지는 전적으로 분명한 것은 아니다. 노직의 관점은 침해가 큰 이익을 만들어내지 않는다면, 보상은 비경제적일 수 있다는 것이다. 그래서 이러한 침해를 할 수 있는 근거를 가진 사람은 아무도 없다.

그래서 그는 권리 침해의 위험을 수반하고 있는 모든 활동을 금지해야 한다고 주장할 수 없었다. 그럼에도 불구하고, 그는 존 웨인의 위험스러운 활동을 금지할 자격이 있다고 주장했다. 노직은 어떤 근거에서 이렇게 주장할 수 있는가?

위험과 절차적 권리

우리는 모든 위험한 사례에 동일한 정책을 적용하지 않는다. 노직의 첫 번째 사례인 달갑지 않은 낯선 사람과 러시안 룰렛 게임을 하고자 하는 사람을 고려해 보자. 그 사람이 모든 피해를 보상할 것을 제안했을 때조차도, 우리는 이런 이상하고 위험한 게임을 금지할 수 있는 자격이 있음에 틀림없다. 그러나 권리 침해의 위험을 야기할 수 있는 모든 행위에 이런 정책을 확대하는 것은 터무니없을 것이다. 나의 차를 운전하면서 나는 보행자와 같은 타인의 권리를 침해할 수 있는 위험을 야기하고 있다. 심지어 시골길을 걸어가면서조차도, 다른 사람의 토지로 우연히 들어가게 되면, 나는 타인의 사적 재산권을 침해하고 있다. 모든 활동은 다른 사람의 권리를 침해하는 위험을, 적은 양일지언정, 야기하는 듯이 보인다.

때때로 우리는 위험한 활동을 금지한다. 다른 사례에서, 우리는 야기된 피해에 대한 보상이 주어진다는 조건하에 위험한 활동을 허용한다. 차를 운전하는 사례에서, 우리는 세 번째 관점을 받아들인다. 즉 우리는 위험을 최소화하는 절차가 제기되고 운전자가 적절한 기금을 통해 피해를 보상할 수 있다는 것을 증명할 수 있다면, 그런 행위의 발생을 허용한다. 이것이 자동차 보험을 강제하는 이유이다. 그러나 우리가 알고 있듯이, 최소국가를 위한 노직 논변의 기초는 네 번째 관점이 존 웨인에게 적용되는 올바른 것이라는 것이다. 즉 지배적인 보호 업소는 정의의 사적 행사와 같은 위험한 일을 하지 못하도록 금지할 수 있다. 그러나 그의 자연권 행사를 금지하고 있는 것에 대해 보상해야만 한다. 첫 번째 발걸음인, 금지는 힘의 독점 사용권을 갖는 극소국가로 나아간다. 그리고 두 번째 발걸음인, 보상은 모든 사람이 보호받는 최소국가로 나아간다.

그러나 이것이 존 웨인에 어떻게 반응하는지를 말하는 것과 자연권의 관점에서 이것을 증명하는 것은 다른 문제이다. 우리가 존 웨인을 러시안 룰렛 게임자 또는 자동차 운전자, 시골길을 걷는 사람처럼 대우해서는 안 된다는 것을 어떻게 아는가? 무엇보다도, 우리가 존 웨인으로 하여금 그의 위험한 활동을 하지 못하도록 금지해야 하는 이유는 무엇인가?

노직은 지배적인 대행사가 이런 정책을 따를 수 있다는 것을 증명해 주는 두 가지 특징의 논변으로 구분하고 있다. 하나의 논변은 정의의 집행과 관련된 논의에 독특한 새로운 개념, 즉 절차적 권리 개념을 도입한다. 다른 논변은 좀더 일반적인 고려 사항에 의존하고 있다. 먼저 절차적 권리에 기초해 있는 논변을 살펴보도록 하자.

절차적 권리의 기초 이념은, 일반적으로, 사람들은 공정한 공판을 받을 권리를 갖는다. 누구도 다른 사람이 죄를 지었으며 처벌받을 만하다는 단순한 가정에 의거해서 행동해서는 안 된다. 이것은 확립되거나 증명되어야 하는 것이다. 그리고 법률적으로, 우리는 이런 증거가 공적으로 알려지고 조사하기에 유효한 절차, 즉 법정 안에서 증명되어야 한다고 주장한다. 노직은 "절차적 권리, 죄의 공적인 입증은 자연상태 이론에서 분명한 지위를 갖지 못한다"

(96)는 것을 인정한다. 그럼에도 불구하고 그는 “전통에 서 있는 사람들은 절차적 권리가 존재하지 않는다고 주장하지는 않는다. 즉 믿을 수 없고 공정치 못한 절차에 의해 자신이 처리됨으로부터 스스로를 방어해서는 안 된다고 주장하지는 않는다”(101)고 덧붙인다.

노직이 지적하고 있듯이, 사람들이 절차적 권리를 가졌다고 가정하는 것은 피고소인이 자신의 죄를 심판하는 데 사용되는 절차를 실제로 승인해야 한다는 것을 함축하지는 않는다. 이것이 함축해야 하는 것이었다면, 범죄자들은 모든 절차를 거부함으로써 법의 집행을 피할 수 있었을 것이다. 오히려 이것은 신뢰하지 못하는 것으로 알려진 절차를 거부하도록 허용한다. 엄격한 재판에서는 신뢰할 만한 것으로 알져지지 않은 절차를 거부하도록 허용한다. 사람들은 합리적인 것으로 알려진 절차에 복종할 의무를 갖는다. 누구에게 알려진 것인가? 지배적인 대행사가 자연법을 넘어서 행동하지 않고, 자기 판단을 뒷받침할 수 있는 힘을 가지고 있다고 가정한다면, 지배적인 대행사에 의해 알려져 있는 것은 확실한 것이 될 수 있으며, 합법적으로도 그러하다고 노직은 제안한다. 그는 대행사가 알려져 있는 신뢰할 만한 절차의 목록을 공표할 수 있으며, 그 목록에 없는 절차를 고객에게 사용하는 사람은 처벌받을 것이라고 선언할 수 있다고 생각한다.

말하자면, 사람들이 자신들의 죄가 신뢰할 만한 것으로 알려져 있는 절차에 의해 평가될 권리를 갖는다면, 대행사는 그 고객에게 적용될 수 있는 모든 법률적 방법을 승인할 수 있는 권리를 가질 수 있다. 달리 말해 본다면, 대행사는 스스로를 강제할 수 있는 유일한 권위자로 내세울 수 있다. 이렇게 해서 최소국가가 된다.

사람들이 절차적 권리를 갖는다고 가정하고 있다는 점에서 노직은 과연 옳은가? 그는 다음과 같은 점을 알아차렸다. 즉 절차적 권리를 가정하는 것은 국가가 정의의 사적인 행사를 금지할 수 있다는 논변을 너무 손쉬운 것으로 만들어버린다. 노직의 관심은 죄를 지었다는 것을 스스로 알고 있는 사람들이 그들의 죄가 공정한 절차에 의해 평가될 수 있는 권리를 갖는가라는 문제이다. 그는 그들이 그런 권리를 갖는다고 믿었으며, 절차적 권리를 가정하는 것은 정당하다고 믿었다. 그러나 그는 다른 사람들이 이런 가정에 그다지 관대하지 않다는 것을 깨달았다. 그래서 그는 이런 생각에 호소하지 않는 대안이 될 만한 논변을 만들어냈다. 먼저 노직이 사용하는 절차적 권리 개념에 대한 다른 반론을 찾아보도록 하자.

하나의 반론은, 제프리 폴(Jeffrey Paul)[28]이 제기한 것으로, 다음과 같다. 즉 "전형적으로, 절차적 권리는 특정한 법적 규약에 의해 승인되고 규정된 협약이다." 그리고 협약에 의한 권리이지, 자연권이 아니다. 최소국가 이전에 존재하는 절차적 권리라는 이념은 터무니없는 것이 된다. 두 번째 반론은 자연적인 절차적 권리가 있다면, 이들은 자연상태가 시작할 때부터 존재한다는 것이다. 따라서 시작부터 모든 사람은 신뢰할 만한 것으로 알려진 절차에 의해 자신의 죄가 평가될 권리를 갖는다. 그래서 고소인은 채택된 절차의 신뢰성이 증명된 경우에만 자신의 주장을 추구할 권리를 갖는다. 자연상태에서 정의의 집행은 논쟁을 야기하기는 하지만, 절차적 권리를 가진다면 이 논쟁은 노직이 생각했던 것보다 처리하기

---

28) J. Paul, "The Withering of Nozick's Minimal State", in *Reading Nozick*, p.72.

훨씬 쉬운 것일 수 있다.

그러나 노직의 측면에서 이런 반론은 절차적 권리 개념의 중요성을 과소평가하는 것이라고 주장할 수 있을 것이다. 한 사람의 절차적 권리가, 그 권리의 지위가 무엇이든 관계없이, 자유에 대한 권리만큼이나 확고하게 기초적인 것이라고 주장하는 것은 비합리적이지 않다. 실제로 절차적 권리가 자유에 대한 권리에 기초되어 있을 수 있다는 것은 합당하다. 왜냐하면 사람들을 불공정한 재판에 회부하는 것은 그들의 자유를 침해하는 것이라고 생각할 수 있기 때문이다. 그러므로 절차적 권리에 대한 반론에 대답하면서 비록 사람들이 합리적으로 신뢰할 만하다고 공개적으로 알려져 있는 방법에 의해 재판받을 권리를 가지고 있다 할지라도 그 방법이 무엇인지는 장소에 따라 다양하다고 말할 수 있다. 따라서 절차적 정의에 대한 자연권의 골격 안에서 규약들 간에는 자의성과 상이성이 있게 된다. 더욱이 자연상태 내에 절차적 권리가 있을 수 있다 할지라도, 어떤 절차도 신뢰할 만한 것으로 공개적으로 알려지지 않을 수도 있다. 자연상태 내에서 정의 집행과 관련한 문제 중 하나는 절차적 권리가, 불가피하게, 자주 침해될 수도 있다는 것이다.

그래서 자연권 전통이 절차적 권리 개념을 받아들여야 한다는 노직의 견해는 옹호될 필요가 있는 듯이 보인다. 그러나 부분적으로는 공감하지 못하는 사람들의 반론을 피하기 위하여 노직은 존 웨인의 위험한 활동이 금지될 수 있다는 결론에 대한 대안이 될 만한 논변을 시도한다. 이 논변은, 내 생각에는 그다지 효과적이지 않지만, 정의의 집행과 관련한 특정한 고려 사항에 호소하지 않는다. 이 논변은 대행사가 자기 구성원에 위험을 야기하는 사람을 다루고자 하는 방식으로 존 웨인을 다룰 수 있다는 견해에 의거하고 있다.

대행사는 그런 위험을 야기하는 사람들을 어떻게 다룰 수 있는가? 노직은 대행사가 그가 '월경에 관한 인지적 원리'라고 부르는 것을 채용할 수 있다고 제안한다. 그 원리의 최종적인 견해는 "조건 C의 충족 없이 A를 행함이 Q의 권리를 침해함이라는 점을 어떤 사람이 안다면, C가 충족됨을 확인할 수 있는 가능한 최선의 방법을 동원해 이를 확인하지 않는 경우 그는 A를 행할 수 없다." (106-107)는 것이다. 그는 누구든 이런 금지를 위반하는 사람을 처벌할 수 있다고 덧붙이고 있다. 문객을 살펴보면 노직은 '확인'을 '판단'[29]으로 의미하고 있는 것처럼 보인다. 그렇다면, 이 원리는 존 웨인이 죄를 판단할 수 있는 가능한 최선의 방법에 따르지 않는 한 그 누구도 처벌할 수 없다는 것을 함축하고 있다. 그리고 이 원리는 최고로 신뢰할 수 있는 유용한 절차에 따를 것을 의미한다. 따라서 죄를 평가할 수 있는 가능한 최고의 상황에 있지 않다면, 죄인을 처벌하는 것조차도 그른 것이 될 수 있다. 이 논변은 절차적 권리를 가정하지 않고서도 절차적 권리를 가정함으로써 성취할 수 있는 것과 유사한 결과를 낳게 한다.

그러나 '월경에 관한 인지적 원리'는 받아들일 만한 것인가? 지배적인 대행사가 존 웨인을, 위험한 활동을 하는 사람을 다루는 것

29) 하나의 이유는 그가 이런 버전의 원리가 다음과 같은 버전의 원리보다 약하다고 생각한다는 점이다. 그 버전은 "조건 C의 충족 없이 A를 행함이 Q의 권리를 침해함이라는 점을 어떤 사람이 안다면, C가 충족됨을 알지 못하는 경우 그는 A를 행할 수 없다."(106) 우리가 마지막 버전에 있는 '확인'을 사전적 의미로 이해한다면, 실제로 그 마지막 버전은 C의 충족됨을 알 뿐만 아니라, 이것을 알 수 있는 최고로 가능한 수단을 사용할 것을 요구하는 이 원리보다 약한 것이 아니다.

처럼 다룰 수 있다고 노직이 말하고 있다는 점을 기억해 두자. 지배적인 대행사는 위험한 사람을 어떻게 다룰 수 있는가? 노직은 대행사가 모든 위험한 활동을 금지할 권한이 있다고 말하고 싶어하지 않았다. 왜냐하면 우리가 알고 있듯이, 이것은 우리가 할 수 있는 거의 모든 활동을 금지할 수 있다는 것을 함축하기 때문이다. 더욱이 그는 심각한 피해의 위협이 있는 모든 활동이 금지되어야만 한다고 주장하고자 원하지도 않았다. 왜냐하면, 첫째, 자연권적 관점에서 모든 피해는 심각한 것이기 때문이며, 둘째, 다른 사람에게 죽음이라는 '보통'의 위험을 부과하는, 예를 들면 자동차를 운전하는, 활동들이 있기 때문이다. 노직은 이런 활동을 허용하는 듯이 보인다. 러시안 룰렛 게임과 같은 위험한 활동은 금지되어야 한다. 이 문제는, 월경의 인지적 원리가 너무도 많은 경계를 너무도 멀리까지 침입해 들어간다는 것이다.

나의 차를 운전함으로써, 나는 타인의 권리를 침해하는 위험을 가할 수 있다. 확실히 나는 타인의 권리를 침해하지 않을 것이라고 확신할 수 있을 정도의 세심한 주의를 기울여야 할 의무가 있다. 그러나 내가 권리를 침해하지 않는다는 것을 확인하기 위해 사용할 수 있는 가능한 최선의 방법은 무엇인가? 내가 운전할 때 내 앞에서 붉은 깃발을 흔들면서 사람들이 가까이 오면 나에게 경고를 해주는 고용인을 고용하면 무고한 사람의 권리를 거의 침해하지 않을 것이다. 아마도 무선 텔레비전을 통해 서로 교신하는 네 명의 고용인은 더 나은 일을 해낼 수 있을 것이다. 달리 말해서, 가능하다는 것은 무엇을 의미하는가? 가능한 최선의 방법은 최선의 물리적 가능성인가? 그렇다면, 자유지상주의자는 교통규칙의 극단적 변화를 주장해야만 한다.

나는 우리가 바랄 만하다고 생각하는 정책들에 일치하는, '최선의 가능한 방법'의 확고한 기준을 제공할 수 없을 것이라고 생각한다. 우리는 월경의 인지적 원리를 거부해야만 한다. 그리고 다른 고려 사항이 요구되는 기능을 수행할 수 있다고 바라야만 한다. 그러나 우리가 알고 있듯이, 노직이 정당하게 절차적 권리를 가정할 수 있다면, 우리는, 존 웨인이 보호 대행사에 의해 관리되고 있지 않은 한, 존 웨인의 정의의 사적 집행을 금지할 훌륭한 이유를 가진 것처럼 보인다.

그러나 이 주제에 관한 한 가지 적은 논의될 만한 가치가 있다. 우리는 상이한 위험한 사례에 다른 태도를 가질 수 있다는 것을 앞에서 논의하였다. 노직이 이런 태도를 개혁하고자 바랐다는 것을 말해 줄 어떤 말도 하지 않았다. 실제로 그는 그의 원리를 위한 논변으로 우리의 통상적인 직관을 사용하고 있다. 그 어려움은 우리가 위험에 대한 이런 모든 태도를 자유지상주의적 체계 안에서 어떻게 설명할 수 있는가이다. 예를 들면, 왜 우리가 자동차 운전을 허용하고 그래서 다른 사람에게 위험을 야기하게 하는지에 대한 하나의 그럴듯한 설명은 이런 활동에서 생겨날 수 있는 큰 이익이다. 이것은 공리주의 논변 형식이다. 이것은 자신의 도덕 이론과 절충될 수 없어서 노직이 받아들일 수 없는 논변 형식이다. 실제로, 공리주의적 추론에 반대하는 이론 안에서 노직이 자동차를 운전하는 위험과 러시안 룰렛 게임의 위험을 어떻게 구별할 수 있는지 알기는 매우 어렵다. 여기서의 교훈은 자유지상주의 이론이 너무도 좁은 가치 안에서 살아남을 수 있다는 것이다. 우리는 이 논의로 되돌아올 것이다.

권리의 충돌

하나의 본질적인 문제가 해명될 필요가 있다. 이 논변에서 핵심적인 것은, 일단 우리가 월경의 인지적 원리를 제쳐놓는다면, 존 웨인이 처벌하고자 바라는 사람이 절차적 권리를 가지고 있다는 점이다. 그리고 그는 자신이 바라는 바대로 처벌할 권리를 행사할 수 없다는 것을 의미할 때조차도, 그는 이것을 존중해야만 한다. 우리가 물어야만 하는 문제는 이것이 권리의 상충으로 대표되는지에 관한 것이다.

2장에서의 논의에 의해서, 이것이 노직의 소극적, 부가적인 강제의 권리의 구조 안에서 권리의 충돌이 어떻게 발생될 수 있는지를 물을 수 있다. 그 대답은 처벌할 권리가 적극적인 것으로 간주해야 하는지 아니면 소극적인 것으로 간주해야 하는지가 분명하지 않다는 것이다. 이것은 본질적으로 타인을 간섭하는 권리이다. 따라서 이것이 간섭받지 않을 권리와 충돌할 수 있다는 것은 놀랄 일이 아닐 것이다.

우리가 절차적 권리와 자기 방어 간의 상충에 관한 주제가 권리의 충돌이라고 말한다면, 이것은 두 가지 문제를 낳게 된다. 이 두 가지 문제는 이 논변에 특징적인 것이며, 더 일반적이고 중대한 것이다. 특징적인 문제는, 처벌할 수 있는 존 웨인의 권리가 다른 사람의 절차적 권리와 충돌한다면, 존 웨인의 권리가 포기되어야 한다고 가정하기 위해 우리는 어떤 이유를 제시할 수 있는가? 하나의 무정한 생각은 노직이 상충하는 권리들을 힘이 결정한다고, 마치 보호 대행사가 개별자보다 더 큰 힘을 가지고 있다고 가정하는 것처럼 보인다는 것이다. 그러나 무정부주의자는 이것을 국가의 정당화로 거의 받아들일 것 같지 않다. 더 일반적으로, 권리가 충돌한다면, 자유지상주의 정치 이론에 불완전한 점이 있다. 노직에 있어서 권리들은 최고로 중요한 자리를 차지하고 있지는 않다. 단지 정치학적으로 우리가 호소할 수 있는 유일한 가치는 권리이다. 그래서 노직의 이론 내에 권리의 상충을 판단할 수 있는 개념적 원천이 있는지 분명하지 않다. 이것이 노직의 최종적인 입장이라면, 노직 정치철학의 매력적인 단순성은 매력적이지 않은 비용이다. 즉 해결될 수 없는 정치적 문제이다.

권리의 상충을 말하는 또 다른 대안은 처벌할 수 있는 자연권이 절차적 권리에 의해 항상 제한된다고 주장하는 것이다. 우리가 이런 견해를 받아들인다면, 존 웨인이 피고인의 절차적 권리를 존중해야 한다고 주장하는 것은 그의 권리를 침해하지 않는다. 왜냐하면 그의 권리는 정당한 이런 방식에 조건적이기 때문이다. 이런 제안은 이 이론을 말끔하게 만들 수 있는 것처럼 보인다. 그러나 이런 제안은 또한 노직 논변의 비용이다.

보상의 원리

극소국가가 권리 침해 없이도 나타날 수 있을 것이라는 노직의 생각이 옳을 때조차도, 그는 극소국가가 최소국가로 발전해 갈 것이라는 점을 증명해야만 한다. 우리는 이 논변이 어떤 것인지를 개략적으로 알고 있다. 즉 지배적인 대행사는 존 웨인이 다른 사람을 처벌하지 못하도록 금지할 수 있다. — 이것이 극소국가이다. 그러나 이런 금지를 위해서는 존 웨인에게 보상해야만 한다. 보상의 최고 형식은 그에게 보호 서비스를 제공하는 것이다. 이것이 모든 사람을 보호하는 최소국가이다.

이런 결론에 도달하면서, 노직은 '보상의 원리'라고 불리는 것을 사용하였다. 이것은 "다른 사람에 피해를 줄 수도 있는 행위를 하지 못하도록 금지당해서 불이익을 받고 있는 사람들은, 다른 사람들에게 안전을 제공하기 위하여 그에게 강요된 불이익에 대해 보상받아야만 한다."(82-83) 우리는 이 원리가 존 웨인에게 어떻게 적용되고 있는지를 알 수 있다. 즉, 존 웨인이 타인에게 피해를 줄 수도 있는 자신의 위험한 행위를 금지당함으로써 불이익을 받고 있다면, 그는 보상받아야 한다.

우리가 주목해야 할 점은, 노직이 인정하듯이, 이런 특정한 이전은 그것에 앞서 이루어졌던 이전과는 매우 다른 특성을 갖는다는 점이다. 모든 그에 앞선 이전들은 합리적이고, 이기적 행위의 결과들이었다. 그러나 최소국가에 도달하기 위해서는 더 강력한 도덕적 동기가 요구된다. 사람들은 존 웨인의 행위를 금지하기 위해서는 그에게 보상해 주어야 할 도덕적 의무가 있다는 것을 깨달아야 한다. 이런 도덕적 의무에 대한 인식은 지배적인 대행사의 구성원들이 그런 보상을 제공하기에 충분한 것임에 틀림없다. 그 어떤 사람도 그들에게 그렇게 하도록 강요할 수 없다. 노직은 사람들이 이런 방식으로 행동할 것이라고 믿을 만한 이유를 제공하지 않았다. 이러한 이전이 역사적으로 의도된 것이라면, 이유를 제공하지 않았다는 것은 확실히 그 이전의 타당성에 의문을 갖게 한다. 그러나 내가 주장했듯이, 우리가 노직의 보이지 않는 손의 과정을 최고로 이해할 있는 것은 이것을 모범적인 질문과 대답을 만들어내는 방법으로 이해하는 것이다. 여기서의 물음은 국가가 자기 자신 스스로 보호하는 것이 금지되어 있는 독립인을 보호할 의무가 있는가이다. 그리고 그 대답은 도덕적으로 말해서 보호해야만 한다는 것이다. 그러므로 국가가 실제로 보호를 하지 않을 수 있다는 반론은 논점에서 벗어난 것이다.

우리의 목적에, 보상의 원리에 따라서 사람들이 행동할 것인가의 문제보다 더 중요한 것은, 원리 자체가 받아들여질 만한 것인지 그리고 이 원리가 이 사례에 적용될 수 있는지에 관한 문제이다. 노직은 이것이 어려운 문제를 야기할 것으로 예상하였다. 당신이 특정한 위험한 활동을 금지할 권리를 가졌거나 가지지 않았거나 반론에 직면할 수 있다. 당신이 그 권리를 가졌다면, 당신은 보상할 필요가 없다. 당신이 그 권리를 가지지 않았다면, 당신은 간섭해서는 안 된다. 따라서 보상의 원리가 설 자리가 없다.

특히 우리가 처벌할 권리를 절차적 권리에 의해 이미 제한되어 있는 것으로 이해한다면, 존 웨인이 이미 알려져 있는 절차에 의하지 않은 처벌을 하지 못하도록 금지하는 것은 권리를 침해하지 않는다. 따라서 그가 보상해야 할 것은 아무것도 없다. 보상을 더 적절한 것으로 만들기 위하여, 노직은 존 웨인이 실행하지 못하도록 방해받고 있는 권리를 가지고 있다고 주장할 필요가 있다. 왜냐하면 존 웨인은 타인의 절차적 권리와 상충하기 때문이다. 우리의 의심은 유보해 두고서, 모든 권리의 상충에 있어서 절차적 권리가 우선한다는 노직의 견해가 합당하다고 가정해 보자. 그러면 노직은 존 웨인의 처벌할 권리가 무시되었을 때 보상이 주어져야만 한다는 것을 증명할 수 있는가?

우리가 보상을 지불한다면, 위험한 행위를 합법적으로 금지할 수 있는 사례들이 있을 수 있다는 노직의 지적은 옳다. 보상의 원리가 언제 보상되어야 하는지에 대한 그럴듯한 설명을 제공하는 것은 가능하다. 그렇다면, 그리고 그 원리가 이 사례에 적용된다면, 우리는 극소국가에서 최소국가로 이행해 가는 논변을 가질 수 있다. 그러나 노직이 보상의 원리에 대한 어떤 논변도 제시하지 않았으며, 다른 자유지상주의 가정으로부터도 논변을 도출할 수 없었다는 것에 주목할 필요가 있다. 그래서 우리는 보상의 원리가, 일반적으로, 받아들여질 만한 것인지 살펴볼 필요가 있다. 하나의 관점은 이 원리가 적용되는 다른 사례를 살펴보는 것이다.

노직은 하나의 활동을 특정한 어떤 사람이 한다면 그 행동이 특별히 위험할 수 있다고 주장한다. 그래서 우리는 그 사람이 그 행위를 실행하지 못하도록 금지하는 것이 적절하다고 느낄 것이다. 그러나 그 불이익에 대한 보상은 주어져야 한다. 노직은 자동차를 운전하고자 원하는 간질병 환자의 예를 든다. 우리는 부가적인 위험 때문에 단순히 이들의 행위 실천을 금지할 자격이 있다고 생각한다. 그러나 "위험을 줄이기 위해서, 자동차에 의존해 있는 우리 사회에서 자동차 운전을 못하게 금지하는 것은 그 사람에게 심각한 불이익을 주는 것이다. 이런 불이익을 교정하기 위해서는, 즉 운전사를 고용하거나 택시를 이용하기 위해서는 돈이 든다."(79) 따라서 노직은 우리는 간질병 환자에게 그 불이익에 대한 보상을 해야 한다고 주장한다.

직관적으로 우리는 이런 주장에 공감할 수 있다. 우리는, 노직이 주목하듯이, 자신이 좋아하는 게임의 기회를 빼앗아서 생긴 불이익을 보상하도록 요구하는 러시안 룰렛 게임을 하고자 하는 사람의 주장에는 공감하지 않을 것이다. 이런 상이한 판단에 대해 설명해 줄 수 있는 것은 무엇인가? 노직은 불이익이라는 개념에 크게 의존하고 있다. 간질병 환자가 불이익을 받는 방식은 러시안 룰렛 게임을 하고자 하는 사람이 불이익을 받는 방식과 다른가? 노직은 불이익이라는 것으로 무엇을 의미하고 있는가?

우리는 실제로 누군가를 열악한 처지로 만드는 것과 노직이 그들에게 불이익을 준다고 불렀던 것을 구분해야만 한다. 간질병을 가진 사람이 부자이며, 그가 운전사를 쉽게 고용할 수 있기 때문에, 그에게 운전을 못하도록 금지하는 것이 그를 실제로 어렵게 하지 않는다고 생각해 보자. 그런 경우에, 그에게 운전을 못하게 금지하는 것이 돈을 부담하게 하고, 하나의 의미에서 그의 처지를 열악하게 만들지만, 노직에 따르면, 우리는 그에게 불이익을 주고 있지 않다. 노직은 불이익의 개념을 분명하게 하지 않았다는 것을 인정한다. 그러나 그가 평균적인 삶을 살지 못하게 되었다면 그 사람은 불이익을 받고 있다는 것이 노직의 생각이다. 걸어 다닐 수 없는, 가난한 간질병 환자는 운전이 금지됨으로써 불이익을 받을 것이다. 그러나 운전사를 고용할 수 있는, 부자 간질병 환자는 어떤 불이익도 받지 않는다. 러시안 룰렛 게임을 금지하는 것은 불이익을 주는 것이 아니다. 그래서 이에 대해서는 어떤 보상도 주어질 필요가 없다. 노직은 실질적으로 불이익이 야기된 경우에 보상이 주어져야 한다고 덧붙이고 있다.

이것과 존 웨인의 연관성은, 존 웨인이 스스로를 방어하고자 원하지만 이것은 사람의 절차적 권리를 침해하려고 한다는 점이다. 노직이 생각하듯이, 우리는 피해의 위험 때문에 이런 활동을 금지할 자격이 있다. 그리고 보상의 원리는 결과로 나타난 불이익에 대해 보상해야 한다고 말한다. 그는 어떤 불이익을 받고 있는가? 스스로 자신에게 도움이 되는 행위를 독립인에게 금지하는 것은 "자신의 권리를 침해한 사람을 처벌하겠다는 협박을 불가능하게 만들어버린다. 이것은 일상적인 활동과 삶에서 이들에게 가해진 심각한 불이익과 피해로부터 자신을 보호할 수 없도록 만든다."(110)

결과는 제쳐두고, 이 원리를 채택할 때 제기되어야 할 고려 사항은 이 원리가 가난한 간질병 환자에게 자동차 운전을 금지했을 때 보상받아야 한다는 우리의 판단을 확증해 주는가이다. 그러나 우리의 직관적 판단이 인정될 만한 증거인가? 자유지상주의자는 "간질병 환자는 자동차를 운전할 권리를 갖거나 갖지 않거나이다. 그가 운전할 권리가 없다면, 우리는 그가 운전하는 것을 금지할 수 있다. 그가 권리가 있다면, 우리는 간섭해서는 안 된다"고 말할 수 있다. 간질병 환자가 자동차를 운전할 권리가 없으며,[30] 그가 운전하는 것을 금지할 수 있다고 우리가 결정한다면, 우리는 그에게 미안한 마음을 가지고서 도우려 할 수 있다. 그러나 자유지상주의자 입장에서 이것은 그가 보상받을 권리를 가졌다는 것을 증명해 주지 못한다.

그러나 간질병 환자의 사례가 이 원리의 증거라는 것을 받아들일 때조차도, 러시안 룰렛 게임을 하고자 하는 사람이 실제로 금지됨으로써 불이익을 받는다면, 노직이 인정하듯이 보상의 원리는 보상이 지불되어야 한다는 것을 말해 주고 있다는 점을 우리가 깨달았을 때 또 다른 불편함을 야기한다. 아마도 러시안 룰렛 게임을 좋아하는 사람은 금지의 결과로 침울해져서 무기력해질 수 있다.

---

30) 간질병 환자가 운전할 수 있는 권리를 가지고 있는지, 그렇지 않은지를 결정하기 위해서는, 사람들이 언제 다른 사람들에게 위험을 가할 권리를 가졌는지에 대해 노직보다도 더 분명하게 논의할 필요가 있다는 점을 염두에 두어야 할 것이다.

그래서 통상적인 삶을 살아가지 못하게 될 수 있다. 또 다른 사례에 대한 고려 사항은 이 원리가 잘못되었다는 확신을 줄 수 있다. 예를 들어, 그의 자동차 운전을 금지하는 이유가 간질병이 아니라 술과 약물 중독이라고 생각해 보자. 내가 이해하듯이, 보상의 원리는 금지됨으로써 야기되는 불이익을 보상해야 한다는 것을 함축한다. 이러한 주장에 공감하는 사람은 거의 없을 것이라고 확신한다. 간질병, 음주 운전자와 러시안 룰렛 게임을 좋아하는 사람을 차별하기 위한 근거는 아마도 단순히 보상의 원리에 의거하는 것이 아니라 필요, 책임, 응분에 대한 고려에 의존할 것이다.

우리는 간질병 환자를 돕고자 바랄 수 있다. 왜냐하면 그는 불운의 피해자로서 장애를 가지고 있기 때문이다. 반면에 술 취한 운전자와 러시안 룰렛 게임을 좋아하는 사람은 자기의 문제에 대해 책임이 있을 것이다. 우리는, 사람들이 도움에 대해 어떤 주장을 할 수 있는지를 결정하기 전에, 사람들이 스스로를 어느 정도까지 비난할 수 있는지를 결정하고자 원할 것이다. 그러나 소유권리론을 채택하고서, 정치철학에서 응분과 필요에 근거하고 있는 분배의 기준을 배제한다면, 이 논변은 자유지상주의자에게 쓸모 없을 게 분명하다. 보상의 원리는 받아들일 만한 결과를 산출하기 위하여 근거로 사용될 수 없다. 그리고 폐기되어야 하거나 실질적으로 수정되어야 한다.

나는 노직의 자유지상주의적인 개념적 근원이 너무 빈약하여 그가 요구하는 특성을 나타낼 수 없다는 것을 지적하였다. 순수하게 권리에 기초한 어떤 고려 사항도 간질병 환자의 자동차 운전과 음주 운전을, 또는 일반적인 운전과 러시안 룰렛 게임을 차별화할 수 없는 것처럼 보인다. 어떤 자유지상주의 학자는, 이런 반론을 염두에 두고서, 모든 위험한 활동, 즉 자동차 운전을 포함한 모든 위험한 활동에 대한 금지를 옹호한다. 다른 학자들은 정치철학에 필요나 응분의 개념이 없다는 것에 의문을 품기 시작하였다. 그러나 이것이 인정된다면, 다음 장에서 우리가 볼 수 있듯이, 포괄적 국가로의 길은 문이 열려 있다. 우리가 재화의 분배에서 필요와 응분을 고려하고자 한다면, 대행사는 재화가 적절하게 분배되었다는 것을 확신할 필요가 있는 듯이 보인다.

최소국가

우리가 보상의 원리를 받아들여야 한다고 설득될 수 있을 때조차도, 사람들이 실질적인 불이익에 대해 보상받아야 한다는 것을 기억할 필요가 있다. 노직은 원리가 이런 방식으로 형식화되어야 하는 이유에 대해서는 말하지 않았다. 그러나 결론적으로 존 웨인이 지배적인 대행사의 보호를 위해 비용을 쉽게 지불할 수 있다면, 그는 금지에 의해 불이익을 받고 있는 것이 아니다. 그래서 그는 보상받을 자격이 없다. 그다지 풍요롭지 않는 사람들은 그들이 당하고 있는 불이익에 대한 보상을 받아야만 한다. 그 보상은 불이익에서 그들에게 보호 서비스를 제공하는 데 사용된 비용을 뺀 것이 될 것이다. 본질적으로 지배적인 대행사는 값을 할인하는 보호 정책을 사용할 수 있다. 각각의 사례에서 정책을 제거함으로써 어떤 사람도 불이익을 받지 않을 정도까지, 그리고 어떤 사람도 더 나아질 수 없는 정도까지 할인을 할 수 있다.

보상과 불이익을 이렇게 해석하는 데에는 하나의 분명한 결함이 있다. 최소국가는 모든 사람을 보호한다. 그리고 이 논변은 최소국가가 정의의 사적 집행을 금지한 것에 대한 보상으로 보호 서비스를 제공한다는 것이다. 그러나 실질적인 불이익이 보상될 필요가 있다면, 최소국가는 일반적인 보호 서비스를 제공하는 것이 아니라, 어떤 사람에게는 값싼 보호 서비스를 제공하고, 충분한 보호 서비스를 구매한 사람에게는 제대로 된 보호 서비스를 제공할 것이다. 우리는 모든 사람의 기대를 충족시키는 완전한 보호 서비스를 제공할 수 없다.

그럼에도 불구하고, 우리의 조건들이 잘 부합할 수 있다면, 지배적인 보호 대행사가 많은 방식에서 국가와 닮아 있는 상황에 도달하게 된다. 정의의 절차를 승인하는 권리를 보유하고 있는 것은 단지 권위이다. 그리고 이것은 많은 사람, 즉 보호받기를 선택하지 않은 상당수의 사람조차도 보호한다. 상당수의 부유한 독립인이 보호 서비스를 구매하지 않기로 선택하여 보호받지 않을 수 있다는 사실은 제외하고서, 대행사와 국가의 차이점이 있는가?

하나의 차이점은 대행사는 특정한 분쟁에 개입할 수 없다는 것이다. 존 웨인과 클린트 이스트우드와 같은 두 독립인이 분쟁 중이라면, 노직이 주목했듯이, 대행사는 자신의 고객이 위험하다고 판단되지 않는 한, 이들의 싸움에 개입하는 것은 대행사의 일이 아니다. 그러나 노직은 사람들이 바란다면(비록 사람들에게 이런 자유를 인정하는 국가는 거의 없지만), 국가는 사람들에게 사적으로 분쟁을 해결하도록 허용해야 한다고 생각한다. 그럼에도 불구하고, 노직은 지배적인 대행사를 국가라기보다는 '실체와 같은 상태(state-like entity)'라고 말하면서 지배적인 대행사가 국가와 차이점을 보이는 방식에 충분히 공감하고 있다.

마지막 물음은 대행사가 안정적인가 하는 것이다. 아마도 상당수의 구성원들은 결함을 가지고 있어서, 강화된 보호를 요구할 것이다. 노직은 이런 책략을 강탈에 비유하고 있다. 그는 이것이 '비생산적 교환'이라는 이름으로 된 텅 빈 것이라고 주장한다. 행하지 않은 것에 대가를 지불하기 위해 무언가를 하도록 위협해서는 안 된다고 노직은 주장한다. 그러나 이것은 결함을 가진 사람에 대한 노직의 논변이 아니다. 그는 보조금이 큰 규모일 필요는 없다고 주장했다. 그리고 독립인은 다른 독립인과의 분쟁에서 스스로를 돌볼 수 있어야 할 것이다. 그래서 아마도 결함을 갖지 않을 것이다. 그 상황은 충분히 안정적이다.

노직은 자연권적 무정부주의자와는 달리 국가를 정당화하는가? 그 정당화는, 우리가 알고 있듯이, 두 단계를 거칠 것이다. 첫째는 국가가 동의하는 것이 합리적인 그런 특성을 가진 것이라는 점을 증명한다. 이것은 무정부 상태를 선호하는 사람을 제외한 모든 사람에게 있어서 국가를 정당화할 것이다. 최고의 실제적인 자연상태에 대한 노직의 논의는 나머지 사람들을 설득하는 데 잘 사용될 수 있다. 두 번째 단계는 국가의 존재에 반대하는 사람들조차도, 적어도 정의를 집행하는 문제에서, 국가에 동의할 도덕적 의무를 가지며 국가의 보호를 받아야 할 권리를 갖는다는 것을 증명하기 위한 것이다.

노직의 해결, 즉 금지와 보상은 의심할 바 없이 독창적이다. 그리고 정치적 의무라는 주제에 대한 참된 기여를 하고 있다. 그러나 이런 일반적 유형에 관한 노직의 특정한 버전이 실패했다는 것은 분명하다. 우리는 주요한 반론을 딜레마 형식으로 요약할 수 있다. 처벌할 수 있는 존 웨인의 권리는 피고소인의 절차적 권리와 충돌하는가 그렇지 않은가? 충돌하지 않는다면, 즉 우리가 처벌할 권리를 이미 절차적 권리에 의해 제한된 것으로 여긴다면, 보상이 이루어져야 할 필요가 전혀 없다. 그래서 우리는 극소국가로 이행해 가야 할 이유가 없다. 그러나 상충이 있다면, 존 웨인의 권리가 항상 포기되어야 하는 이유는 무엇인가? 이것이 설명될 수 있을 때조차도, 보상이 지불되어야 한다는 주장은 보상의 원리에 의존하고 있다. 그러나 이 원리는 주장될 수 없다. 즉 이 원리는 다른 자유지상주의자의 원리에 의해서 도출되지 않는다. 곤궁한 사람에 대한 고려를 무시하는 경우, 원치 않는 불쾌한 결론으로 나아가게 된다. 그래서 국가를 정당화하려는 노직의 시도는 모험적이면서도 상상력이 풍부한 것이지만, 결함을 가지고 있다. 그는 국가를 정당화하지 못했다. 그러나 그는 그 문제에 대한 새로운 관점을 표준적 논변의 목록에 덧붙이고 있다. 국가가 구성될 수 있는지를 알아보기 위하여 이런 옹호 방법을 다른 사람들이 제기하지 못했던 것은, 전적으로 놀랄 일은 아니지만, 부끄러운 일이다.

4 장
정의의 소유권리론

권리, 분배적 정의, 그리고 최소국가

국가의 존립에 정당화가 필요한 것이라고 우리가 믿든 그렇지 않든, 우리는 국가의 합법적 기능과 적절한 권한의 범위에 대해 관심을 갖지 않을 수 없다. 우리가 알고 있듯이, 노직은 최소국가를 옹호했다. 최소국가는 경찰력과 재판 과정을 통해 자연권과 법을 집행하기 위하여 존재한다. 이런 최소한의 기능은 최소국가의 적절한 권한을 결정한다. 그리고 이것을 넘어서는 것은 최소국가의 권위를 초과하는 것이다.

여러 현대 국가의 한 가지 활동은 시민들이 받게 될 재화와 수입을 분배함에 있어서 정의라고 간주되는 것 또는 부정의를 적게 하는 것으로 여겨지는 것을 이루기 위한 정책을 수행하는 것이다. 최소국가에 제기될 수 있는 하나의 가능한 심각한 반론은 최소국가가 이런 종류의 정책을 수행할 능력이 없다는 것이다. 예를 들면, 정의로운 사회에서 각각의 사람이 동일한 몫의 재화를 갖는 것으로 추정된다고 생각해 보자. 이러한 일은 우연히 일어날 것 같지는 않다. 분배적 정의를 이루기 위해서는 필수적으로 중심적인 권위자가 등장하게 될 것이다. 그러나 이것이 국가의 적절한 기능이라고 우리가 동의한다면, 우리는 즉각 최소국가보다는 더 큰 국가를 만들게 될 것이다. 이런 국가는 폭력, 절도 그리고 사기에 대한 권리의 보호를 넘어서는 활동을 하게 될 것이다. 왜냐하면 이런 국가는 정의라는 이름으로 재화를 재분배하게 될 것이기 때문이다.

노직은 하나의 딜레마에 봉착하는 듯이 보인다. 단지 최소국가의 합법성을 주장하고, 분배적 정의를 무시할 것인가? 아니면 분배적 정의를 마련하기 위한 부담을 받아들이고서, 최소국가가 정당화될 수 있는 가장 포괄적인 국가라는 생각을 포기할 것인가? 그의 대답은 세 번째 대안을 제시하는 것이다. 즉 분배적 정의에 대한 설명을 제시한다. 이 설명에 따르면 최소국가에 의해서도 정의가 실현될 수 있다. 이것이 정의의 소유권리론의 역할이다. 우리가 이 이론을 받아들인다면, 비록 국가가 도둑에 대한 재산권을 보호할 필요가 있다 할지라도, 모든 사람이 재화의 온당한 몫을 갖도록 보장할 필요는 없다.

이런 방식으로 문제를 제기하는 것은, 노직이 그의 서문에서 말했듯이, 소유권리론의 역할은 부차적인 것임을 함축한다. 이것이 최소국가에 의해 야기된 하나의 문제에 대한 대답이다. 그러나 이러한 모습은 부분적으로는 기만적이다. 이것이 분배적 정의 이론의 배경에 배치된다고 자주 지적되어 왔다. 특히 사적 재산권에 있어서는 국가를 위한 논변이 발생한다는 것을 종종 지적해 왔다. 예를 들면, 노직을 괴롭히는 문제 중 하나는, 하나의 국가가 모든 사람을 보호한다면 상당수의 사람들이 비용을 부담시킬 수 없는 사람들에게 제공될 보호 서비스를 위하여 비용을 지불해야만 한다는 것이다. 노직은 재산에 대한 자연권을 침해하지 않는, 이에 대한 정당화를 찾아야 했다. 노직에게 있어서 이런 자연적인 사적 재산권은 국가보다도 더 기초적이며, 국가가 정당화되든 그렇지 않든 이런 재산권은 존재할 것이라고 주장할 것이다.

노직의 견해에 있어서, 소유권리론이 자연상태에서 참된 주장을 한다 할지라도, 소유권리론은 최소국가를 위한 논증에서도 중요한 역할을 수행하고 있다. 특정한 결론을 위한 하나의 논변으로 확신시켜 줄 수 있는 것은 반대자들이 받아들이려고 하는 것에 크게 의존한다는 것을 염두에 두어야 한다. 노직은 최소국가가 정당화되기는 하지만, 최소국가에 대한 옹호가 여러 형태의 국가가 정당화된다는 것을 이미 받아들이고 있는 사람들과는 매우 다른 것이라는 것을 자연권적 무정부주의자에게 확신시키지 못하였다. 간단히 말해서 그 논변은 소유권리론이 참이라는 것이다. 이것이 사실이라면, 적어도 경제적인 문제에서, 단지 정당화될 수 있는 국가는 최소국가이다. 특히 최소국가의 기능을 넘어선 역할을 수행하는 국가가 정당화된다고 믿고 있는 사람들은 정의의 소유권리론에 도전하는 대답을 해야만 한다.

『무정부, 국가 그리고 유토피아』에서 우리는 국가에 대한 특징적인 옹호를 세 가지로 구별해 볼 수 있다. 첫째, 우리는 무정부주의에 대해 제기된 논박에 기초해 있는 옹호를 이미 알고 있다. 둘째, 정의의 소유권리론에 기초해 있는 현재 고려되고 있는 옹호가 있다. 셋째, 최소국가는 자신의 유토피아를 고안하여 살아갈 수 있는 중립적 체계로 추천될 수 있다. 두 번째 기획은 아마도 최소국가에 대한 노직의 가장 중요한 철학적 옹호일 것이다. 왜냐하면 무정부주의자의 입장과 유토피아주의자의 입장을 받아들이는 사람은 거의 없을 것이고 현재는 그 근거도 약하기 때문이다. (유토피아가 확신을 가질 수 있을 정도로 기술될 수 있다면, 유토피아주의가 부활할 수도 있을 것이다.) 노직에 대한 실제 반대자들은 최소국가의 기능을 넘어선 국가를 채택해야 할 이유가 있다고 믿는 사람들, 즉 보수주의자, 자유주의자, 사회주의자들이다. 끝으로, 모든 것들은 소유권리론에 의존한다.

정의 이론, 즉 종국 상태, 정형, 역사

소유권리론을 자세하게 제시하기 전에, 이것이 무엇에 관한 이론인지, 그 이론의 경쟁 이론이 어떤 것인지를 분명하게 해야 할 것이다. 우리가 분배적 정의나 경제적 정의라는 주제를 다루고 있다는 것은 이미 알고 있는 바이다. 즉 사회 구성원들 간의 특정한 경제적 주장이 정의로운가 아니면 부정의한가? 노직이 언급했듯이, 이 주제를 다루는 학자들은 부와 수입에 대한 다양한 도표를 제시하고 있으며 — 상위 x 퍼센트가 사회 재산의 y 퍼센트를 차지하고 있다와 같은 — 이런 상황이 정당한지에 대해 판단하도록 우리를 유도하고 있다.[1] 상이한 이론들은 상이한 대답을 내놓을 것이다.

---

1) 이런 엄격한 통계 수치는, J. Pen, *Income Distribution* (Penguin, Har-

물론 노직을 포함하여 여러 이론가들은 이런 단순한 통계가 그 문제를 평가할 수 있을 만큼 충분한 정보를 전혀 제공해 주지 못한다고 주장할 것이다. 이러한 상황에서 하나의 판단을 하기 위하여 활용되는 이론은, 정의 이론의 한 부분으로서, 분배적 정의 이론일 것이다.

경제적 정의나 분배적 정의에 대해서 많은 견해들이 가능하다. 어떤 이론가들은 재화는 동등하게 분배되어야 한다고 주장한다. 비슷한 견해로, 각자는 필요에 따라 재화를 할당받아야 한다고 주장하는 이론가들도 있다. 이와 다른 이론가들은 오로지 노동이 재화 소유에 대한 정당한 자격을 부여할 수 있다고 주장한다. 또한 노력, 도덕적 가치, 절제와 같은 다양한 보상 기준들에 호소하는 이론가들도 있다. 존 롤즈는 경제 체제는 약자가 가능한 한 가장 많은 이익을 누릴 수 있도록 배치되어야 한다고 주장했다.[2)] 따라서 그는 불평등은 허용될 수 있지만, 그것은 단지 모든 사람이 이익이 되는 경우에 허용되어야 한다고 주장한다. 이런 이론들 중 하나를 옹호하는 사람은 재화를 그 이론에 따라 정당하게 소유한 사람들에게 세금을 부과하거나 그 이외의 다른 수단을 통해 재화를 다른 곳으로 돌리는 최소국가의 기능을 넘어선 국가를 암암리에 승인해야만 한다.

정의 이론들은 분배적 정의의 문제라고 통상적으로 알려져 있는 것을 다루고 있다. 즉 어떻게 하면 우리 사회의 재화가 정당하게 분배될 수 있을 것인가? 그러나 노직은 이 문제를 제기하는 이런

---

mondsworth, Middlesex, 1971), pp.48-59를 참조할 것.

2) J. Rawls, *A Theory of Justice* (Oxford University Press, Oxford, 1972).

방법이 ‘중립적’이 아니라고 지적한다. 즉 분배적 정의에 관해 말하는 것은 중심적인 권위자에 의해 정당하게 할당되기를 기다리며 커다란 ‘사회라는 그릇’ 안에 재화가 존재한다는 것을 가정하는 듯이 보인다. 그러나 이런 그릇은 없다. 단지 사람들, 사람들의 연합체, 자연 세계, 그리고 사람들이 생산해 낸 것만이 존재한다. 따라서 우리는 재화의 생산과 이에 대한 적절한 분배를 분리해서 다룰 수 없다. 사람들이 획득한 것은 부분적으로는 이들이 생산한 것의 결과이다. 그리고 이들이 생산한 것은 거의 이들이 얻고자 기대한 것의 결과이다.

물론, 현재의 재산 소유 상태가 정당한가를 물을 수 있다. 그리고 정의가 이 재화를 한 사람에서 다른 사람으로 이전하도록 요구하는지를 물을 수 있다. 그러나 우리가 분배적 정의에 관해 계속해서 말하고자 한다면, 우리는 ‘사회라는 그릇’을 빌어서 생각해야 할 것이다. 그래서 이와 다른 정의 이론들에는 모른 척 무시해야 할 것이다. 특히 우리는 노직이 제시하는 이론을 빠뜨릴 수가 있다. 노직은 경제적 정의는 중심적인 분배적 과정에 의지하지 않고서도 성취될 수 있다고 주장한다. 즉 최소국가에 의해서도 경제적 정의가 성취될 수 있다고 주장한다. 그는 오히려 ‘분배적 정의’보다는 ‘소유에 있어서 정의’라고 부르기를 더 선호한다. 소유권리론은 정의 이론 중 하나이다. 이것은 소유에 있어서 정의라는 주제를 다루고 있다.[3)]

그의 이론이 그의 경쟁 이론에 극단적 대안이라는 것을 분명하

3) G. A. Cohen은 ‘소유에 있어서 정의’라는 용어가 비중립적이라고 주장했다. 왜냐하면 이것이 권리 소유자의 상황을 나타내 주고 있기 때문이다. ‘재화의 접근에 있어서 정의’라는 용어가 더 중립적일 수 있다.

게 하기 위하여, 노직은 소유에 있어서 정의 이론의 유형들을 구분하고 있다. 첫째, 그는 현재 시간 단편 원리 또는 종국 상태 원리라는 생각을 도입한다. 이것은 공리주의가 한 예가 된다고 그는 주장한다. 정의에 관한 이런 설명의 본질적 특성은 이들이 그 구조에만 관심을 가지고서 분배를 평가한다는 것이다. 그래서 부정의하게 되지 않고서도 하나의 제도를 다른 제도로 대체시키는 것이 가능할 수 있다.

예를 들면 A가 10을 갖고 B가 5를 갖는 것은 A가 5를 갖고 B가 10을 갖는 것과 동일한 유용성을 갖는다. 그렇다면, 우리가 어떤 분배를 선택하는가는 아무런 상관이 없는 일이 될 것이며, 하나의 분배 방식에서 다른 분배 방식으로 이동하거나 다른 분배 방식보다 특정한 하나의 분배 방식을 선택하는 것은 전혀 부정의와 관련 없는 것이 될 것이다(변화했다는 단순한 사실이 유용성을 전혀 상실시키지 않는다고 가정한다면).

이런 유형의 견해는 노직이 정의의 역사적 이론이라고 부르는 것과 대조된다. 이 이론은 과거의 행위나 상황을 고려해 넣는다. '자신들의 공헌에 따라 각자에게'는 이런 의미에서 하나의 역사적 견해이다. 분배가 정의로운지를 말하기 위하여, 우리는 분배가 어떻게 구조되었는지를 알아야 할 뿐만 아니라 분배가 사람들의 역사적으로 관련 있는 특징들과 상응하는지도 알아야 할 필요가 있다.

노직은 역사적 원리를 두 부류로 구분한다. 즉 정형적 원리와 비정형적 원리로 구분한다. 정형적 이론은, 정당한 분배란 몇몇 '자연적 특징(natural dimension)' 또는 총합 또는 특징의 배열(ordering of dimensions)에 의해 결정된다는, 즉 그들의 노동, 필요, 가치 등에 따라 분배되어야 한다는 이론이다.[4] 노직은 "분배적 정의 이론의 임무가 '그의 ____에 따라 각자에게'에서 빈칸을 채우는 것이라고 생각하는 것은 하나의 정형을 찾는 경향을 가지고 있는 것"이라고 말한다(159-160). 그가 "제안된 거의 모든 분배적 정의의 원리는 정형적이라고"(156)[5] 주장하는 것은 불합리한 것이 아니다. 이와는 달리 노직은 자신의 역사적 소유권리론은 정형적이지 않다고 주장한다.

소유권리론

비정형적 역사적 이론은 무엇과 유사한가? 이것은 적합한 분배방식에 대한 하나의 정형을 상술하기보다는 재산을 소유하게 된 방식에 관심을 집중하고 있다. 즉 이것은 재산 획득이 정당화되기 위해서 이행되어야만 하는 하나의 과정 또는 그 과정 체계를 상술할 것이다. 즉 당신이 올바른 과정에 의해 재산을 소유했고 그리고 오직 그때에만 당신의 재산 소유는 정당하다.

세계가 전체적으로 정당했다면, 노직은 다음과 같이 주장한다.

---

4) 여기에 혼란이 있다. 왜냐하면, 정형적 이론이 역사적 이론의 하위 부류라고 말하고 있음에도 불구하고, 노직은 '지능에 따라 분배하는' 원리가 정형적이지만, 역사적이지는 않다고 말하고 있기 때문이다(156). 하나의 이론이 '종국 결과적인 것'인지 '정형적인 것'인지를 결정하는 것은 어려울 수 있다. 그러나 이것은 '역사적인 비정형적인' 이론과 그렇지 않은 이론을 구분하는 것과 같은 중요한 구분은 아니다.

5) 이론의 다양한 변형들이, 역사적이며 비정형적이라는 의미에서, 소유권리론으로 불릴 수 있다는 사례를 위해서는, R. van der Veen and P. Van Parijs, "Entitlement Theories of Justice: From Nozick to Roemer and Beyond", *Economics and Philosophy*, 1 (1985), pp.69-81을 참조할 것.

다음과 같은 귀납적 규정이 소유에 있어서 정의의 주제를 전적으로 포괄할 것이다.

1. 취득에 있어서 정의의 원리에 따라 소유물을 획득한 사람은 그 소유물에 대한 자격이 있다.
2. 이전에 있어서 정의의 원리에 따라, 그 소유물에 대한 자격이 있는 사람으로부터, 소유물을 획득한 사람은 그 소유물에 대한 자격이 있다.
3. 1과 2에 의하지 않고서는 누구도 소유물에 대한 자격을 가질 수 없다(151).

사적 소유의 권리에 대해 생각하면서, 특정한 재산이 먼저 한 사람의 사적 소유로 전환되는 한 시점이 있어야만 한다는 것을 망각하기 쉽다. 무언가를 가질 수 있는 것은 어떤 방법에 의해서인가? 하나의 대답은 사람들이 물건을 만든다는 것이다. 그리고 어떤 것을 만들었다면, 그들이 그것의 소유자로서 정당화된다. 그러나 이 문제는 그렇게 단순하지만은 않다. 어떤 사람도 무에서 유를 만들어낼 수는 없다. 항아리는 흙을 가지고 만든다. 의자는 나무로 만들어진다. 무언가를 만들 때 재료가 되는 물질을 어떻게 가질 수 있는가? 이런 생각들은 점점 더 혼란스러워지는데, 모두는 아니지만 지금 사적으로 소유한 대부분의 것이 일단 소유되지 않았던 것을 재료로 해서 만들어지거나, 일단 소유되지 않았던 것에서 전해져 온 것을 재료로 해서 만들어진다. 내가 재료로 삼아 의자를 만든 나무를 소유했을 때조차도, 나는 아마도 그 나무의 씨앗을 소유하지는 않았을 것이다. 또는 그 씨앗이 나온 나무는 소유하지 않았을 것이다.

취득에 있어서 정의의 원리는 사물이 소유되지 않은 것에서 소유된 것으로 어떻게 변할 수 있는가를 말해 주고 있다. 이전에 있어서 정의의 원리는 이미 정당하게 소유된 재화가 다른 사람에게 이전될 수 있는지를 설명해 준다. 노직이 말하는 이전에 있어서 정의의 원리의 본질적인 핵심은 그 이전이 자발적이고 오직 그때에만 정의롭다는 것이다. 그러나 세계가 전체적으로 정의롭지 않다고 한다면, 그리고 사람들이 때때로 힘과 협잡에 의해 재화를 획득한다면, 보상적 정의의 원리가 과거의 부정의에 의한 결과를 수정하기 위하여 필요하다.

그래서 노직 입장의 본질적인 점은, 한 사람이 특정한 항목의 재산을 소유하는 것이 이것이 어떻게 그 사람의 소유가 되었는지에 전적으로 의존하고 있다는 것이다. 그 재산이 정당하게 획득된 것이라면, 그것의 소유는 정당하다. "하나의 분배는, 이것이 또 다른 정의로운 분배로부터 합법적인 경로를 통해 발생했을 때 정의롭다."(151) 소유권리론이 역사적으로 기술되는 이유를 살펴보는 것은 쉽다. 형성할 수 있거나 형성할 수 없는 어떤 정형에 앞서서 절차를 부여하는 것이 하나의 이론이기 때문에, 그 이론은 정형화되지 않은 채 나타나는 것이 틀림없다. (비록 이 장에서 나중에 형태지워지지 않은 채 나타난다는 것을 의심할 이유가 있다는 주장에 대해 살펴볼 것이지만, 그러하다.)

취득에 있어서 정의, 이전에 있어서 정의, 교정에 있어서의 정의 원리에 대한 노직의 주장이 정확히 무엇인지 설명하지 않는다면, 소유권리론은 완벽하게 진술된 것이 아니다. 그래서 우리는 이런 원리들의 노직 식 버전에 대한 상세한 진술과 정당화를 요청해야 한다. 그러나 결정적으로 중요한 점은, 이와 관련한 어떤 것도 제공하지 않았다는 것이다. 왜냐하면 노직이 스스로 그 이론의 '개괄'이라고 부른 것, 즉 "마지막 결론 이외의 주제에 대한 군소리가 있을 수 있다"(xii)는 것을 지적하면서 서론에서 옹호한 하나의 실천을 제시하는 것으로 만족해하고 있기 때문이다.

자유와 정형화

비록, 하나의 의미에서, 취득에 있어서 정의의 원리가 소유권리론의 가장 기초적인 부분이라 할지라도, 가장 광범위한 결과를 가져오는 것은 이전에 있어서 정의의 원리이다. 왜냐하면 노직은 다른 사람들이 정의의 소유권리론을 어떻게 거부할 수 있는지 분명하지 않다고 주장하며, 이런 특별한 주장이 이전에 있어서 정의의 원리에 기초해 있다고 주장하기 때문이다. 많은 정치철학자들이 정형화된 정의 개념을 받아들이고서 은연중에 소유권리론을 어떻게 거부하는지를 염두에 둔다면, 노직의 주장은 실제로 극단적인 것처럼 보인다. 그러나 그 논변은 매우 단순하다. 그 논변은 "자유가 정형을 뒤집어 놓는다"는 것이다. 자유에 대한 합당한 존중은 노직의 이전에 있어서 정의의 원리 — 이전이 정의로울 필요충분조건은 그 이전이 자발적으로 이루어진 경우이다 — 를 우리에게 강요한다. 그러나 우리가 이것을 받아들인다면, 어떤 정형적 이론도 받아들일 수 없다는 것이 증명될 수 있다. 이것은 소유권리론을 주장될 수 있는 유일한 후보자로 인정하는 것이다.

노직의 논증은 흄의 유명한 논증, 즉 자유와 평등은 양립하지 않는다는 논증의 확장된 입장에 의거하고 있다. 즉,

> 소유를 일단 평등하게 만들어본다 할지라도, 사람들의 기술, 관심 그리고 근면함의 정도 차이가 그 평등을 즉각 무너뜨리게 될 것이다. … 밖으로 드러난 모든 불평들을 살펴보기 위해서는 가장 엄밀한 조사가 필수적이며, 그리고 그 불평등을 벌하고 교정하기 위해서는 가장 엄격한 재판권이 필수적이다.[6)]

노직의 유명한 '윌트 챔벌린'의 예는 자유 — 이전의 자유 — 가 평등뿐만 아니라 모든 정형화된 이론과 종국 상태 이론도 역시 배제해 버린다는 것을 논변해 주고 있다. '당신이 선호하는' 정형이, 이것이 무엇이든, 실현되었다고 생각해 보자. 그래서 이런 재화의 분배를 D1이라 하자. 이제 다음과 같이 생각해 보자.

> 챔벌린이 입장 수입을 크게 올릴 수 있는 선수여서 여러 농구 팀들이 서로 스카우트하려 한다. 그는 한 팀과 다음과 같은 계약을 맺었다. 홈 경기의 경우, 매번 입장권 가격에서 25센트가 그의 몫이다. … 한 시즌에 백만 명의 관객이 그의 홈 경기를 관전하며, 따라서 챔벌린은 미국 평균 수입보다 훨씬 많을 뿐만 아니라 그 어느 수입보다도 많은 금액인 25만 달러의 수입을 얻게 되었다고 가정해 보자. 그는 이 수입에 대한 권리가 있는가? 이 새로운 분배 상태 D2는 정의롭지 못한가?(161)

자발적인 이전은 어떤 정형을 뒤집고 새로운 분배를 바꾸어 놓을 수 있다. 노직의 첫 번째 핵심은 자발적 교환이 정형을 뒤집어 놓을 수 있다는 것이다. 그러나 이런 새로운 분배 D2는 정의로운

---

6) D. Hume, *An Enquiry concerning the Principles of Morals*, in his *Enquiries*, 3rd edn., ed. Selby-Bigge (Oxford University Press, Oxford, 1975), section 3, part 2, p.194.

가? 노직의 두 번째 주장은 이것이 정의롭다는 것이다. D1이 정의롭다면, 그리고 사람들이 자발적으로 그것을 D2로 변경하였다면, D2도 또한 정의로울 것이 확실하다. 그래서 노직은 최초의 정형에 따르지 않지만 정의로운 분배가 있을 수 있다는 것을 인정해야만 한다고 주장한다. 그런데 우리가 이것을 인정한다면, 정형화된 정의 개념을 포기하는 것이다. 우리의 유일한 대안은 D2가 정의롭다는 것을 인정하지 않고, 자발적 이전에 의해 위협을 받는 것이라 할지라도, D1을 강행하기로 결정하는 것이다. 그러나 이것을 어떻게 할 수 있을 것인가?

정형화된 이론과 종국 상태 이론에 반대하는 노직의 세 번째 핵심이면서 가장 중요한 점은, 자발적인 행동이 하나의 분배를 붕괴시킬 것이라면, 그 분배를 유지하는 유일한 방법은 이런 자발적 행위를 금지하고 무효화시키는 것이라고 할 것이다. 이것은 사람들의 자유에 간섭하는 것이 될 것이다. D1을 유지하기 위하여, 정형화를 위협하는 자유로운 거래를 금지할 수 있으며, 정형화를 본래대로 회복시키기 위하여 주기적으로 재화를 재분배할 수도 있다. (노직이 물었듯이, 얼마나 자주 재분배해야만 하는가? 왜 즉각 몰수하지 않는가?) 그러나 여러 경우에, 우리는 흄이 말했듯이, '엄밀한 조사'와 '엄격한 재판권'을 결합할 필요가 있을 것이다. 즉 그 정형을 파괴한 결과나 앞으로 파괴되었을 때 나타날 효과를 찾아 밝혀서 교정하는 것이 필요하다. 노직이 주장했듯이, 이것은 사람들의 삶에 대해 지속적으로 간섭하는 것이다. 그래서 이것은 심각하고도 받아들일 수 없는 자유에 대한 침해이다.

흄과 노직 간에는 하나의 정형을 시행하고 있는 사회의 강제에 대한 암울한 그림을 그려 볼 수 있다. 이 그림은 19세기 프랑스의 정치가 아돌프 티에르(Adolphe Thier)에 의해 강화되었는데, 그는 "사회주의 정부의 일차적 관심은 저축을 하여 자연스럽게 자본주의자가 되는 것을 방지하는 것"이라고 주장하였다. "즉 모든 시민은 멕시코 다이아몬드 광산에서 일하는 노동자들이 친숙하게 받아들이는 것만큼 조사에 복종해야 할 것"[7]이라고 주장하였다. 소유권리론을 위한 노직의 주장은 이 이론이, 그들이 어떻게 선택했든 정당하게 소유한 재산을 축적하거나 이전하는 것을 허용하는, 자유를 존중하는 유일한 이론이라는 것이다.

하나의 정형을 유지한다면, 곧 이것은 자유를 침해하는 것인가? 그리고 그러하다면, 이것은 모든 정형 이론을 논박하기에 충분한 것인가? 이런 단순한 예는, 즉 많은 주석가들이 노직 책에서 가장 중요한 논변이라고 생각하는 이 예는 분배적 정의에 관해 기술하고 있는 모든 학자들에 의해 엄격한 평가를 받아왔다. 그런 이론가 중 일부분은 소유권리론이 어떻게 거부되는지를 증명하기 위하여 하나의 대답을 제공하고 있다. 그래서 챔벌린에 관한 수많은 논의가 있다. 여기서 나는 이런 논의 중 여러 가지 이유에서 가장 교훈적인 논의들을 살펴보고자 한다.

하나의 공통된 직접적인 대답은 바로 노직의 예에 대한 자신의 설명이 자신이 선호하는 곳으로 문제들을 편향되게 하고 있다는 것이다. 많은 평등주의자들은 평등한 재산을 가진 자본주의를 옹호하기보다는 급격한 사회 변화를 훨씬 더 옹호한다. 상당수의 학자들은 화폐 제도가 폐지되어야 하며, 필요한 자원은 중앙에서 분배해

7) A. Thiers, *De la Propriété*, cited in R. Schlatter, *Private Property, History of an Idea* (George Allen & Unwin, London, 1951), p.236.

야 한다고 주장한다. "물론 자본주의 거래 제도에서, 정형들은 뒤집어질 것이다. 이것이 정의로운 사회가 이런 제도들을 포함할 수 없다고 생각할 수 있는 단순한 이유이다." 돈이 없는 사회는 정의의 '정형화된' 개념에 의해 서투르게 묘사되는 것으로 생각될 수 있다.

노직은 그러나 이런 반론을 예견하고 있었다. 그의 대답은, 비록 돈이 없는 사회주의 사회에서조차도, 사람들은 상품과 서비스를 서로 교환하고자 원할 수 있다는 것이다. 그리고 이로부터 심각한 불평등이 생겨날 수 있다. 즉,

> 소규모 공장들이, 금지되지 않으면, 생겨나리라는 점을 인지하라. 나는 나의 사유물(D1에서 할당된)의 일부를 녹여서 어떤 기계를 만들어낸다. 나는 그대와 다른 사람들에게 일주일에 한 번씩 철학 강의를 베풀어주고 그 대신 그대들로 하여금 나의 기계를 동작시켜 어떤 물건을 생산해 내고 나는 이를 다른 무엇과 교환한다는 등등. … 사회주의 사회는 성인들 사이에서 합의된 자본주의 행위도 금지해야만 할 것이다(162-163).

따라서 우리는 화폐를 수단으로 삼아 분배가 이루어져야 한다는 노직의 가정에 어떤 것도 의존하지 않는다는 것을 인정해야만 한다. 재화가 결국 소유되었다면, 그 할당의 유일한 목표가 소비라 할지라도, 자발적인 이전은 본래의 분배를 뒤집어 놓는 듯이 보인다. 이것은 화폐가 있는 경제 제도에도 화폐가 없는 경제 제도에도 마찬가지로 적용될 것이다. 노직의 세 가지 본질적인 주장이 남아 있다. 첫째, 자발적인 이전은 정형을 뒤집을 것이다. 둘째, D1이 정의롭다면, 그리고 사람들이 자발적으로 D1에서 D2로 이동해 간다

면, D2도 역시 정의롭다. 셋째, 하나의 정형을 실행하는 것은 사람들의 자유에 대한 받아들일 수 없는 침해를 요구한다.

정형의 분열

그러나 정형이 자발적 거래에 의해 분열된다는 것이 사실인가? 하나의 대답은 정형들이 단순히 제멋대로 생겨난 것이 아니라는 것이다. 즉 정형들은 나름의 이유를 가지고 생겨나게 될 것이다. 여러 경우에서, 사람들은 이런 이유들에 마음이 움직여 그 정형을 유지하려고 애쓸 수 있다. 비록 이들이 관심의 부족이나 탐욕에 의해 이런 정형을 망칠 수 있다는 것을 안다 할지라도 그러하다. 한 사회가 '화폐가 없는 사회주의'를 이루기 위하여 오랫동안 힘들여 싸워왔다고 생각해 보자. 개인들은 자발적인 거래를 통해 자신들의 특정한 몫을 향상시킬 수 있는 방법들을 찾아낼 수 있다. 그럼에도 불구하고, 이 방법들을 채택하기를 꺼릴 수 있다. 왜냐하면 그들은 평등을 파괴하고 싶지 않기 때문이다.

노직은 다음과 같이 대답한다. "이것은 다음과 같은 비현실적인 전제를 하고 있다. 즉 (1) 모두가 그 정형을 유지하길 무엇보다도 원한다. … (2) 각자는 그 자신의 행동과 타인들이 수행하고 있는 행위들에 관해 충분한 정보를 얻을 수 있어 어떤 행위가 그 정형을 파괴시킬지 발견할 수 있다. (3) 그리고 광범위한 분야의 그리고 다양한 사람들이 그들의 행위를 조정하여 그 정형에 꼭 맞출 수 있다."(163)

(1)에 동의하는 것은 비현실적인가? 또한 (1)보다 약간 약한 견

해(1′), 즉 압도적인 다수가 정형을 유지하기를 전적으로 원할 것이라는 견해에 동의하는 것은 비현실적인가? 이런 주장과 이 주장에 대한 거부 주장은 인간 본성에 대한 개념에 의거한다고 주장되어 왔다. 그리고 노직이 (1)이 비실제적이라는 주장을 이끌어내고 있는 개념에 대해서는 주장하지 않았기 때문에, 노직은 그 주장을 정당화하지 못한다.[8] 물론, 노직은 자신이 여기서 증명의 부담을 안고 있다는 것을 부정할 것이다. 그리고 사람들은 역사적 증거들이 노직의 편에 서 있다고 생각할 수 있다. 우리들은 사람들이 하나의 정형을 유지하려는 데 충분히 관심을 가지고 있어서 이들을 강제하지 않아도 그 정형을 유지하려는 강력한 동기를 가질 것이라는 어떤 증거도 가지고 있지 못하다. 따라서 노직이 잘못 생각했다는 것을 증명하기 위해서 인간 본성에 대한 논쟁이 되고 있는 개념을 확립해야 하는 사람은 바로 노직의 반대자들이다.

전제 (2)와 (3)은 어떠한가? 이것은 "관심을 다른 곳으로 돌리는 것"이라고 말해져 왔다. "기껏해야 이것들은 [정형적] 정의를 완벽하게 실현시키기 위한 선결조건이다."[9] 여기에서 핵심은 바로, 정보의 결핍과 불완전한 조정이 정형에서 일탈하게 만들 때조차도, 이것들은 오랫동안 축적된 어려움이라기보다는 일시적인 — 비록 그 수가 많고 심각한 것이기는 하지만 — 탈선에 해당할 것이다. 왜냐하면 사람들이 그 정형을 유지하려는 동기를 갖는다면, 이들은 발생한 어긋남을 바로잡기 위하여 최선을 다할 것이기 때문이다. 따라서 노직은 하나의 정형이 자발적인 거래를 통해서도 견고하게

8) G. A. Cohen, "Robert Nozick and Wilt Chamberlain: How Patterns Preserve Liberty", *Erkenntis*, 11 (1977), p.15.

9) Cohen, *ibid.*, p.15.

유지되는 것이 가능하다는 것을 인정해야만 한다. 그럼에도 불구하고, 노직은 단지 매우 예외적인 상황에서 이런 일이 생겨날 것이라고 정당하게 주장할 수 있다. 그리고 사회가 D1이 올바른 정형인가라는 문제에서 분열된다면, D1은 그다지 오랫동안 유지되지 못할 것이다.

자발적인 이전

따라서 우리는 두 번째 주장으로 나아가게 된다. 즉 D1이 정당하다면, 그리고 사람들이 자발적으로 D1에서 D2로 이동해 간다면, D2도 역시 정의롭다. 사람들은 이것이 명백한 진리라고 생각할 것이다. 비록 여기에 주의해야 할 이유가 있기는 하지만 그러하다. 노직은 "정의로운 상황에서 정의로운 발걸음을 내딛음으로써 생겨난 것은 무엇이든 그 자체로 정의롭다"(151)고 주장한다. 이것은 자명한 것처럼 보이기조차 한다. 그러나 "정의로운 상황에서 자발적으로 발걸음을 내딛음으로써 생겨난 것은 무엇이든 정의롭다"는 주장을 검토해 보아야 한다.

자신의 주장을 증명하기 위해서 노직은 하나의 거래가 자발적이라면, 그 거래는 정의롭다는 것을 주장할 필요가 있다. 즉 자발성은 정의롭기 위한 충분한 요소이다. 노직이 함축하고 있는 다른 주장은 자발성이 정의롭기 위한 필요한 요소라는 것이다. 즉 하나의 거래가 정의롭다면, 그 정의는 자발적이다. 이 둘을 결합해 본다면, 이 주장들은 노직이 말한 이전에 있어서 정의의 원리의 본질적이고 핵심적인 것이 될 것이다. 즉 하나의 이전이 정의로울 필요충분조

건은 그 이전이 자발적인 경우이다.[10)]

자발성이 정의롭기 위한 충분조건이라는 주장에 관심을 집중해 보도록 하자. 모든 자발적인 거래는 정의로운가? 사용된 단어의 형식이 결정적일 수 없다는 것은 확실하다. 다음과 같은 것을 고려해 보자. 즉 "돈을 내놓든지 목숨을 내놓아라!" "여기 있습니다. 제발 나의 돈을 가져가세요." 달리 말해서 우리는 자유로운 교환과 강요된 교환을 구분할 수 있기를 바란다. 그리고 그때 고려해야 할 주장은 모든 자유로운 교환은 합법적이라는 것이다. 자유로운 교환과 강요된 교환의 구분은 사소한 문제가 아니다. 왜냐하면 이 구분은 자본주의 사회의 정의에 관한 중요한 문제와 관련되어 있기 때문이다. 즉 노동자들은 자본가를 위해 일하도록 강요받고 있는가? 이들이 강요받지 않는다면 이들은, 소유권리론에 따르면, 자본주의에 반대하는 불평을 할 수 없다. 다른 한편으로, 이들이 강요받고 있다면 자유주의자에게 있어서 그 입장은 매우 심각한 것이다. 따라서 이 문제에 대답하는 것은 매우 중요한 일이다.

노동자들이 자본가를 위해 일하도록 강요받고 있다는 주장은, 부분적으로, 노동자들이 일하지 않는다면 굶주리게 될 것이라는 관측에 의존한다. 현대의 국가에서 이것이 사실이든 사실이 아니든, 복지제도를 보장하지 않는 자유지상주의 사회에서는 이것이 사실일 수 있다. 그래서 사람이 몇몇 자본가나 다른 사람을 위해 일할 것인지 굶주릴 것인지를 선택해야 할 상황에 놓이게 된다면, 이것은 그가 일하도록 강제되어 있다는 것 또는 자발적으로 일하는 것이 아니라는 것을 의미하는가?

---

10) 우리는 이 장에서 나중에 이 원리의 제한 조건에 대해 살펴보게 될 것이다.

노직은 다음과 같이 제안한다.

> 한 사람의 행동이 자발적이냐의 문제는 그의 선택지들을 제한하는 것이 무엇이냐에 달려 있다. 자연의 사실들이 그러한 제한을 가한다면, 그때의 행위들은 자발적이다. (내가 날아서 가고 싶은 곳에 날개가 없어 걸어간다 해도 이는 자발적 또는 자의적이다.) 타인들의 행동들은 주어질 수 있는 기회에 제한을 가한다. 이 점이 한 사람의 결과하는 행동을 비자의적인 것으로 만드느냐의 문제는 그 타인들이 그들이 행한 바대로 행할 권리가 있는가에 달려 있다(262).

따라서 노직에 따라서 한 사람의 행동이 비자발적이라고 간주될 수 있다면, 충족되어야 할 두 가지 필요조건이 있다. 첫째, 한 사람의 선택지들이 다른 사람의 행위에 의해 제한되어야만 한다. 둘째, 이렇게 제한을 가하는 행위들은 그 자체로 권리들을 침해한다. 노직은 이러한 점을 흥미로운 이야기를 통해 드러내 밝히고 있다.

26명의 남자와 26명의 여자가 있으며, 이들 모두는 각각 결혼하기를 원한다. '결혼 상대자로서의 적합성'에 따라서 서열이 결정되고, 따라서 남자는 A에서 Z까지, 여자는 A′ 에서 Z′ 까지 결정되는데 모두가 동의했다고 생각해 보자. A와 A′ 는, 다른 사람보다도 서로를 더 선호할 것이며, 따라서 자연스럽게 서로 결혼하기로 자발적으로 선택할 것이다. 비록 B가 A′ 와 결혼하기를 실제로 선호한다 할지라도, 이것은 불가능하다. 그래서 B와 B′ 는 서로의 짝으로 결정될 것이다. 이것은 순위에 따라 계속 이어져 Z와 Z′ 가 서로 결혼하거나 결혼하지 않는 선택 상황에 놓이게 된다. Z와 Z′ 는 결혼하도록 강제되어 있는가? 노직에 따르면, 이들은 자발적으로 결혼한다. 왜냐하면, 자신의 선택에 의해 자신의 환경을 만든 모든 사람들은 자신들의 권리 내에서 행등한 것이기 때문이다.

이 이야기의 교훈은 하나의 노동자가 일을 하거나 굶주리게 되는 선택의 상황에 직면해 있다면, 선택의 상황에 영향을 미친 행위를 한 모든 사람들이 권리를 침해하지 않고 행동한 것이라면, 일을 하기로 한 선택은 자발적으로 이루어진 것이라는 것이다. 따라서 자본주의는 필연적으로 강압적인 제도가 아니다. 다른 한편으로, "돈을 내놓든지 목숨을 내놓아라!"타고 위협하는 노상강도는 나에게 돈을 넘겨주도록 강요하고 있다. 왜냐하면 노상강도는 이런 위협을 할 권리가 없기 때문이다.

노직의 분석은 자유로운 교환과 강제된 교환을 구별하기 위하여 자신이 제기한 이전에 있어서 정의의 원리에 필요한 사항을 첨가하도록 허용한다. 우리는 '강제'에 대한 노직의 정의가 약간 정도에서 벗어난 것이라는 것을 알아야 한다.[11] 그의 설명이 합당하게 투옥된 하나의 범죄자가 감옥에 감금되도록 강제되고 있지 않다는 결론을 갖는다는 점이 지적되어 왔다. 낙석에 의해 갱도에 갇혀 있는 광부는 이들이 구출되기 전까지 이들이 있는 곳에 남아 있도록 강제되고 있지 않다.

마지막으로 내가 물에 빠졌는데 수영을 못한다고 생각해 보자. 당신이 보트를 타고 나에게 다가와 1,000파운드에 나를 구해 주겠다고 제한한다고 생각해 보자. 당신은 나에게 1,000파운드를 지불하도록 강요하는 것인가? 내가 곤경에 처하게 된 것이 당신 탓이 아니라면 노직의 대답은 내가 이 돈을 지불하도록 강요받고 있지

11) G. A. Cohen, "The Structure of Proletarian Unfreedom", in his *History, Labour, and Freedom* (Oxford University Press, Oxford, 1988), p.256을 참조할 것.

않다는 것이다. 그리고 내가 돈을 준다면, 그것은 전적으로 정의롭다는 것이다. 다른 사람들은 이에 동의하지 않고, 이런 '착취하는' 계약 — 이 계약은 다른 사람의 위급함을 이용하는 것이다 — 은 역시 강제된 것이라고 말한다. 강제된 것이 아니더라도, 도덕적으로 불법적이라고 말한다.[12)]

그러나 노직이 사용하는 '자발성'과 '강제'라는 용어의 쓰임이 표준에서 벗어나 있을 때조차도, 이것이 철학적인 특정한 이점은 없는 것으로 생각될 수 있다. 그러나 이 경우에 중요한 점이 하나 있다. "자발성이 정의롭기 위한 충분한 요소이다"라는 것에서 노직이 함축하고 있는 주장은 이것이 우리가 직관적으로 그럴듯하다고 생각하는 것과 부합한다는 사실에 주로 의거해 있다. 그러나 우리가 이 문제를 상세하게 살펴보았을 때, 그리고 노직이 '자발성'이라는 용어를 어떻게 사용하고 있는지를 발견하였을 때, 우리가 그가 의도한 것처럼 그의 주장을 해석한다면, 우리는 이것이 더 이상 우리의 직관을 표현하지 않는다는 것을 알 수 있다. 물론 우리는, 반성해 보고서, 여전히 노직에 동의할 수 있다. 그러나 그 핵심은 허술하게 될 것이다.

이제 사람들이 강제로부터 보호받아야만 하는 것처럼, 사람들은 또한 사기로부터 보호받아야 한다. 이것은 노직이 거의 말하지 않은 주제이다. 사기는 전형적으로 거짓을 포함하고 있다. 그리고 사기 계약이 정당한 계약이라고 말하는 사람은 거의 없을 것이다. 이것을 조화시키기 위하여 우리에게 두 가지 전략이 열려 있는 듯이 보인다. 첫째는 하나의 사기 계약이, 비록 자발적이지만, 사기라는

---

12) 착취에 대한 또 다른 논의를 위해서는 5장을 참조할 것.

특정한 상황 탓으로 구속력이 없다고 주장하는 것이다. 이것이 가진 불리한 점은, 이런 움직임이 일단 이루어지면, 우리는 자발성이 정의롭기 위한 충분한 요소라고 더 이상 주장할 수 없게 된다는 것이다. 왜냐하면 우리는 자발적이면서도 부정한 것들을 인정하고 있기 때문이다. 그 대안은 사기가 일어나고 있는 조건에서는 어떤 거래도 자발적이지 않다고 주장하는 것이다. 사람들이 거짓 믿음을 가지고 있다는 사실은 동의를 비자발적이거나 '사람들의 참된 의지에 반하는 것'으로 만든다고, 매우 그럴듯하게, 주장할 수 있을 것이다. 따라서 사기 또는 거짓은 동의를 무효로 만든다.

이런 관점은 그럴듯하게 보인다. 그러나 속임수가 없는 과오의 경우에 대해서는 무어라 말해야 할 것인가? 당신이 런던 브리지를 구매하기로 결정했다. 계약서에 서명을 하고 난 후, 당신이 생각하고 있는 이 다리가 사실은 '타워 브리지'라고 불린다는 것이 밝혀졌다. 당신이 이 계약을 유지해야만 하는 것이 정의로운가? 달리 말해서 구매자의 위험부담(caveatemptor)은 정의의 원리인가? 아니면 과오가 있었다는 증거를 평가하기 매우 어려운 경우에 거짓 주장을 금지하는 것이, 단순히 편리함을 위하여 받아들여져야 하는가? 노직이 제기하고 있는 물음은 바로 이것이다. 즉 과오를 수반하고 있는 이전이 자발적인가?[13)]

이러한 점을 노직을 비판하는 사람들이 제기한 주장과 관련시켜 볼 수 있다. 노직을 비판하는 사람들은 자신들이 노직의 약점을 드러냈다고 생각한다. 거래의 본질적인 과오가 그 거래를 비자발적이

---

13) 기업 활동에 있어서 잘못의 역할에 관한 논의를 위해서는 Kirzner, "Entrepreneurship, Entitlement, and Economic justice", in *Reading Nozick*, ed. J. Paul (Blackwell, Oxford, 1982), pp.383-411을 참조할 것.

게 한다면, 그 결과에 대한 과오는 어떻게 되는가? 본질적으로 동일한 점을 다른 방식으로 증명하기 위하여, 나는 이전에 관한 하나의 묘사 아래서 그 이전에 동의할 수 있다. 그러나 또 다른 묘사도 또한 그 이전에 적용될 수 있다. 내가 그것을 알았다면, 나는 동의하지 않았을 것이다. 나의 동의는 자발적인가? 에드워드 퀘스트(Edward Quest)[14]는 이것을 챔벌린의 예에 적용한다. 그리고 내가 나의 돈 25센트를 챔벌린에게 지불하기로 선택했다고 해도, 내가 D1에서 D2로 변화하는 데 기여하기를 선택했다는 것은 도출되지 않는다는 것이다. 왜냐하면 나는 내가 부정한 상황이라고 생각하는 것에 기여하고 있다고 인식하지 못했기 때문이다.[15]

노직은, 사기 계약을 비자발적인 것으로 만들어주는 것은 거짓 믿음이 있었다는 점뿐만 아니라, 그 계약을 하도록 유인하기 위하여 다른 어떤 사람이 그 피해자에게 이런 거짓 믿음을 심어 주었다는 점이라고 주저 없이 대답할 것이다. 과오의 경우에서, 그 잘못은 자신의 책임이지 다른 사람의 책임이 아니다. 과오에 의한 계약은 이러한 의미에서 자발적이다. 도덕적 관점에 있어서 중요한 점은 다른 사람이 그릇되게 당신에게 하도록 시키거나 유도한 것이라고 노직은 주장할 것이다. 자연이 당신에게 하도록 한 것, 또는 당신의 잘못으로 당신이 하게 된 것에 의해서는 부정의하다는 주장을 할 수 없다. 의심할 바 없이, 여기에서 노직의 입장은 일관성을 유지할 수 있다. 그러나 이것이 설득력을 가질 수 있는가?

---

14) E. Quest, “Whatever Arises from a just Distribution by Just Steps Is Itself Just”, *Analysis*, 37 (1977), pp.204-208.

15) 이것은 개별적인 합리적 행위가 모여 비합리적인 결과를 가져온 문제점에 관한 특별한 사례임이 분명하다. 3장을 참조할 것.

이러한 걱정은 이전이 언제 자발적인가에 대한 논의에 의거해 있다. 여러 경우에서, 관련되어 있는 모든 사람이 자발적으로 행동했다는 것이 명백해야 한다. 일련의 이전에 강제나 착취 또는 사기도 없었으며, 모든 사람이 모든 문제 사실들을 충분히 인식하고 있었고, 그 결과에 대해 과오를 범하지도 않았다. 이것이 우리가 자발적으로 정의로운 상황 D1에서 D2로 변화한 챔벌린의 사례에도 해당된다고 생각해 보자. 하나의 정형에 대한 독단적인 옹호자가 아니라면, 정의(justice)에 의거해서 D2를 반대할 이유가 있을 수 있는가? 달리 말한다면, D2가 정의로운 상황 D1에서 자발적인 움직임에 의해 그 결과로 생겨난 것이라면, D2에 반대할 합당한 이유가 있을 수 있겠는가?

우리가 고려할 수 있는 한 가지 점은 이전에 의한 제3자의 영향이다. 우리의 예에서, 많은 사람들이 챔벌린에게 재산을 이전했다. 그러나 아마도 그보다 더 많은 사람들이 챔벌린에게 재산을 이전하지 않았을 것이다. 이런 사람들은 챔벌린의 재산 축적에 반대할 이유를 갖는가? 노직은 "제3자는 여전히 그들의 합법적인 몫을 가지고 있으며, 그들의 몫은 변화하지 않았다"(161)고 말한다. 그렇다면 이들은 어떤 근거에서 불평할 수 있는가?

코헨(G. A. Cohen)은 다음과 같이 말한다. 노직의 이런 마지막 주장은

> 거짓이다. 한 사람의 실제적인 몫은 그가 가진 것으로 그가 할 수 있는 것에 의존한다. 그리고 그가 얼마나 많이 가졌는가에 의존할 뿐만 아니라 다른 사람이 가지고 있는 것에 의존하며, 다른 사람이 가지고 있는 것이 분배되는 방식에도 의존한다. 이것이 그들에게 동

일하게 분배된다면, 몇몇 사람이 특별히 많은 몫을 갖는 것보다 그는 더 나은 입장에 있게 될 것이다. 따라서 제3자는, 아직 태어나지 않은 사람을 포함하여, 계약에 관심을 갖는다. 그러나 이들의 관심은 만족되지 못한다.[16)]

핵심은 돈이 권력이라는 것이며, 제3자의 입장은 다른 사람이 장악한 권력에 의해 영향을 받아 불리해진다는 것이다. 물론 코헨이 말한 것처럼, 우리는 챔벌린의 예외적인 부에 대해서는 말하지 않는다. 왜냐하면 챔벌린에게 발생한 일은 노직이 생각하는 사회의 다른 구성원에게도 일어날 수 있기 때문이다. 따라서 한 부류의 사람들 속에서 매점매석을 하여 집 가격을 올리고, 담합하여 임금을 삭감하는 사람이 나타날 수 있다. 따라서 제3자는 챔벌린과 같은 거래에 의해 분명하게 영향받을 수 있다.

노직은 D1에서 사람들이 연합하여 서로 할 수 없었던 것을 챔벌린도 결코 할 수 없다고 교묘하게 지적한다. 첫째로, 이런 주장은 정형의 안정성에 대한 논의에서 노직에 의해 제기되었던 협동의 문제를 무시하는 것처럼 보인다. 그러나 이런 경우에 그런 문제는 신탁을 고안함으로써 해결될 수 있으며, 재산 수탁자들도 역시 심사숙고할 수 있다. 이런 지적은 신탁 재산에서 재화의 집중에 관한 논변으로 간주될 수 있으며, 이것은 챔벌린을 옹호하는 것으로 생각될 수 있다. 실제로, 우리가 '아직 태어나지 않은 사람들' 그리고 세대에 걸쳐 상속함으로써 불평등이 확대되고 심화된다는 것을 생각해 볼 때, 자발적인 이전이 실질적인 불공정을 가져온다고 결정할 수 있다. 챔벌린의 수많은 손자 손녀들이 챔벌린의 성공에 의해

16) Cohen, "Robert Nozick and Wilt Chamberlain", p.12.

얻어진 권리로부터 이익을 누려야 하는 이유는 무엇인가? 스테이너(Hillel Steiner)는 다음과 같이 말하고 있다.

> 개별자들의 응분의 몫(desert)이 그의 조상들의 과오에 의해 결정되어야 한다는 것은 의심할 바 없이 상당한 정도로 성경의 권위에 의거한 주장이다. 그러나 계명된 정의 개념에서 그 근거는 분명하지 않은 듯하다.[17)]

이런 문제가 제기되었음에도 불구하고, 노직이 반복해서 주지시키고 있듯이, 선물을 주는 행동이나 그 이외에 다른 사랑스러운 행위를 금지하고자 바라지 않는 한, 적어도 상당수의 자발적 이전을 허용해야만 한다는 것을 인식해야 할 것이다. 그러나 우리는 노직이 자발적 이전이 정의롭기 위한 충분한 요소라는 것을 명백하게 드러내고 있지는 못하다는 것을 기억해야만 한다. 우리가 확실하게 알고 있듯이, 이런 원리, 특히 폭력과 사기가 금지되지만 아직은 착취와 과오는 허용되는 방식으로 노직에 의해 해석되고 있는 이 원리는 명백한 것이 아니다. 물론 이런 점을 밝히는 것은 노직의 견해를 논박하는 것이 아니다. 그러나 나는 이 원리가 노직이 생각한 것보다도 훨씬 더 많은 문젯거리를 가지고 있다고 생각한다.

이전에 있어서 정의는 이전을 하는 당사자들의 단순한 동의의 문제가 아니다. 당사자들이 동의하지 않았다는 것을 제외하고라도, 이들이 자신들의 교환의 결과에 대해 모두 이해하고 있다면, 그 교환의 제 3 자 그리고 그 교환에 의한 미래 세대에 대한 영향도 역시 고려될 필요가 있다. 하나의 교환이 자발적이라면 그 교환은 정의

---

17) H. Steiner, "Justice and Entitlement", in *Reading Nozick*, p.382.

롭다는 단순한 직관은, 자발적 이전이 명백하게 불공정한 상황을 낳을 수 있다는 분명한 생각과 상충한다. 이전은 노직이 허용하고 있는 것보다도 더 많은 국가의 관리 감독을 필요로 한다. 아마도 하나의 정형이 바람직하다고 생각될 수 있는 정도까지는 그러할 것이다.

정형과 세금 부과

노직이 자신의 세 번째 주장이면서 가장 강력한 주장을 확립할 수 있다면, 노직 이론에 대한 반론들은 종말을 고하게 될 수 있다. 즉 하나의 정형을 고수하기 위해서는, 지속적이고 받아들일 수 없을 정도로 사람들의 삶을 침해하게 된다. 실제로 우리는 이것이 정의로운 상황에서 자발적으로 나아감으로써 생겨난 것은 무엇이든 정의롭다는 것과 어떻게 연관되어 있는지 알 수 있다. 하나의 정형을 고수하는 것은, 하나의 이전이 정의로울 필요충분조건은 그 이전이 자발적인 경우라는 견해를 거부하는 것이다. 우리가 자발적인 이전을 폐지함으로써 그 정형을 유지하고자 한다면, 우리는 실제로 이전의 자발성이 그 이전이 정의롭기 위한 충분조건이라는 것을 거부하고 있다. 우리가 강제적인 재분배를 통해 그 정형을 유지한다면, 우리는 자발성이 정의롭기 위한 필요한 요소라는 것을 거부하고 있다. 특정한 교환을 폐지하는 것에 대한 효과적인 옹호 또는 강제적인 재분배 활동을 하는 것에 대한 효과적인 옹호가 제시된다면, 노직이 제시하는 이전에 있어서 정의의 원리는 거부된다. 거꾸로 노직이 제시하는 이전에 있어서 정의의 원리를 확립하는 것은

모든 정형화된 정의 개념을 거부하는 것이다.[18]

노직의 논변은 하나의 정형을 수행하는 것은 자유를 제한한다는 것이다. 하나의 정형을 수행하는 것에 대한 특정한 묘사가 함축하고 있는 것들이 있다. 즉 더 많이 갖거나 덜 갖는 사람이 없도록 확실하게 보장하기 위한 지속적인 관리 감독, 그리고 교환이 정형을 깨는 효과를 금지하거나 교정하기 위한 지속적인 간섭을 함축하고 있다. 삶은 경계하느라, 그리고 예측할 수 없는 '교환정책'을 통한 간섭에 의해 불행해질 수 있다.

그러나 노직이 생각하는 것만큼 하나의 정형을 완고하게 주장하는 사람은 거의 없다. 평등주의자는 재화의 엄격한 평등에 거의 관심을 갖지 않는다. 이들은 어떤 사람은 풍족하게 살아가는 반면 다른 사람들은 궁핍한 조건에서 생활한다는 것에 관심을 가지고 있고, 어떤 사람들이 다른 사람들을 경제적으로 통제하는 것에 관심을 가지고 있으며, 커다란 불평등이 공동체를 파괴한다는 것에 관심을 갖는다. 평등주의에 따르면, 이런 모든 불행한 사람들을 위한 구제책이, 재분배에 대한 많은 생각을 함축하고 있는 것이기는 하지만, 이런 구제책이 엄격한 정형이 될 필요는 없다.

이런 재분배 형식은 오히려 약하고 느슨한 정형으로 나타날 수 있다. 그래서 노직에 대한 하나의 대답은, 하나의 약한 정형을 시행하는 것이 중요한 방식으로 사람들의 자유를 제한한다는 것을 인정하지만, 침해를 노직이 주장하는 것처럼 심각한 것으로 여기는 것은 지나치게 과장하는 측면이 있다는 것이다. 다른 목적을 이루

---

18) 그러나 노직의 이전에 있어서 정의의 원리를 논박한다고 해서 정형적 이론이 옳다는 것을 그 자체로 확립하는 것은 아니다. 여러 다른 절차적 이론이 참일 수 있다.

기 위하여 상당수의 자유를 희생하는 것은 옹호될 만한 일이다. 그리고 특정 형식의 정형은 이런 방식에서 지지될 수 있다. 따라서 소유권리론을 거부하는 하나의 방법은 자유가 가능한 여러 다른 가치들 중 하나의 가치에 불과한 것이라고 주장하는 것이다.

한 사람이 분배적 정의에 관한 롤즈적 관점을 옹호한다고 생각해 보자. 즉 불평등은 이것이 최소 수혜자의 처지를 개선시키는 한에서 허용될 수 있다. 롤즈는 노직이 말하는 '지속적인 개입'이 이런 정형을 유지하기 위해 필요한 것이라고 생각하지 않았다. 이것은 세금과 복지 제도를 통해 달성될 수 있을 것이다. 물론 소득세에 대해 생각하는 것은 자신의 여가 시간을 보내는 즐거운 방법이 아니다. 그리고 세금을 납부하는 것은 고통스러운 것이고, 분노를 낳게 할 수도 있다. 그러나 우리는 여기서 주의를 기울여야만 한다.

노직의 논변은 세금을 통해 하나의 정형을 유지하기 위해서는 사람들의 삶에 대한 끊임없는 간섭이 필요하다는 것이다. 즉 이것은 자유를 제한한다. 이런 주장은 세금이 정당하게 당신에게 속해 있는 재산을 빼앗아가 버리는 것이라는 논변과는 구별되어야 한다. 이것은 참일 수도 참이 아닐 수도 있다. 그러나 이것은 사적 재산권에 관한 하나의 견해를 전제한다. 노직은 "자유가 정형을 뒤집어 놓는다"는 논변을 완벽하게 일반적인 것으로 만들려고 하며, 특정한 재산권 이론에 전제되어 있는 것으로 만들려고 하지 않는다. 그의 목적은 자신의 반대자들조차도 소유권리론을 받아들여야만 한다는 것을 증명하는 것이다. 그 논변은 하나의 정형 — 세금제도 — 을 유지하는 수단들은 자유에 대한 심각한 간섭을 함축한다는 것이다.

우리는 세금에 관한 '공포스러운 이야기'들을 들어서 알고 있다.

자신의 과오가 전혀 없이도, 부적절한 세금 체계, 지연 또는 '정직한 착오'에 의해 사업에 실패할 수 있으며, 삶은 비참해질 수 있다. 그러나 노직의 반론은 이상적으로 잘 작동하는 세금 체계라 할지라도 이것은 사람들의 자유에 큰 부담이 되고, 이런 부담은 받아들일 수 없을 정도라는 것이다. 세금이 사람들의 자유를 방해하는 것은 어느 정도까지 허용될 수 있는가? 먼저 적절한 고려 사항들이 이런 체계에서 필수적인 강제성과 관련되어 있는 것처럼 보인다. 즉 사람들이 논의해야 하는 관료 정치와 이와 연관되어 있는 사생활의 침해가 관련되어 있다.

노직의 반대자들은 세금 체계의 부담 — 강제성 — 은 실제로 사람의 자유를 제한하지만, 이것은 노직의 주장만큼 실질적으로 그렇게 나쁜 것이 아니라는 점을 주장할 수 있다. 이것은 실질적으로 노직이 호소하는 의미에서 '지속적인 간섭'으로 나타날 수 없다. 세금과 복지 제도를 수단으로 하는 롤즈적인 정형을 시행한다면, 자유에 대한 손상은 상대적으로 거의 미미할 것이다. 교환 가치에 있어서, 자유와 사생활에 조금 손실을 허용하여 가난을 크게 경감할 수 있다면, 그런 손실은 받아들일 수 있을 것이다. 따라서 세금을 통해 부자로부터 가난한 사람에게 재분배를 하는 것은 자유에 대한 심각한 유린을 함축하는 것처럼 보이지 않는다.

그러나 노직은 세금이 자유에 대한 심각한 침해를 함축한다고 주장한다. 누가 옳은가? 이런 문제를 해결하기 위해 우선적으로, 자유 개념에 대한 철학적인 고찰을 할 필요가 있다. 즉 자유란 정확히 무엇이며, 자유가 침해되었다는 것은 무엇을 의미하는가? 노직의 전략은 어떤 분명한 사례에 집중하여 자유의 본성에 관한 복잡하고 해답도 없는 논의를 살짝 피해 가는 것이다. 우리는 노동을 강제하는 것이 자유에 대한 받아들일 수 없는 침해를 함축한다는 것을 알기 위하여 그 개념에 대한 철학적 분석을 할 필요는 없다. 그리고 세금은 노동을 강제하는 것과 똑같은 것이라고 노직은 말하고 있다. 세금은 당신이 소유하고 있는 것의 일부분을 다른 사람에게 주는 것이다.

노직의 분명한 주장은 "수입에 세금을 부과하는 것은 노동을 강제하는 것과 똑같다"(169)[19]는 것이다. 세금이 한 사람에게 다른 사람을 위해 일하도록 강제하는 하나의 방식이라는 것이다. 노직이 말하고 있듯이, "n 시간 일해서 얻은 수입을 가져가는 것은 그 사람에게 n 시간을 빼앗아 가는 것과 같다." 프리드먼도 유사한 지적을 한다. 그는 새로운 국가 공휴일인 개인독립선언일 즉 "우리가 정부의 비용을 대기 위하여 일하기를 그만두고 개별적으로 자신의 필요와 욕망의 측면에서 선택한 것들을 위해 지불하기 위해 일을 시작하는 시점인"[20] 어느 날을 제안하고 있다.

우리가 이런 사유를 받아들인다면, 노직이 주장하듯이, 능력 있는 게으른 실업자에게 가난한 사람의 이익을 위해 일하도록 강제하는 것은 반대하면서 세금은 어떻게 옹호할 수 있는지 알기 어렵다. 노동을 강제하는 데 반대한다면, 우리는 세금에 반대해야 한다.[21]

---

19) 노직은 물론 모든 세금 부과가 노동을 부과하는 것은 아니라는 점을 인식하고 있다. 그리고 이 논변이 "이자, 기업 활동에 의한 수익 등"(170)을 포함할 수 있도록 확대될 수 있다고 말한다.

20) Milton and Rose Friedman, *Free to Choose* (Penguin, Harmondsworth, Middlesex, 1980), p.89.

21) 물론 노직의 반대자들이 강제 노동의 여러 형태가 받아들여질 만한 것이라고 주장하는 것은 가능하다. 자발적인 실업자를 징발하여 사회봉사에 참여하도록 하는 것이 모두 다 불가능하지는 않을 것이다. 나는 이 점에 관하여

더욱이 소득세 체계는 값비싼 비용이 드는 취미를 가진 사람을 부당하게 차별한다.

두 사람을 생각해 보자. 한 사람은 영화를 즐기고, 다른 사람은 저녁 노을을 보는 데서 즐거움을 얻는다. 영화를 즐기는 사람은 관람권을 사기 위하여 돈을 추가로 더 벌어야 할 것이다. 그렇게 되면, 더 벌어들인 그 돈에 세금이 부과될 것이다. 반면에 저녁 노을을 즐기는 사람은 지출 없이도 즐거움을 얻는다. 따라서 우리는 이 사람을 자신의 쾌락을 위해 일해야만 하는, 또한 가난한 사람에게 공헌하는, '몹시도 불행한' 사람으로 만들어버린다. 반면에 공짜로 즐거움을 얻는 사람은 이런 요구를 당하지 않는다. 그러나 우리가 값비싼 비용이 드는 취미를 가진 사람에게 세금을 부과하여 이들을 차별해야 하는 이유는 무엇인가? 그리고 이들이 원하는 것을 얻기 위하여 두 배로 힘들게 일하도록 해야 하는 이유는 무엇인가?

물론 세금이 노동을 강제하는 것과 똑같다는 주장에 반대할 수 있다. 여러 차이점들을 발견해 내기는 어렵지 않다. 현대의 진보적인 세금 체제하에서, 당신이 일정량 이상의 수입을 올린다면 세금을 내야 할 것이다. 그리고 당신이 얼마나 많은 세금을 내야 하는지는 당신이 얼마나 많은 일을 하는지에 부분적으로 의존한다. 강제 노동은 거의 얼마나 많은 노동을 해야 하는지에 대한 결정을 하는 선택을 거의 포함하고 있지 않다. 더욱이 대부분의 사람들은 그들이 일하는 활동의 본성에 따라서, 그리고 특히 그들을 고용하고 있는 사람에 따라서 선택의 척도를 갖는다. 이것이 강제 노동에 고유한 것은 아니다.[22)]

Anthony Skillen에게 빚지고 있다.

여전히 노직은 강제 노동과 세금 부과 간의 단계적 변화를 생각할 수 있다고 지적한다. 두 극단에 있는 하나의 것을 행하도록 강요받는다면, 이 두 가지 것 사이에서 하나의 선택을 한다. 그리고 우리가 소득세와 연속되어 있는 것들을 계속해서 지속하듯이, 이 선택을 계속해 나간다. 그러나 노직이 이런 하나의 점진적인 단계적 변화가 무엇을 증명한다고 믿었는지는 분명하지 않다. 확실히 이것은 세금이 강제 노동이라는 것을 증명하지 못한다. 이는 아메바와 인간이 생물학적으로 연속되어 있다고 해서 아메바가 인간이라는 것을 증명하지 못하는 것과 마찬가지이다. 이런 단계적 변화는 연속되어 있는 것들이 공통으로 가지고 있는 적어도 하나의 속성이 있다는 것을 단지 증명하는 듯이 보인다.

강제 노동과 세금의 연속체의 경우에서, 우리가 이런 공통된 속성이 자유에 대한 커다란 상실이라고 믿어야 할 이유는 없다. 왜냐하면 우리가 노직이 말하는 강제 노동에서 세금에 이르는 연속체를 쭉 따라 살펴보았듯이, 각각의 시점에서 분명하게 드러난 것은 더 많은 자유가 인정된다는 것이다. 한 사람이 자신의 직업을 선택할 수 있지만, 그 사람이 일하는 시간을 선택할 수 없다면, 그 사람은 통상적인 세금 체계에서보다는 자유를 적게 가진 것이지만, 강제 노동 체계보다는 더 많은 자유를 가진 것이다. 이런 분별력 있는 결론은, 소득세가 중요한 방식에서 자유를 제한하는 것이라 할지라도, 그리고 이것이 강제 노동과 상당 부분 닮아 있다 할지라도, 이것이 강제 노동만큼 자유를 심각하게 침해하는 것은 결코 아니다.

---

22) H. L. A. Hart, "Between Utility and Rights", in *The Idea of Freedom*, ed. A. Ryan (Oxford University Press, Oxford, 1979), pp.77-98와 비교할 것.

그러나 세금 체계가 돈이 드는 즐거움을 누리고자 하는 사람을 차별하여서, 이들이 자신의 즐거움을 얻기 위하여 장시간 노동을 해야 한다는 것은 불공정하지 않겠는가? 아마도 불공정할 것이다. 그리고 노직이 제안했듯이, 이런 체계는 단지 행정적 편의를 위해서 채택된 듯하다.

우리는 이에 대해 롤즈[23]의 관점에서 대답해 볼 수 있다. 즉, 취미들이 눈 색깔이나 피부색만큼 확고하게 고정되어 있는 것이라면, 이것이 불공정한 것일 수 있다 할지라도, 사실상 취미와 기호는 비용과 기대치를 대비하여 발생된다. 그래서 비용이 많이 드는 취미를 가진 사람들은 자신들에게 비용이 많이 든다고 알려져 있는 이런 취미들을 기꺼이 가졌으며 유지하고 있는 것이다. 이에 대한 하나의 가능한 반론은, 상당수의 사람들은 오히려 손해를 보게 되는 비용이 많이 드는 취미에 현혹되어 있다는 것이다. 실제로 이런 취미들은 비용이 많이 드는 불리한 조건에 해당할 수 있다. 그러나 세금 체계를 정확하게 말하고 있는 철학자는 거의 없다. 모든 가능한 체계 중 어떤 체계가 가장 공정한지에 관해서는 논의의 여지가 있다.

종합해 보면, 특정한 형태의 정형이 세금과 재분배에 의해 유지될 수 있다. 그리고 그 정형의 유지가 자유를 크게 상실시키고 불공정을 낳는다 할지라도, 많은 복지 자유주의자들은, 가질 자격이 없는 재산 소유를 감소시키는 것과 같은, 다른 가치를 향상시키기 위한 목적을 위해서는, 이것을 참아낼 준비가 되어 있을 것이다.

---

23) J. Rawls, "Social Unity and Primary Goods", in *Utilitarianism and Beyond*, ed. Amartya Sen and Bernard Willams (Cambridge University Press, Cambridge, 1982) p.169.

따라서 이런 근거에서 노직의 주장과는 반대로, 노직의 권리 이론을 반대한다면, 소유권리 개념을 거부하는 것도 가능하게 된다.

자유에 관한 두 개념

노직에 대한 이런 대답을 매력적이라고 생각하는 사람은 중요한 것을 양보하는 것이다. 즉 정형이 가져올 이익이 될 만한 효과에 의해 정당화된다 할지라도, 약한 정형이라도 강제하는 것은 자유를 줄인다. 그러나 정형을 옹호하는 사람들은, 자유의 가치에 큰 비중을 두고 있다면, 노직에 의해 주장하고 있는 이런 많은 것들에 주의 깊은 관심을 갖는 것이 옳을 것이다. 그러나 자유를 줄이지 않고서도 하나의 정형을 시행할 수 있을까? 정형이 특정한 거래를 금지함으로써 시행될 때조차도, 하나의 정형을 시행하는 것이 필연적으로 자유를 줄이지 않는다는 것을 증명하는 것은 하나의 매우 흥미로운 논변이다. 언뜻 보기에, 이런 극단적 반론은 그 자체로 모순인 것처럼 보일 수 있다. 그러나 라이언(Cheyney Ryan)은 흥미로운 유추를 통해 이것이 모순이 아니라는 것을 보여주려 한다.[24)]

대학에서 가르치는 직업은 표면상으로는 공적, 능력, 자격 등과 같은 '정형화된 기준'에 따라서 여러 사람들이 차지하고 있다. 따라서 여러 의미에서, 우리는 소유물의 한 정형을 가지고 있다. 이런 직업들이 선물이나 판매에 의해 자유롭게 이전될 수 있다는 생각은

---

24) C. Ryan, "Yours, Mine and Ours: Property Rights and Individual Liberty", in *Reading Nozick*, pp.323-343.

터무니없는 듯하다. 그러나 자신의 교수직을 자기 가족에게 상속하는 것을 금지하는 것은 그들의 자유를 침해하는 것이다. 우리가 자신들의 '소유물'을 가지고서 할 수 없는 것들이 있다 할지라도, 이것이 자신들의 자유를 줄인다고 평가하는 것은 그럴듯하지 않다.

이런 유추를 통해서, 라이언은 자유로 간주될 수 있는 것은 우리가 어떤 권리를 가지고 있는가에 대한 이미 앞서서 존재하는 설명에 의존한다는 결론을 도출해 낸다. 교수가 자신들의 직업을 돈을 받고 팔 수 있는 권리를 가지고 있지 않기 때문에, 이것을 팔지 못하게 하는 것은 자유에 대한 제한이 아니다. 실제로, 자유가 이미 인정되고 있는 권리에 전제되어 있다는 생각은 자연상태가 인가를 받는 상태가 아니라 자유의 상태라는 로크의 주장의 배후에 깔려 있다. 그가 의미하는 바는 자연상태에서 사람들이 타인의 권리를 무시하고서 그들이 원하는 것을 무엇이든 하는 것이 아니라, 타인들의 권리를 존중한다는 것이다.

자유는 도덕적 법의 테두리 내에서 장애 없이 행할 수 있는 자유이다. 이것은 노직이 "칼을 내가 소유했다는 것은 내가 원하는 곳에 이것을 놓아 두도록 허용하지만, 이 칼을 당신의 가슴 속 깊이 찔러 넣어 두도록 허용하지는 않는다"(171)고 말했을 때 그가 인정하고 있는 바의 것이다. 그는 내가 할 수 있는 것에 대한 이런 제한은 나의 자유에 대한 제한이 아니라고 덧붙여 말할 것이다.

자유에 대한 이런 로크주의적 사유는 우리가 홉스주의적 사유라고 (아마도 그렇게 정확하지는 않겠지만) 부를 수 있는 것과는 다르다. 홉스주의적 사유는 내가 할 수 있도록 허용되어 있는 것에 대한 제한 — 의무의 존재 — 은 나의 자유에 대한 제한이라고 설명한다. 이런 관점에서 나의 자유는, 내가 당신의 가슴에 칼을 찔러 넣기를 삼가야 한다면, 제한되어 있다. 그러나 노직에게 있어서, 내가 할 수 있는 권리가 있는 일을 다른 사람이 하지 못하게 할 때에만 나의 자유는 제한되어 있다. 이것은 강제에 관한 노직의 관점을 제시하는 또 다른 방법이다. 노직에 따르면 어떤 사람이 당신의 권리를 침해하는 방식으로 당신의 실행 가능한 선택권을 변화시킨다면, 당신은 어떤 것을 하도록 강요당하고 있는 것이듯이, 어떤 사람이 당신이 행할 권리를 가진 것을 하지 못하게 한다면, 당신의 자유는 제한받고 있는 것이다.

노직과 라이언과 같이, 우리가 자유에 대한 로크주의적 유추를 받아들인다면, 내가 가지고 있는 권리가 무엇인지를 알지 못한다면 어떤 것이 나의 자유의 제한으로 간주되고 있는 것인지를 알 수가 없다. 결과적으로 라이언의 논변은 논의의 중심을 자유에서 권리로 바꾸는 결과를 가져왔다. 권리는 로크 식 사유에 있어서는 자유에 우선하는 것이어야만 한다. 분명 우리는 교수들에게 자신의 직위를 팔거나 나누어 줄 수 있는 권리를 주지 않았다. 왜냐하면 우리는 최고의 스승과 연구자를 고용하고자 바라기 때문이다. 이들이 그런 권리를 가지고 있지 않기 때문에, 이들에게 팔지 못하게 하는 것은 자유에 대한 제한이 아니다. 그러나 재산 소유와 관련한 그 입장은 무엇인가? 이들은 한 사람이 바라는 바대로 정확하게 이전할 권리를 필연적으로 포함하는가?

우리는 소유권 개념을 상세하게 탐구해야만 한다. 소유의 권리를 가졌다는 것은 무엇인가? 일군의 학자들이 소유 개념을 분석했다. 그리고 상당수의 중요한 결과가 도출되었다.[25] 첫째, 재산 소유자

---

25) 특히, A. M. Honore, "Ownership", in *Oxford Essays in Jurisprudence*,

가 한 대상에 대해 갖는 많은 다른 권리들이 있다. 우리의 목적과 가장 관련 있는 권리는 소유의 권리, 사용의 권리, 그리고 관리의 권리를 포함한다. 즉 소득을 받을 권리, 변경할 권리, 파괴할 권리, 폐기할 권리, 그리고 소비할 권리가 있고, 그것을 버릴 권리, 유산으로 남길 권리, 그리고 팔 권리 등이 있다. '완전한 자유주의적 소유'라는 개념은 이런 권리들의 결합을 언급하기 위하여 자주 사용된다. 그리고 어떤 사람에게 이런 소유를 인정한다는 것은 그들에게 이런 모든 권리를 인정한다는 것이다.

둘째는 그러나 노직이 인식하고 있듯이(282), 이 권리 중 몇 가지 것을 누리는 것은 가능하지만, 다른 권리를 누리는 것은 불가능하다는 것이다. 하나의 집을 세낸 사람이 그 집을 소유하고 사용할 권리를 가지고 있기는 하지만, 그것을 팔 권리나 변경할 권리를 가지고 있지는 못하다. 역사적으로 가치 있는 집을 소유한 사람은 그 집을 팔 권리를 가지고 있고, 그 집에서 수입을 올릴 권리를 가지고는 있지만, 자신의 재산인 그 집을 부숴 버릴 권리는 없다. 이것이 증명하고 있는 바는 어떤 사람이 이 권리 중 하나를 가지고 있다면 그가 이 모든 권리를 가지고 있다는 것은 필연적으로 도출되지 않는다. 완전한 자유주의적 소유보다도 강력하지 않은 소유가 있다. 실제로 라이언이 제시하는 예에서 교수는 여러 소유의 권리들을 가지고 있다. 그러나 완벽한 자유주의적 권리의 목록보다는 훨씬 적다.

---

ed. A. G. Guest (Oxford University Press, London, 1961), pp.107-147을 참조할 것. 또한 L. C. Becker, *Property Rights* (Routledge & Kegan Paul, Boston, 1977) and J. Waldron, *The Right to Private Property* (Oxford University Press, Oxford, 1988)을 참조할 것.

우리는 이런 논의를 챔벌린의 예에 적용해 볼 수 있다. 정형 D1에 따라서 소유를 분배한다고 생각해 보자. 그리고 양도하거나 교환함으로써 재화를 이전하는 것을 금지한다고 생각해 보자. 노직에 따르면, 이것은 사람들의 자유에 간섭하는 것이다. 그러나 노직은 행할 수 있는 권리를 가진 것을 하지 못하게 하는 경우에만 자유가 간섭받고 있는 것이라는 로크주의적 자유 개념을 받아들인다. 그래서 물음은 다음과 같다. 사람들은 자신의 D1 소유물을 이전할 권리를 가지고 있는가?

언뜻 보기에, 사람들이 사유물을 부여받았다면, 이들은 이것을 가지고 하고자 원하는 바를 무엇이든 할 권리를 가지고 있다고 주장할 수 있다. 그러나 이것은 너무나 성급하다. 사람들은 소유물을 이전할 권리를 갖지 않고서도 소유하여 소비할 권리를 인정받을 수 있다. 우리는 이런 소유권리의 상당수의 결과들을 좋아하지 않을 수 있다. 왜냐하면 이것은 그들이 하고자 원하는 것을 하지 못하게 하기 때문이다. 그러나 이것은, 자유에 대한 노직의 견해에서, 자유 그 자체에 대한 제한은 아니다. D1은 사람들이 받은 것을 이전할 권리를 반드시 인정하지는 않는다. 노직은 선호된 하나의 정형, D1을 가정하고 있는 그의 반대자들에 도전한다. 그런 반대자들은 이런 정형 아래에서 사람들이 재산을 소유하지만, 완벽한 자유주의적 특성을 갖는 것은 아니라고 대답할 수 있다. 우리는 '비-양도 가능성'을 D1 아래서 소유를 주장할 권리로 만들거나, 네이글이 더욱 적절하게 제안했듯이,[26] 양도 가능성을 세금 납부를 전제하는 것으

26) T. Nagel, "Libertarianism without Foundations", in *Reading Nozick*, p. 201.

로 확립해 볼 수 있다. 사람들은 자신들의 자유에 대한 이런 간섭 없이도 특정한 교환을 금지당할 수 있다.

이런 논변은 상당히 세련되어 있기는 하지만 '속임수'의 느낌이 들게 한다. 확실히 사람들에게 교환하지 못하게 하는 것은 그들의 자유를 침해하는 것이 분명하지 않은가? 라이언의 논변은 어떻게 논박될 수 있는가? 여기에는 두 가지 가능성이 있다. 첫째는 자유에 대한 로크주의적 사유를 포기하는 것이다. 둘째는 사람들이 소유물을 갖는다면 이런 소유물을 이전할 권리를 이들에게서 부정하는 것은 그르다고 주장하는 것이다. 이 후자의 과정이 노직의 주장이다. 그는 다음과 같이 묻고 있다. 그들이 좋아하는 방식에 따른 처분은 그만두고라도, 우리가 정형 D1에서 사람들에게 재화를 제공하는 것은 무엇을 위한 것인가?

> 이들 각각은 자신들의 돈 25센트를 챔벌린에게 줄 것을 선택했다. 그들은 이 돈을 영화 보는 데, 또는 캔디를 사는 데, 또는 『디센트』나 『먼슬리 리뷰』 잡지를 사는 데 사용할 수도 있었다. 그러나 그들은, 적어도 그들 중 백만 명은 그의 농구 경기를 구경하는 대가로 그 돈을 챔벌린에게 주는 데 합의했다(161).

달리 말한다면, 우리가 재산 소유를 적절하게 이해했을 때에, 우리는 이들이 이전할 권리를 포함한다는 것을 알게 될 것이라고 주장될 수 있다. 그러나 여기서 노직의 논변 구조를 이해하는 것이 매우 중요하다. 그는 모든 비-소유권리론자에게 도전장을 던졌다. 그들이 선호하는 정형이 자유에 대한 마땅한 존중과 어떻게 양립할 수 있는지를 증명하라는 것이다. 라이언은, 자유에 대한 로크주의적 개념에 근거해서, 이것이 가능하다는 것을 증명하려 했다. 즉 재산 소유의 정형을 정의하는 일이 이루어져야 할 필요가 있는데, 이런 정의는 완벽한 자유주의의 사적 재산권으로 평가되어서는 안 된다. 재산권이 완벽한 자유주의 권리를 가져야 한다는 반대되는 전제를 받아들인다는 것은 정형화된 이론가에게 있어서 선결문제 방치의 오류를 범하는 것이다. 물론, 노직이 재산권이 무제약적 이전의 권리를 포함하고 있다는 견해를 옹호할 수 있는 방법을 찾는 것, 즉, 재산권에 관한 자신의 견해를 위한 철학적 근거를 발견하는 것은 가능하다. 그러나 이런 움직임이 이루어진다면, 노직의 논변은 변화한다. 그리고 그가 증명의 부담을 지게 된다. 자유가 정형을 뒤집어 놓는다는 그의 주장은, 자유에 대한 로크주의적 개념에서는, 사람들이 재화를 소유하고 소비할 권리를 가지고 있을 때, 또한 이들이 바라는 바대로 이런 재화를 이전할 권리를 가지고 있다는 것을 그가 증명할 수 있을 때에, 단지 주장될 수 있을 것이다.

작은 선물을 주는 것과 같은, 이전을 할 수 있는 상당히 많은 권리가 있다는 것을 증명하기는 쉬울 수도, 쉽지 않을 수도 있다. 그러나 노직은 상당수의 이전이 허용된다는 것뿐만 아니라 자신이 바라는 방식으로 재화를 이전할 권리가 있다는 것도 주장할 필요가 있다. 결국 롤즈적인 정형은 아마도 여러 가지 것들을 금지하게 될 것이고, 이와 다른 것들은 세금에 의해 강제될 것이지만, 이전에 대한 여지를 크게 허용할 것이다. 로크주의 개념에 따르면, 이런 제약은 이것이 권리를 침해하는 경우에 한해서 자유를 침해할 것이다. 자유가 정형을 뒤집어 놓는다는 것을 증명하기 위해서 노직은 자신이 바라는 바대로 이전할 권리를 사람들이 가졌다는 것을 증명할 부담을 짊어지고 있다. 자유는 더 이상 기본적인 것이 아니다.

이러한 점은 강조될 필요가 있다. 자유에 대한 로크주의적 개념이 우리가 어떤 권리를 가지고 있는가에 대한 견해에 전제되어 있다면, 로크주의적 개념을 주장하는 사람들이 자유가 이들을 요구한다고 주장함으로써 일련의 권리들을 옹호하는 것은 순환의 오류가 될 것이다. 자유에 대한 권리는, 이런 견해에 의하면, 순전히 형식적이다. 이것은 본질적으로 당신이 할 수 있는 권리를 가지고 있는 것을 할 수 있는 권리일 뿐이다.[27] 또는 도덕 법칙에 따라 행동할 수 있는 권리일 뿐이다. 재산에 관한 어떤 실질적인 이론도 이런 권리에서 도출되지 않는다. 재산에 대한 권리를 위한 논변은 로크주의적 자유와는 다른 근거에서 이르어져야만 한다.

소유권리론과 자유

이런 어려움을 깨닫고서, 우리가 자유에 관한 홉스주의적 개념을 받아들이고 로크주의적 개념을 거부했다고 생각해 보자. 홉스주의적 개념은 우리가 할 수 있도록 허용되어 있는 것에 대한 제한—의무가 존재한다는 것—은 우리 자유에 대한 제한이라는 것이다. 이것은 이전을 금지하는 것이 자유의 제한이라는 것을 명백한 참으로 만들어준다. 그리고 우리가 교환을 금지하는 것이 자유를 방해하는 것이라는 노직의 견해에 쉽게 동의할 때 우리가 염두에 두고 있는 것은 홉스주의적 개념일 것이다. 그러나 홉스주의적 개념을 채택하는 경우, 모든 의무가 자유를 제한한다는 점을 받아들이게

27) 나는 이 형식화에 있어서 Jonathan Wi_werding에게 빚지고 있다.

되면, 여기에 도덕 법칙의 의무도 포함되어 버린다. 이런 결과는 노직에게는 달가운 것이 아니다. 따라서 나의 생존의 권리가 나를 살해하려는 당신을 금지하기 때문에, 이 권리는 당신의 자유를 제한한다. 이것에서 도출되는 명백한 결론은, 자유에 대한 제한이 있다고 해도 이것이 그 제한이 제거되어야만 한다는 것을 증명해 주지 못한다는 것이다. 따라서 자유에 대한 고려 사항들은 결정적이지 못한 것으로 드러났다.

그럼에도 불구하고, 자유에 대한 홉스주의적 고려 사항을 최고의 것으로 여기게 하는 방법이 있을 수 있다. 이것은 자유지상주의자의 정신에도 호소력을 지닐 수 있다. 그 방식은 자유에 대한 제한을 필연적인 것으로 받아들이면서도, 가장 가치 있는 자유들을 가능한 한 확실하게 누리는 경우에 그 제한이 정당화된다고 주장하는 것이다. 즉 홉스가 지적하듯이, 무제약적 자유를 소유하는 것은 자유에 대한 향유를 가장 불확실하게 만들어버릴 것이다. 내가 원하는 장소로 갈 수 있는 자유를 가지고 있다 할지라도, 이것은, 다른 사람들이 그들이 바라는 바대로 나를 죽이거나 강탈할 수 있는 자유를 가지고 있다면, 쓸모 없는 것이 되고 만다.

자유지상주의의 목적은 안전하고 가치 있는 자유의 영역을 가능한 한 최대로 만들어내는 것이다. 사람과 재산에 대한 권리는 이러한 측면에서 다루어져야 한다. 사람은 자신의 신체와 재산에 대해 보호받을 수 있는 권리를 부여받았다. 그래서 다른 사람의 권리를 존중한다면, 사람들은 이것을 가지고 자유롭게 간섭받지 않고 자신이 좋아하는 것을 할 수 있다. 따라서 자기 소유의 권리와 재산에 대한 권리는 개인적인 안전한 자유를 극대화하는 것으로 간주될 수 있다.

그러나 이러한 점에 대해 새로운 도전이 제기된다. 우리는 자유지상주의적 재산권이 가치 있는 자유의 안전한 향유를 최대로 증진한다는 것을 승인된 것으로 여기지 않는다. 왜냐하면 재산의 재분배는 홉스적인 자유의 분배이기도 하기 때문이다. 벤담은 이러한 점을 다음과 같이 말하고 있다. "재산은 어떻게 주어지는가? 자유를 제한함으로써, 즉 목적을 위해 필요한 한에서 자유를 줄임으로써인가? 당신의 집은 어떻게 당신의 것이 되는가? 당신의 허락 없이 거기에 들어간 모든 사람을 내쫓음으로써인가?"[28] 달리 말해본다면, 사유재산은 사적인 것이다. 그래서 이것을 하나의 권리로 변환시켜서 자유를 보호하는 것은, 이들에게 불간섭이라는 새로운 의무를 부여함으로써 다른 사람의 재산 사용의 자유를 거부하도록 요구한다. 따라서 모든 재산 조정은 여러 자유를 거부한다. 당신의 집이 당신의 것이라면, 나는 당신의 허락 없이는 그 집에 들어갈 자유가 없다. 재산 체계는 안전하고 가치 있는 자유의 영역을 극대화하는 것으로 알려져 있다.[29] 아마도 자유에 대한 홉스적인 개념에 의하면 자유는 정형을 요구한다.

어떤 재산권들이 가치 있는 자유들을 안전하게 향유하게 하며, 최고로 증진하게 하고 간섭받지 않게 하는가? 물론 이 물음은 매우 모호하다. 안전함은 얼마나 안전한가? '최고로 증진한다'는 것은 무엇을 의미하는가? 이런 개념들을 하나의 분명한 방식으로 상술하는 것은 한 체계의 재산권을 추천하게 하는 것일 수 있다. 즉 이런

---

28) J. Bentham, *Anarchical Fallacies*, in *Nonsense upon Stilts*, ed. Jeremy Waldron (Methuen, London, 1987), p.57.

29) Cohen, *History Labour and Freedom*, pp.239-304; A. Gibbard, "Natural Property Rights", *Nous*, 10 (1976), pp.77-86을 참조할 것.

개념들을 다른 방식으로 상술하는 것은 다른 체계의 재산권을 추천하게 될 것이다. 실제로 이런 문제는 2장의 문제와 매우 유사하다. 2장에서 우리는 이것이 의미 있는 삶을 살 수 있는 최고의 기회를 제공한다는 근거에서 권리 이론을 옹호하는 것이 어렵다는 것을 살펴보았다.

이런 특정한 주제를 진행하려고 노력하면서, 우리가 노직의 정의에 관한 소유권리 이론을 받아들인다면, 이와 관련되어 있는 듯이 보이는 자유에 대한 제한 사항들을 고려해 보자. 소유권자가 있는 재산을 소유권 없는 사람이 사용할 수 없다는 벤담의 견해와는 별개로, 이번 장의 앞부분에서 언급했던 논변도 있다. 즉 그 논변은 소유권리론 사회에서 가난한 구성원들은 막대한 시장의 힘을 가지고 있는 부자 자본가를 위해 일하는 것 이외에는 생계를 위한 합법적 수단이 없다는 것이다. 자유에 대한 홉스의 견해에 의하면, 이것은 분명 가난한 사람의 자유에 대한 제한이다.

다른 한편으로, 정형을 강요하는 것에는 홉스주의적 자유의 상당한 상실이 함축되어 있다. 즉 이들 중 어떤 것들은 우리가 이미 알고 있는 것들이다. — 흄의 '엄격한 심문'과 '엄격한 재판'. 그리고 이들은 정형화된 사회의 모든 구성원들에게 영향을 미칠 것이다. 사람들은, 소유권리론 사회에서는 자유의 많은 목록들이 이용될 수 있지만 운 좋은 소수만이 이들의 많은 것을 누릴 수 있는 반면에, 평등주의적인 정형화된 사회에서는 작은 몇 가지 자유는 누릴 수 없겠지만 더 많은 사람들이 실제로 이런 자유를 향유할 수 있다고 말함으로써, 소유권리론을 아마도 평등주의적인, 정형화된 사회와 대비시킬 수 있다.

정형화된 사회주의와 소유권리론의 자본주의 간의 이런 비교는 논의의 여지가 있다. 우리는 자유들을 열거하려는 시도들에 대해 회의적일 수 있다.[30] 또는 우리는 비록 형식적으로 말해서 자본주의가 자유를 증가시킨다 할지라도 이런 증가는 고통스러울 수 있는 진정한 자유에 대한 희생과 단순히 비교된다고 주장할 수 있다. 그 다음 사유화 수단으로서, 영국 정부가 개인 경매자가 도로를 구입하는 것을 허용하면서 도로를 경매에 부치기로 결정했다고 생각해 보자. 개인이 원한다면 사용자에게 이용 가격을 부과할 수 있다. 하나의 의미에서 이것은 나의 자유를 증가시킬 것이다. 왜냐하면 이전에는 내가 할 수 없었던 것, 즉 도로를 갖는 것을 하도록 나에게 허용하고 있기 때문이다. 그러나 일하러 가기 위해 운전하면서 도로 이용료를 내야 하는 여러 개의 나들목을 통과해야 하는 불편함에 직면했을 때, 나는 내 자유에 대한 전체적인 결과는 내 자유가 강화된 것이라고 생각하지 않을 듯하다.

도로에 대한 사회주의적인 공동 소유는 자유를 방해하기보다는 자유를 강화하는 듯이 보인다. 거꾸로 프리드먼과 하이에크는 자유시장의 소유권리적 체계에서 자유가 국가의 재산 통제 체제에서는 배제될 수 있는 다수의 사람들에게 유용한 경우를 제시하고 있다. 이 주장은 경제적 자유가 정치적 자유의 필요조건이라는 것이다. 그리고 프리드먼 논변 중 하나는, 극단적 변화를 옹호하는 것과 같은, 정치적 자유의 확실한 실천은 비용이 많이 든다는 것이다.[31]

---

30) Charles Tayler, "What's Wrong with Negative Liberty", in his *Philosophy and the Human Sciences*, Philosophical Papers vol. 2 (Cambridge University Press, Cambridge, 1985), pp.211-229; O. O'Neill, "The Most Extensive Liberty", *Proceedings of the Aristotelian Society*, 80 (1979/80), pp.45-59를 참조할 것.

31) M. Friedman, *Capitalism and Freedom* (Chicago University Press, Chi-

따라서 이런 자유를 만끽하기 위해서 사람들은 잉여금을 얻을 수 있지만, 정형화된 평등주의 사회에서 이것은 가능하지 않을 것이다.

이 사례는 도전받을 수 있다. 맥퍼슨은 프리드먼이 돈을 자원 사용의 필요조건으로 주장하고 있다고 비판한다. 돈이 자원 사용의 필요조건이라는 것은 자본주의에서는 참이지만 모든 곳에서 참일 필요는 없다.[32] 이 두 측면 모두에 대해 제기될 수 있는 많은 말들이 있다. 어떤 형태의 사회가 자유를 '최고로 증진하는가?' 이 문제는 분명하지 않다. 우리가 하나의 대답을 제공하려고 하기 전에 많은 것들을 상세하게 해둘 필요가 있다. 그러나 우리가 말할 수 있는 하나의 것은, 자유가 정형을 뒤집어 놓는다면 자유가 소유권리를 뒤집어 놓는다고 주장할 수 있다는 것이다. 종합한다면, 단순히 자유를 기초로 한 논변에 의해서는 이 논변이 매우 그럴듯하기는 하지만 거의 진전을 볼 수 없다.

소유권리론 개념에 대한 거부

지금까지의 논변을 이 단계에서 다시 논의하는 것은 좋지 않을 듯하다. 먼저 우리는 정의의 소유권리 개념이 어떻게 거부될 것인지 분명하지 않다고 노직이 주장했다는 것을 알고 있다. 그의 논변은 세 가지 주장에 근거를 두고 있다. 첫째, 자발적인 이전이 정형

---

cago, Ill., 1962), pp.16-17.

32) C. B. Macpherson, "Elegant Tombstones: A Note on Friedman's Freedoms", in his *Democratic Theory: Essays in Retrieval* (Oxford University Press, Oxford, 1973), p.150.

을 파괴할 것이다. 둘째, 하나의 정의로운 상황에서 자발적인 행보에 의해 도출될 수 있는 모든 것은 그 자체로 정의롭다. 셋째, 하나의 정형을 강요하는 것은 자유를 받아들일 수 없을 만큼 침해하는 것이다. 이런 주장의 첫째 것은 우리가 전적으로 받아들일 만한 것이지만, 둘째 것은 지나치게 단순한 듯이 보인다. 자발적 이전에 대한 노직의 정의는 다른 사람이 미심쩍어하는 것에 대한 이전을 허용할 수 있다. 그러나 더 중요한 것은, 우리가 여러 세대에 걸친 자발적인 이전의 축적된 결과를 반성해 보았을 때, 많은 사람들은 자발적인 이전이 불공정한 결과에 이르게 할 수 있다고 생각할 것이다.

우리는 또한 정형이 자유를 받아들일 수 없을 만큼 감소시킨다는 주장에 대한 여러 반응들을 알고 있다. 첫째, 자유는 여러 다른 가치들 중 하나의 가치에 불과한 것으로 생각될 수 있다. 그리고 몇몇 자유를 희생하는 것은 다른 가치 있는 목적을 추구하는 경우에 승인될 수 있는 것이다. 둘째, 이것은 더 극단적인 경우인데, 노직이 선호하는 자유 개념에 의하면 자유가 권리를 침해하는 경우에 자유에 대한 제한이 가해질 수 있다. 자유는 당신이 할 수 있는 권리를 가진 것을 할 수 있는 권리에 불과하다. 따라서 하나의 정형을 강제하는 것이 자유를 침해하는 것인지를 결정하기 위하여 우리는 그 정형이 소유자들이 원하는 어떠한 방식으로든 재화를 자유롭게 이전할 수 있는 권리를 포함하고 있는지를 살펴보아야만 한다. 그러나 모든 정형이 이런 권리를 포함한다고 생각할 이유는 없다. 따라서 하나의 정형을 강제하는 것이 자유를 제한하는 것일 필요는 없다. 마지막으로, 이것은 가장 극단적인 경우인데, 행위하지 못하도록 금지되는 어떤 것이 있는 경우에는 항상 그 사람의 자유는 제한받고 있다는 홉스의 자유 개념에 의하면, 자유가 사회주의적 공동 재산제나 또 다른 질서보다도 더 사적 재산권을 요구한다는 것은 분명한 것이 아니다. 심지어 자유가 정형을 요구하는 사례도 있다.

우리는 노직의 도전에 대한 일련의 대답을 알고 있다. 그러나 소유권리 개념에 대한 거부는 아직 없다. 우리는 노직이 자신의 입장을 증명하기 위하여 자유에 대한 호소에 의거할 수 없다는 것을 알고 있다. 그가 필요로 하는 것은, 첫째, 사람들이 개별적인 사적 재산권을 형성할 수 있고, 둘째, 그런 재산을 획득하면서 이전, 교환, 또는 원하는 방식으로 유산으로 남길 수 있는 권리 또한 획득했다는 힘든 논변이다. 이제 우리는 이런 논의로 나아가야 한다.

취득에 있어서 정의

어떻게 자연으로부터 재산을 정당하게 취득할 수 있으며, 이에 대한 배타적인 소유를 주장할 수 있는가? 이것은 자유지상주의자에게 특별히 심각한 문제임에 틀림없다. 예를 들면 일정 부분의 토지에 주인이 없다면, 우리들은 이것을 가로질러 가거나 특정한 방식으로 이것을 사용할 자유가 있다. 그러나 일단 이것을 누군가가 사적으로 소유하게 된다면, 그 소유자를 제외한 모든 사람들은, 적어도 그 소유자의 동의 없이는, 그 토지를 이용할 수 있는 자유를 상실한다. 따라서 한 사람이 토지를 소유하는 것은 다른 사람에게서 자유를 빼앗는 것처럼 보인다.

이것은 한 사람의 사적 소유는 다른 사람들이 그 재산을 가지고 원하는 바를 하지 못하게 한다는 벤담의 지적을 표현하는 또 다른 방법이다. 재산의 사유화는 사람들이 그에 앞서 자유롭게 했던 것을 사유화 이후에 하는 것을 불법적인 것으로 만든다. 말하자면, 재산의 사유화는 방해하지 않을 새로운 의무를 사람들에게 부과한다. 즉 새로운 책무를 부여한다. 사유화에 의해 영향받는 모든 사람의 동의가 없다면, 어느 누구도 재산을 사유화할 수 없다고 주장하지 않는 한, 이런 책무는 이들의 동의가 없는 한 사람들에게 흔하게 부과될 것이다. 이런 문제가 심각하면 심각할수록 사람들이 자유에 더 많은 관심을 갖는다는 것은 알아둘 가치가 있다. 자유를 기껏해야 2차적인 가치로 생각하는 공리주의자는 거의 주의를 끌지 못할 것이다.

사람들이 재산을 획득하고 특정한 토지를 획득할 수 있는 것은 어떤 과정인가? 이 물음은 항상 열망을 불러일으킨다. 루소에 따르면, 재산 소유는 단순한 사실의 문제로 '첫 번째 요구자의 권리'라고 부를 수 있는 것으로 거슬러 올라간다. 즉,

> 일정한 토지에 울타리를 치고서, "여기는 나의 것이다"라고 말하고 있는, 그를 믿어줄 충분히 많은 사람을 알고 있는 최초의 사람이 시민사회의 진정한 창시자였다. 많은 범죄, 전쟁, 살해가 있을 것이다. 즉 사람들이 말뚝을 박고, 도랑을 메우고, 동료들에게 주장한다면, 인류는 많은 공포와 불행에서 벗어날 수 있을 것이다. 이런 사기꾼의 말을 조심해야 한다. "이 대지의 열매가 모든 사람에 속하는 것이며, 이 대지 자체는 아무에게도 속하지 않는다는 것을 망각한다면, 당신은 패배하게 된다."[33)]

33) J. J. Rousseau, *Discourse on Inequality* (Penguin, Harmondsworth, Middlesex, 1984), p.109.

루소는 권리에 대한 역사적인 주장이 아니라 사실에 관한 역사적인 주장을 하고 있다. 즉 이것은 어떻게 재산을 갖게 되는가에 관한 것이다. 이런 과정이 합법성을 준다고 루소가 주장하고 있다고 해석하기는 어렵다. 그러나 소유가 권리, 즉 점유나 주장의 권리를 발생시킨다고 생각하는 일은 자주 있는 일이다. 우리가 루소의 견해에 대한 볼테르의 주석을 보존하고 있었다는 것은 운이 좋았다. 볼테르의 주석은 루소의 『인간 불평등 기원론』에 대한 볼테르의 필사본에서 찾아볼 수 있다. 흥분한 볼테르는 다음과 같이 이야기한다. "어처구니없군! 그 대지에 씨앗을 뿌리고 말뚝을 박은 사람이 그 노력의 열매에 대한 권리를 갖지 않는다니! … 부자가 가난한 사람에 의해 강탈당하는 것을 좋아하는 거지의 철학이 아닌가!"34)

볼테르는 다른 생각을 도입한다. 즉 단순한 주장보다는 노력이나 노동이 권리를 준다는 것이다. 물론 이 논변은 볼테르 자신이 고안한 것이 아니다. 사용자의 노동에 근거하여 재산 할당을 옹호하는 유명한 사람은 로크였으며, 이것은 『통치론』에서 이루어졌다.

재산에 관한 로크의 견해

사유재산의 정당화에 대한 물음을 계속해서 고찰했던 많은 사람들과 마찬가지로, 노직은 사유재산에 대한 로크의 옹호를 고찰하면서 자신의 생각을 피력하고 있다. 로크 논변에 대한 노직의 요약은

34) Rousseau, *ibid.*, p.180에서 인용되었다.

실로 간결하다. 즉 “로크는 주인이 없는 대상에 대한 재산권은, 누가 그것에 자신의 노동을 섞음으로써 발생하는 것으로 보았다.” (174) 사실상 이것은 『통치론』에서의 로크 논변에 대한 공정한 해석이다. 로크는 모든 사람이 자신의 노동 덕분에 재산을 갖게 되며, 자신의 노동을 어떤 것에 섞음으로써 그 대상을 자연상태에서 벗어나게 한다고 주장한다. “다른 사람을 위해 충분하고도 많이” 남겨 놓는다면(로크주의의 조건) 그리고 자신이 가진 것이 약탈한 것이 아니라면, 이렇게 함으로써 사람들은 재산을 자기 것으로 만든다. 이런 방식으로, 로크에 따르면, 대지의 열매와 대지 그 자체를 사적으로 소유하게 된다.[35)]

노직은 사적 재산에 대한 로크의 설명의 많은 부분을 논의하지 않은 채 남겨 놓고 있다. 그럼에도 불구하고, 우리는 로크 논변의 이런 부분이 노직의 입장과 어떻게 부합할 수 있을지 주목해야 할 것이다. 노직이 로크를 소개하고 있듯이, 사람들은 이미 자신이 소유하고 있는 것, 즉 자신의 노동을 어떤 것에 ‘뒤섞음’으로써 이전에 소유하지 못했던 것을 소유하게 된다. 이 논변은 두 가지의 중요한 목적에 기여하고 있는 듯하다. 첫째, 이것은 몇 가지 사항을 소유하고 있는 사람이 그것으로부터 다른 사람들을 배제시킬 수 있는 권리를 갖는 이유를 제공한다. 말하자면 이것은 어떤 것이 이미 그 사람의 것이라는 것, 즉 사람들이 어떤 대상으로부터 다른 사람을 배제할 수 있는 권리를 갖는다는 것을 함축하고 있다. 둘째, 이것은 사유재산에 대한 권리가 자신의 인격이나 육체에 대한 권리만

35) J. Locke, *Second Treatise*, in his *Two Treatises On Civil Government* (Cambridge University Press, Cambridge, 1960), s. 26.

큼 강력하게 정당한 이유를 증명해 준다. 사적 재산에 대한 권리는 신체에 대한 권리, 즉 자신의 노동을 통제할 수 있는 권리에 기초해 있다.

그러나 로크의 논변에는 여러 문제점이 있다. 노직이 로크를 이해하듯이 문자 그대로 인정하게 된다면, 그 문제점은 노동을 어떤 것에 '섞는다'는 이념에서 생겨나게 된다. 우리는 하나의 활동을 하나의 대상에 섞을 수 있는 가능성에 대한 형이상학적 물음을 제기할 수 있다. 그러나 노직은 로크의 설명이 가진 훨씬 더 심각한 문제점에 주목하고 있다.

노직의 첫째 관심은 노동을 섞는 대상의 범위에 관한 문제를 제기하는 것이다. "한 우주인이 화성에 사적으로 택지를 조성한 경우, 그는 소유자 없는 우주 전체에 자신의 노동을 가한 것인가, 아니면 단지 특정한 부분에 노동을 가한 것인가"라는 노직의 의문은 많은 사람들이 제기해 왔던 비판의 현대적인 버전인 셈이다. 예를 들면 루소는 다음과 같이 주장한다.

> 발바오(Nunez Balbao)가 육지를 발견하고 내려서 카스티야 왕국[36]의 이름으로 남쪽 바다와 남아메리카를 소유했을 때, 이것은 모든 거주자에게 소유권을 빼앗기에 충분한 것이었는가? 그리고 이 세상의 다른 모든 왕들을 배제시키기에 충분한 것이었는가? 그렇다면, 이런 헛된 의식은 목적을 달성하지 못할 것이다. 가톨릭 교황은 자신의 황궁을 벗어나지 않고서도, 이미 다른 왕에 속해 있는 제국의 일부분만을 제외하고, 전 우주의 모든 것을 소유했을 수 있다.[37]

---

36) [역주] 스페인 중부에 있던 옛 왕국.

37) J. J. Rousseau, *Social Contract* (Penguin, Harmondsworth, Middlesex, 1968), p.67. 부분적인 대답을 위해서는 Becker, *Property Rights*, pp.33-34

노직이 해석하고 있는 로크의 논변의 핵심에 제기되고 있는 더욱 심각한 반론이, 노직이 두 번째로 관심을 가지고 있는 것이다. 로크는 내가 가지고 있는 것, 즉 노동을 내가 가지고 있지 않은 어떤 것에 뒤섞는다면 나는 그것을 소유하게 된다고 주장하는 듯하다. 그러나 노직은 이것이 다른 것을 얻기보다는 내가 소유한 것을 잃어버리는 방식이 아닌 이유가 무엇인지를 묻고 있다. 이런 지적은 하나의 세련되고 재미있는 예를 만들어낸다. "내가 토마토 주스 한 깡통을 소유하고 있어 이것을 바다에 부어 그 입자들(내가 추적할 수 있도록 방사선이 쬐어진)이 바다 전체에 골고루 퍼지게 한다면, 나는 이 행위를 통해 바다를 소유하게 되는가? 아니면 어리석게도 토마토 주스를 허비한 것인가?'(175)

로크의 논변을 재구성하면서, 노직이 로크의 실제 견해를 바르게 나타내지 못했다고 많은 사람들은 생각하고 있다. 로크의 논변이 "당신이 소유한 것을 아무도 소유하지 않는 것에 섞는 것이 당신에게 무소유물에 대한 자격을 부여한다"는 전제에 의거하고 있다면, 확실히 노직의 토마토 주스의 예는 로크의 논변을 반박한다. 그러나 로크의 논변이 이런 전제에 기초해 있다고 생각하는 것이 옳은 것인가? 로크가 호소하는 노동에 대한 특별한 무언가가 있지 않을까?

물론 하나의 특별한 특징은, 통상적인 과정에서, 당신의 노동을 어떤 것에 섞는다는 것은 그 사물을 더 가치 있게 만들거나, 적어도 더 유용하게 만든다. 로크는 실제로 이런 고려에 호소함으로써 재산 소유에 관한 자신의 정당화에 중요성을 두려고 시도하였다.

를 참조할 것.

그러나 노직은 다음과 같이 묻는다. 왜 소유권리는 한 사람의 노동이 생산해 낸 부가 가치에 뿐만 아니라 대상 전체에까지 확장되어야 하는가? 노직은 다음과 같이 논평하고 있다. "어떤 실행할 만한 또는 논리적으로 일관된 부가 가치 재산제도 고안된 바 없으며, 그러한 제도는 아마도 헨리 조지의 이론과 같은 반대에 부딪칠 것이다."(175)

이것은 아마도 이 견해에 대한 지나치게 성급한 거부일 것이다. 물론 이것이 결국에는 유지될 수 없을지라도 그러하다. 로크는 노직에 대한 대답으로 적어도 두 가지 것을 말할 수 있다. 첫째, 그는 토지를 소유함으로써 한 사람이 가지고 있는 것보다 더 많은 것을 인류에게 실제로 되돌려 준다고 주장한다. 경작된 땅은 경작되지 않은 땅보다 열 배나 많은 소출을 가져온다고 생각해 보자. 당신이 토지를 전혀 가지지 않았다면, 당신은 공동의 또는 경작되지 않은 토지의 산물을 가지고 살아야 한다. 당신이 먹고 살기에는 10에이커의 경작되지 않은 토지가 필요하다고 생각해 보자. 그런데 1에이커의 경작된 토지가 이와 동일한 소출을 거둘 수 있다고 해보자. 당신이 1에이커의 토지를 가지고 이것을 경작한다면, 결국 당신은 다른 사람이 사용하도록 9에이커의 토지를 돌려주는 것이다. 따라서 이 논변의 핵심은 토지를 경작하면서 당신은 그 토지를 더 가치 있게 만들고 그래서 그 토지를 소유하게 된다는 것과 같은 단순한 것이 아니다. 오히려 강조점은 토지를 소유하고 그것을 더 가치 있게 만들면서 당신은 다른 자원에 대한 압력을 줄이게 될 것이고, 타인들이 그 자원을 이용할 수 있도록 한다는 것이다.

이 논변의 흥미로운 점은 그 성취가 상당히 제한되어 있다는 것이다. 첫째, 이것은 토지가 사적으로 소유되었을 때에만 경작될 수 있거나 경작될 것이라는 부정될 만한 주장을 가정하고 있다. 둘째, 우리가 이런 전제를 허용할 때조차도, 이 논변은 단지 토지 안에서의 소유와 그 토지의 작은 보유만을 정당화할 수 있다. 당신이 사적으로 소유한 토지 이외에 공동 목초지를 이미 사용하고 있지 않는 한, 당신은 이 토지의 소유가 9에이커의 토지를 인류에게 되돌려 준다는 것에 근거해서 두 번째 에이커의 소유를 정당화할 수 없다.

사람들이 어떤 것에 부가적인 가치를 부과하는 것보다도, 어떤 것을 더 가치 있게 만드는 것이 그것 전체를 소유할 자격을 주는 이유가 무엇인지에 대한 로크의 두 번째로 가능한 답변은, 노동에 의해 부가된 부가적인 가치와 비교해서, 토지의 본래적인 가치가 사소하다는 것이다. 로크는 계속해서 경작된 토지의 유용함이 경작되지 않은 토지의 유용함보다 천 배에 달한다고 주장한다. 따라서 사람들이 그 전체 대상이 아니라 생산된 가치의 증가분만을 받아야 한다고 주장하는 것은 속 좁은 일이 될 것이다.[38] 그러나 우리는 토지를 소유하면서 사람들은 타인으로부터 가치를 창조하는 필연적 조건을 박탈해 버린다는 것에 주목해야만 한다. 이것이 사실이라면, 그 생산물의 관점에서 고려해 보건대, 경작되지 않은 토지의 가치가 미미한 것이라 할지라도, 그 토지에 노동을 가한 사람이 누구이든 그 토지는 그 사람의 것이어야 한다는 정확한 이유가 무엇인지를 묻는 것은 그렇게 속 좁은 일은 아니다. 또 다른 방식으로 이 문제를 제기해 보면, 또한 가치의 결핍은 설명되어야 한다. (비

38) Karl Olivercrona, "Locke's Theory of Approrpriation", *Philosophical Quarterly*, 24 (1974), pp.231-234를 참조할 것.

록, 물론 '충분하고도 많은'이라는 조건이 있게 된다면 가치의 결핍은 없을 것이다.)[39]

노직이 이것이 정확히 무엇인지를 발견하지 못할 가능성에도 불구하고, 노직은 로크의 논변에서 찾으려 하고 있다. 이에 대한 부분적인 이유는 노직은 사유재산에 대한 더욱 적절한 논변을 발견하기 위하여 로크를 자세하게 살펴보고 있다는 점이다. 그러나 로크의 완전한 논변은 두 가지 약점을 가지고 있다. 첫째, 그 약점은 노직이 승인할 수 없는 그의 이론에 의거한다. 둘째, 완전한 로크주의적 설명의 결과는 자유주의와는 거리가 멀다.

우리는 이미 로크가 인류가 가능한 한 보존되어야 한다는 가정을 하면서 정치철학적 작업을 수행하고 있다는 것을 이미 알고 있다. 로크가 또한 성서적 권위를 들어 주장하고 있는 두 번째 전제는 세계가 처음부터 인류의 공동 소유라는 것이다. 로크는 사적인 재산권을 옹호하면서 두 개의 또 다른 전제를 부가하고 있다. 첫째, 그 대상의 개인적 소유자가 아니면서 그것을 사용하는 것은 불법적인 것이다. 둘째, 자신을 유지 보존하기 위하여 어떤 것을 사용해야 한다는 것은 필연적이다.

이런 전제들을 결합함으로써 로크는 지구 전체가 공동 소유라는 사실에도 불구하고 사적인 재산을 소유하게 되는 정당한 방식이 있다는 것은 사실이어야만 한다는 결론을 내릴 수 있게 된다. 이런 논변은 적어도 로크에게 있어서 사유재산을 옹호할 수 있는 그 이상의 길을 열어 놓고 있다. 즉 공동으로 소유한 창고에서 재산을

39) 로크의 입장에 대한 상세한 비판을 위해서는 G. A. Cohen, "Marx and Locke on Land and Labour", *Proceedings of the British Academy*, 71 (1985), pp.357-388을 참조할 것.

소유하는 방식이 있음에 틀림없다면, 그 방법은 무엇이겠는가?

그러나 사람들이 로크의 첫 번째 전제 — 보존 — 를 받아들인다면, 그 이상의, 명백한 비자유주의적 결론이 있을 듯하다. 특히 로크가 『통치론 1권』에서 주장했듯이, 사람들은 잉여물을 가지고 가난한 사람을 도와야 할 의무가 있다. 비록 이것이 『통치론 2권』에서는 크게 강조되고 있지 않지만, 자선의 권리는 사유재산의 권리만큼이나 확실하게 기초되어 있다고 믿을 이유가 확실히 있다.[40] 이것은 물론 노직이 받아들이지 않는 결론이다.

로크의 논변을 받아들이는 노직에 대해 자주 언급되는 문제는, 노직이 세계가 소유되지 않았다는 것을 당연한 것으로 여기는 반면에 로크는 세계를 공동으로 소유한 것으로 생각한다는 것이다.[41] 따라서 개인적 소유에는 다른 중요한 문제가 등장할 수 있다. 로크에게 있어서 이 문제는 우리가 공동으로 소유한 창고를 어떻게 나눌 수 있는지에 관한 문제로 제기될 것이다. 노직에게 있어서 이 문제는 아무에게도 속하지 않은 것에서 다른 사람을 배제할 수 있는 자격을 부여하는 것이 무엇인가 하는 것이다.

'생존의 권리가 있다'는 것을 자명한 것으로 다루거나 현실적 근거에서 옹호될 수 있는 것으로 여기면서, '생존의 권리가 있다'는 전제에서 시작함으로써 신학에 대한 신뢰와 '보존' 원리의 복지주의적 결과를 피할 수 있는가? 노직이 랜드(Ayn Rand)의 것으로 돌리고 있는 이런 입장은 신학을 피한다. 그러나 분명 이것은 복지주

---

40) O. O'Neill, "The Great Maxims of Justice and Charity", in her *Constructions of Reason* (Cambridge University Press, Cambridge, 1989), pp.219-233을 참조할 것.

41) O. O'Neill, "Nozick's Entitlements", in *Reading Nozick*, p.316.

의를 피할 수 없기 때문에(비록 랜드는 이것을 인식하지 못했지만) 이것은 자유지상주의 권리를 위한 기초를 제공하는 데 이용될 수 없다. 따라서 노직은 반론을 제기한다. "살 권리는 살기 위해 우리가 필요로 하는 것에 대한 권리가 아니다. 다른 사람들이 이런 것들에 권리를 가질 수도 있다."(179) 예를 들면 x 에 대한 나의 소유가 살기 위한 나의 권리에 의해 인정된다면, 그리고 다른 사람이 살기 위해 x 를 필요로 한다면, 이들은 똑같이 정당한 주장을 할 수 있을 것처럼 보인다. 이것은 재산권을 필요에 조건적인 것으로 묘사한다. 그리고 노직에 있어서 이것은 재산권에 완전히 그릇된 특성을 부여한다. 따라서 그는 세속적인 살 권리에 재산권을 기초지우려는 제안을 거부해야만 한다.

나는 로크로부터 노직이 필요로 하는 근거를 그가 얻을 수 있다는 것은 사실이 아니라는 결론에 이를 수 있다고 생각한다.[42] 물론 나는 노직이 이에 대해 환상을 가지고 있다고 말해야 한다는 것을 의미하고 있지는 않다. 그러나 이것은 노직의 비판 중에서 당혹감을 낳을 수 있는 주제를 제기하고 있다. 노직은 사적 재산권의 기초에 관한 한 쌍의 주제와 관련한 그의 입장 그리고 재산에 관한 로크의 저작과 그의 관계를 해명하려고 시도하지 않는다. 이런 생략은 냉혹한 비판을 유도한다. 노직이 사적 재산권에 대한 정당화를 제공할 필요가 있다는 것은 시작부터 분명하다. 그의 정의에 있어서 이전의 원리에 대한 검토는 그 위치에 대한 중요성이 정의에 있어서 획득의 원리에 있음을 증명해 준다. 그렇다면 그 원리는 무엇인가?

---

42) 이런 결론을 위한 그 이상의 이유에 관해서는 O. O'Neill, *ibid.*

『무정부주의, 국가 그리고 유토피아』에서, 노직은 "형식화하지 않겠다"(150)고 말하고 있다. 실제로 노직은 어떤 곳에서도 이것을 형식화하고 있지 않다. 이것이 형식화되지 않았다면, 옹호되어야 할 것은 무엇이란 말인가? 노직과 로크의 관계와 관련하여, 그는 "소유권리론의 구조에 약간의 복잡성"(174)을 끌어들이는 척하면서 재산의 문제와 관련하여 로크를 논의한다. 그는 로크의 견해를 간략하게 드러내고서 비판적인 논의를 제기하고, 로크의 이론이 이런 비판에 견뎌낼 수 있는지에 관해 논평을 한다. 어떤 적절한 정의에 있어서 획득의 이론은 '충분히 많은 것'이 타인을 위해 남아 있어야 한다는 로크의 단서에 관한 견해를 포함할 것이다.

우리는 이 점에서 세 가지 해석상의 대안들을 가지고 있는 듯이 보인다. 첫째는 노직은 '노동을 섞어' 사유재산을 갖게 된다는 로크의 생각을 전적으로 받아들인다고 생각하는 것이다. 그리고 그가 로크의 논변을 비판한다 할지라도, 수정된 로크주의 입장은, 그의 관점에서, 궁극적으로는 받아들일 만한 것이라고 생각하는 것이다. 둘째는 노직은 로크의 논변을 거부하지만 로크주의적 단서의 견해는 소유의 정당화를 위한 필요조건이라는 것이다. 이런 해석에 있어서, 충분조건이 무엇인가에 관해서는 노직은 어떤 제안도 하지 않는다. 셋째 제안은 노직이 소유의 정당화를 위한 필요충분조건으로 로크주의적 단서를 받아들이고 있다고 생각하는 것이다.

이런 대안들 각각은 수월하지 않은 어려움에 직면하는 것처럼 보인다. 첫 번째 것과 관련하여, 노직은 노동을 섞는다는 논변이 이런 반론들에 어떻게 대처할 수 있는지에 관해서는 어떤 제안도 하지 않는다. 내가 주장하려고 하고 있듯이, 이 논변은 로크의 신학에 의해 지지될 때에만 이것이 가지는 많은 힘을 갖는다. 노직은 이 신학의 한 부분도 원하지 않았을 뿐만 아니라, 우리가 알고 있듯이 이것은 자비의 의무와 관련한 그 결과가 제시된다면 자유지상주의에 치명적이다. 두 번째 해석은 노직이 정의에 있어서 획득의 이론을 가지지 않았다고 주장한다. 이것은 놀랍게도 참일 수 있다. 그렇다면 노직의 입장을 '토대 없는 자유지상주의'라고 말하는 네이글의 묘사는 더 큰 의미를 갖는다. 세 번째 대안, 즉 로크주의 단서가 필요충분조건이라는 대안은 노직에게 그가 그것을 필요로 하는 지점에서 이론을 제공한다. 그러나 노직을 공평하게 말하면 이것이 그의 이론이라면 사람들은 적어도 그가 그렇게 말할 것이라고 기대할 것이다. 이런 주제를 진척시키려고 시도하면서, 로크주의 단서로 돌아가도록 하자. 그리고 이것이 소유 이론에서 어떤 종류의 역할을 담당하는지 살펴보도록 하자.

로크주의적 단서와 노직의 단서

로크는, 우리가 알고 있듯이, 재산의 정당한 소유를 위한 하나의 필요조건이 '충분히 많은 양'이 타인을 위해 남겨져 있어야 한다는 것이라고 주장한다. 노직은 이것의 핵심이 공동 창고에서 또 다른 사람이 소유하게 됨으로써 어떤 사람의 조건도 악화되어서는 안 되는 것이라고 생각한다. 당신의 소유가 나의 처지를 나쁘게 만든다면, 나는 그것에 반대할 좋은 이유를 갖는다. 로크주의 단서의 가장 직접적인 해석은 타인이 소유할 수 있는 동일한 종류의 것이 충분히 남아 있지 않다면 사람들은 그 어떤 것을 소유할 수 없다는 것이다. 이것은 과거에 토지에 타당한 적이 있었다. 그러나 이제 더 이상은 아니다. 그러나 노직은 이렇게 말하고 있다.

> 이 단서가 더 이상 타당하지 않다면, 이는 과거에 타당한 적도 없다. 왜냐하면 타당한 경우 항구적이고 상속 가능한 재산권이 발생하기 때문이다. 충분한 양 그리고 동등한 질의 것이 남아 있지 않은 상태에서 사유화하려는 최초의 사람 Z를 생각해 보자. 사유화한 마지막 사람 Y는 Z를 사물에 행동을 가할 수 있는 자유가 이제는 없는 상태에 남겨 두었으며, 해서 Z의 상황을 악화시켰다. 그리하여 Y의 사유화는 로크의 단서에 따르면 허락되지 않는다. 그러므로 마지막에서 두 번째로 사유화한 사람 X는 Y를 더 악화된 상황에 있게 했다. 왜냐하면 X의 행위는 사유화의 허락을 종식시켰기 때문이다. 그러므로 X의 사유화도 허락될 수 없다. 그렇다면 끝에서 세 번째로 사유화한 자 W의 사유화가 앞선 사람의 사유화를 종식시켰으며, 그래서 X의 처지를 악화시켰으므로, W의 사유화 역시 허락될 수 없다. 이와 같이 해서 우리는 처음으로 항구적 재산권을 사유화한 사람 A에까지 거슬러 올라갈 수 있다(176).

우리는 이것을 '뒤를 물고 가는' 논변이라고 부를 수 있다.

많은 사람들은 사유재산에 대한 절대적인 권리를 인정하는 것은, 토지가 부족할 때 소유하지 못한 사람들의 자유를 줄일 수 있다고 생각한다. 허버트 스펜서는 재산을 갖지 못한 사람에게 있어서 "토지 영주의 허락 없이는 발을 내디딜 장소를 가질 수 없다"43)는 것을 인지하였다. 19세기 개인주의자인 벤자민 터커는 똑같은 걱정을 하고 있다. 터커는 재산의 자연권을 믿지 않았다. 또한 그는 희귀

---

43) H. Spencer, *Social Statics* (London, Chapman, 1851), p.132. 스펜서는 나중에 재산에 관한 자신의 입장을 바꾸었다. 이 인용문이 있는 스펜서 책의 장("The Right to the Use of the Land")은 나중에 편집되면서 생략되었다.

재산에 대한 무제한적인 소유를 승인하지 않았다. 그는 "토지의 경우에 있어서 또는 공급이 제한되어 있어서 모든 사람이 그것을 무한히 소유할 수 없는 다른 중요한 것들에 있어서, 무정부주의는 실제로 점유하고 이용하는 것에 기초되어 있는 경우를 제외하고 자격이 있다는 것을 옹호할 수 없다."44) 실제로 스펜서는 토지에 대한 국가의 통제를 주장하는 반면에, 터커는 무정부주의자들의 자발적인 단체는 토지 소유를 10에이커로 제한하려는 결정을 할 수 있다고 생각한다. 그는 이런 정형이 개인주의적 무정부주의자의 원리와 전적으로 일치하고 있다고 암시하고 있다.

터커와는 달리 노직은, 부족한 자원에 있어서조차도, 자연적이고 무제약적인 재산권을 확립하고자 한다. 그래서 그는 '뒤를 물고 가는' 논변에 대답해야만 할 것이다. 그의 전략은 로크주의적 단서의 절박하고도 약한 형식을 구별하는 것이다. 지금까지 우리는 강력한 형식을 주장해 왔다. 약한 형식은, 비록 소유할 수 있을 만큼 충분히 남아 있는 것은 아닐지라도, 타인이 이용할 수 있을 만큼 충분하고 좋은 질의 것이 남아 있어야 한다고 말한다. 따라서 소유할 만큼 충분히 남아 있지 않지만 이용할 수 있을 정도로는 충분히 남아 있다면, 이 단서의 약한 개념에 의하면 이 단서 조항을 위반한 것이 아니다.

그러나 언뜻 본다면, 이 단서 조항의 약한 형식만을 단순히 채택한 이점이 피상적인 것 이상이 될지는 분명하지 않다. 이제 사람들이 사용할 땅이 많이 남아 있지 않다. 이것은 '뒤를 물고 가는' 논변에 의해 모든 소유를 불법적인 것으로 만들어버리는가? 더욱이

---

44) B. Tucker, *Instead of a Book* (B. R. Tucker, New York, 1893), p.61.

우리가 사적으로 소유된 토지가 공동의 토지보다 더 많은 생산성을 보인다는 로크의 견해에 동의한다면, 우리가 소유하기 위하여 토지를 다 사용하기 전에 토지를 공동으로 이용하기 위해 모두 다 써버리게 될 것이다. 왜냐하면 경작되지 않은 채 공동으로 이용되는 토지는 개인적으로 소유된 토지보다 훨씬 적은 사람을 먹여 살릴 것이기 때문이다.

사실상 노직에게 '뒤를 물고 가는' 논변에 저항하도록 하는 것은 또 다른 사람을 위한 충분하고 질 좋은 토지가 남아 있지 않을 때조차도, 소유의 결과로서 "기회의 감소를 벌충할 수 있는"(176) 또 다른 것이 여전히 있을 수 있다는 것이다. 달리 말해서 소유할 수 있는 잃어버린 기회를 보상해 주는 새로운 기회가 생겨날 것이다. 또는 이 단서 조항의 약한 형태를 받아들인다면, 땅을 이용할 수 있는 새로운 기회가 발생한다. 노직은 사람들이 사적 소유 체계하에서 얼마나 더 나아질 것인지를 지적한다.

> 이는 생산 수단을 가장 효과적으로 (유익하게) 사용할 수 있는 사람의 손에 쥐어 줌으로써, 사회 내의 생산물을 증대시킨다. 자원을 분리된 개인들이 관리하므로 새로운 아이디어를 가진 자로 하여금 시험해 보도록 설득시켜야만 할 한 사람이나 소수 집단이 없기 때문에 실험이 권장된다. 사유재산제는 사람들로 하여금 자신들이 어떤 정형이나 유형의 위험을 지길 원하는지 결정할 수 있게 하며, 하여 위험 부담의 전문화가 이룩된다. 사유재산제는 일부 사람들로 하여금 앞으로의 시장을 위해 자원의 현재 소비를 삼가게 함으로써 앞으로 올 사람들을 보호한다. 사유재산제는 인기 없는 사람들에게 대체적 고용의 기회를 마련해 주어, 이들은 자신들을 고용하도록 한 사람 또는 소수 관리 집단을 설득하지 않아도 된다(177).

이런 이점은 토지를 소유하지 못해서 토지에 접근할 수 없는 사람을 보상해 준다.

노직에 따르면 로크주의 단서 조항의 핵심은 다른 사람의 소유의 결과로 인해 고통을 겪는 사람이 없다는 것을 보장하는 것이었다. 노직은 그 단서 조항의 요점을 드러내려 했다. 즉 노직의 단서 조항은 소유가, 모든 것을 고려해 보건대, 타인의 상황을 악화시킨다면, 그 소유는 불법적인 것이다.

어떤 의도된 소유는 이 단서 조항과 충돌할 것이 분명하다. 다른 사람들이 사막의 물웅덩이에 의존하여 살아간다면, 어느 누구도 사막의 그 물웅덩이를 소유할 수 없다. 왜냐하면 물에 대한 자유로운 접근을 못한다는 것은, 그 소유가 없었다면 사람들에게 있을 수 있는 것보다 더 불리하게 만들어버리는 것이기 때문이다. 그러나 우물 소유자들 중에서 우물물이 증발하지 않도록 방지하는 특별한 노력을 기울이고 있는 사람이 오직 한 사람이 있다면, 그리고 그 사람 때문에 우리가 남아 있는 물을 발견할 수 있다면, 그 처지는 달라진다. 그 사람의 소유는 노직의 단서 조항을 위배하지 않는다. 왜냐하면 그 사람의 소유는 소유하지 않았을 때보다도 더 타인을 불리하게 만들지 않기 때문이다. 그 사람이 소유하지 않았다면, 결국 물은 남아 있지 않게 되었을 것이다. 다른 한편으로, 그 사람이 남아 있는 물을 가진 유일한 사람이라는 것이 순전히 우연이라면, 예를 들어 지진이 다른 모든 우물을 파괴해 버렸다면, 그 사람이 우물을 소유했다는 것은 다른 사람을 불리하게 만드는 것이다. 그래서 우물은 무소유의 상태로 되돌아가야 한다. 우연적인 것과 우연적이지 않은 것의 구별을 적용하면, 실제로는 달라질 것이다. 그리고 또한 대체로 원리가 분명해 보이기는 하지만, 어려운 사례에

마주치게 될 것이다.[45)]

그 단서 조항의 한 결과는 이것이 정의에 있어서 이전의 원리의 '어두운 면'을 남겨 놓을 것이라는 점이다. 사람들이 모든 물을 소유할 수 없다면, 이 사람들은 물을 다른 사람들로부터 구매할 수 없다. 이것은 "이전이 정의로울 필요충분조건은 그 이전이 자발적인 경우"라는 노직의 정의에서 이전의 원리의 성격 묘사를 수정한 것이다. 여기서 우리는 이전의 자발성은 이전이 정의롭기 위해 확실히 충분한 것이 아니라는 것을 알 수 있다. 왜냐하면 이전이 희귀한 생명 유지 장비를 정의로운 사람의 편에 맡긴다면, 이전은 단서 조항을 위반할 수 있기 때문이다.

그러나 노직의 견해에서 단서 조항은 실제로 존재하는 시장 경제에서 수행할 수 있는 역할을 거의 갖지 않는다. 이것은 유토피아 사회주의자인 푸리에에 의해 제기된 논의, 즉 "문명의 과정이 사회 구성원들로부터 어떤 자유들(열매를 따고, 목장을 일구고, 사냥하는 자유)을 빼앗아 갔으므로 사회적으로 보장되는 최소한의 공여는 이 손실에 대한 보상으로서 정당화된다"는 논의에서 암시적으로 드러나 있다. 노직은 "이는 너무 강한 주장이다. 이 보상은 문명의 과정이 순손실을 가져다 준 그 사람들, 문명의 이익이 이 특정의 권리의 손실을 상쇄하지 않는 그런 사람들에게 주어져야 할 것이다"(n. 178-179)라고 대답하고 있다. 노직은 토지가 모두 사적으로 소유되어 있기 때문에 그 토지를 가질 수 없는 사람들이, 그럼에도 불구하고, 개별적인 사적인 재산권이 없다면 그들이 누렸을 것보다도 처지가 더 나아진다는 것이 자본주의의 이점이라고 믿었다. 이것은

45) 나는 이 점에 있어서 Jonathan Dick에게 빚지고 있다.

재산에 대한 공리주의식 정당화로 의도된 것이 아니라, 존재하는 재산권이 노직 식의 단서 조항을 침해하지 않는다는 것을 진술하기 위한 방식으로 의도된 것이다.

여기서 노직이 옳은지는 부분적으로는 경험적인 문제이다. 그리고 어떤 점에서는 노직이 옳은 것보다 그르다면 노직에게 더 좋았을 수도 있다. 굶주리는 사람이 음식에 대한 권리가 없으며, 타인의 자선에 의존해야만 한다는 것은 소유권리론에 대한 반론이라고 생각된다. 정의에 관한 어떤 이론도 이런 결론을 가질 수 없다고 흥분된 어조로 자주 말해지고 있다. 이런 면에서 노직 견해의 결론은 터커 이론과 로크 이론의 결론보다도 가난한 사람에게 훨씬 더 가혹한 것처럼 보인다. 그러나 노직의 입장은 이보다 더 복잡하다.

우리는 이런 사람들이 굶주리는 이유가 무엇인지 말해야만 한다. 이들이 굶주리는 이유가 이들이 토지에 접근할 수 없고 이에 대한 어떤 보상도 주어지지 않아서, 소유가 인정되지 않아야 이들이 살아 갈 수 있다면, 이들이 음식에 대한 권리를 가진 것처럼 보인다. 좀더 분명하게 말한다면, 그들의 어려움은 이들에게 기회를 보상하도록 요구할 것이다. 또는 그런 기회가 제공되지 않는다면 그 단서 조항을 위반한 것이며, 그래서 이것은 적어도 재산에 대한 권리 주장이 불법적이라는 것을 증명할 것이다.

정확하게 누구의 권리가 제한되어야 하는지에 관해서 노직은 말하지 않았다. 아마도 그 부담은 모든 사람에 해당할 것이다. 그렇다면, 시민사회에서 손해를 보고 있는 사람들을 보상하기 위하여 일반 세금을 부과하기 위한 자유지상주의적 입장을 갖게 된다. 기바드(Gibbard)[46)]와 라이언스(Lyons)[47)]가 탐구했지만 노직은 거의 강조하지 않았던, 이런 결론은 '비인간적'이라는 반 자유지상주의적 비난을 완화시킬 수 있다. 그럼에도 불구하고, 자신의 무기력함 때문에 곤경에 처해 있는 가난한 사람은 타인의 여분의 재산에 대해 주장할 수 없을 것이다.

상당수의 주석가들은, 노직이 로크주의적 단서 조항을 자신의 정의 이론에 인정하자마자, 그는 더 이상 자신의 이론과 정형화된 이론을 날카롭게 구분할 수 없다고 주장한다. 왜냐하면 그 단서 조항이 그 이론에 정형적 요소를 도입하기 때문이다.[48] 틀림없이 이것에는 상당히 중요한 점이 있다. 왜냐하면 소유에 있어서 정의는 더 이상 획득이 이루어진 과정을 빌어서 순수하게 설명되지 않기 때문이다. 우리는 또한 이전을 통해 나타난 소유의 전체적인 분배에 관심을 가져야 한다. 의심할 바 없이, 노직은 어떤 정형이 그 단서 조항에 의해 도입된다면, 이것은 성취되어야 할 목표로 작용하기보다는 이전에 대한 제약으로 작용한다고 대답할 것이다. 이것은 중요한 차이점을 드러내 주고 있다. 그럼에도 불구하고 이런 양보는 철저한 비정형적 이론을 만들어야만 한다는 노직의 주장을 심각하게 약화시킬 것이다.

마지막으로 우리는 노직의 단서 조항이 가진 애매함이나 어려움에 대해 주목해야만 한다. 이것은 그 주제가 무엇인가에 따라 두 가지 다른 방식에 적용될 수 있을 것처럼 보인다. 노직이 이것을 의식하고 있는지는 분명하지 않다. 우리가 사적 재산 일반에 대한

---

46) Gibbard, "Natural Property Rights".

47) D. Lyons, "The New Indian Claims and Original Rights to Land", in *Reading Nozick*, pp.355-379.

48) A. Kuflik, "Process and End State in the Theory of Economic Justice", *Social Theory and Practice*, 8 (1982), pp.73-94를 참조할 것.

정당화에 관심을 가지고 있다고 생각해 보자. 푸리에의 경우에서처럼, 제기되어야 할 문제점은, 사적 재산을 거의 주장하지 않거나 전혀 주장하지 않는 사람들이 소유가 없었다면 이들이 가졌을 것보다 더 나은 처지에 있는지 나쁜 처지에 있는지에 관한 것이다. 그러나 우리가 특정한 소유가 정당한지를 묻고 있다면, 우리는 그 특정한 소유가 '사막에 있는 우물'의 경우에서처럼 사람들의 처지를 악화시키는지를 물어야만 한다. 따라서 타인의 특정한 소유가 어떤 사람의 상황을 그 이전의 것보다 악화시킬지라도, 사적 재산이 없었더라면 그가 누렸을 것보다 소유 이후에 더 나은 처지에 있을 수 있는 사례들이 여전히 있다.

하나의 분명한 예는, 이웃이 인접한 토지를 소유함으로써 자신의 토지에 대한 접근이 더 어렵게 된 농부의 경우일 것이다. 따라서 그의 처지는 그 소유에 의해 악화되었다. 그러나 그에게 있어 '시민화가 전체적으로 손실'이 될 만큼 나쁘지는 않다. 노직이 단서 조항을 넓은 관점에서 적용하려는 의도가 있었다 할지라도, 노직은 자신의 단서 조항이 이 사례에 어떻게 적용될 수 있는지에 대해 분명하게 말하지는 않았다. 즉 농부는 불평하지 않는다. 왜냐하면 농부 역시 이웃에게 소유를 인정하는 재산 체계에 의해 이익을 누리고 있기 때문이다.

기준선의 문제

노직의 단서 조항을 소유를 위한 필요조건으로 다루어서 생겨나는 결과에 대해서는 이미 알고 있다. 이 단서 조항이 또한 충분조건으로 다루어져야 하는가? 즉 소유가 누구의 처지도 악화시키지 않는다면 그 소유는 정당한가? 라이언스[49]는 노직이 이런 방식으로 해석되어야 한다고 주장하는 듯이 보인다. 코헨(G. A. Cohen)은 노직이 상속할 수 있는 재산이 얼마나 합법적으로 형성될 수 있는지에 대한 이론을 제시한 것이라면 이것은 소유를 정당화하기 위한 필요하고도 충분한 조건으로 간주되어야 하는 단서 조항에 기초해 있다고 말한다. 그러나 코헨은 노직의 단서 조항이 충분조건으로서는 실패한 셈이라고 주장하고 있다. 코헨의 논변은, 소유가 정당하기 위한 충분조건은 그 소유가 타인의 상황을 악화시키지 않는 것이라는 데 사람들이 동의했을 때조차도, 노직은 어떤 것이 타인의 상황을 악화시키는 것인지에 대하서 너무나 분명하지 않다는 것이다. 이것은 노직이 비교하기 위한 '기준선'의 문제라고 말하고 있는 것이다. 우리가 타인의 조건을 악화시킨다고 말할 때, 무엇과 비교하여 악화시키는 것을 말하고 있는가? 노직은 소유가 전혀 없었던 상황과 비교하는 것이 적절하다고 주장한다. 그러나 코헨이 묻고 있듯이, 왜 이것이 적절한 비교인가?[50]

타인들은 동등하게 소유한 것처럼 보인다. 이러한 점은 정의로운 두 사람, A와 B를 포함하는 하나의 세계를 살펴봄으로써 가장 잘 제기될 수 있다. 이 세계에서 A는 아무도 소유하지 않은 토지를 이용하여 *m* 정도의 생계를, 그리고 B는 *n* 정도의 생계를 이어가고 있다고 생각해 보자. A가 모든 토지를 소유하고서 B에게 세로 계

49) Lyons, "The New Indian Claims", p.362.

50) G. A. Cohen, "Self-Ownership, World-Ownership, and Equality", in *Justice and Equality Here and Now*, ed. F. S. Lucash (Cornell University Press, Ithaca, NY, 1986), pp.108-135.

획된 분업에서 $n+p$ 의 임금을 받을 수 있는 직업을 제안하고 있다. 여기에서 p는 긍정적인 몫이다. A는 $m+$(긍정적인) q 를 유지하고 있다. 이런 소유는 노직의 단서 조항을 만족시키는 것처럼 보인다. 왜냐하면 B의 입장이 개선되었기 때문이다. 그러나 B가 그 토지를 소유한다면, 그는 더 낫게 만들 것이라고 생각해 보자. 아마도 B는 자신은 $n+2p$ 를 누리면서, A에게 $m+q$ 의 임금을 제안했을 것이다. 이 경우에 A의 실제적인 소유는 B의 처지를 다른 가능성 있는 합법적인 제도에서 가질 수 있는 것보다 악화시키고 있다. 왜 이런 가능성, 또는 사회주의적인 공동 소유의 가능성이 A 소유의 정당화를 평가하면서 무시되어야 하는가? A가 토지를 소유하기 전에, B가 토지를 소유하고자 생각했지만 한 사람이 모든 토지를 사유하는 것이 공정하지 않다는 것이 의거해서 토지를 소유하려는 생각을 거부했다는 것을 생각해 본다면 이러한 점을 더 강력하게 드러낼 수 있다. A는 토지를 소유하였다. 그리고 B는 그가 토지를 소유했다면 갖게 될 처지보다 악화된 처지에 있게 되었다. A의 소유는 B의 상황을 악화시킨 것인가? 그렇지 않은가?

따라서 비교하기 위한 기준선을 어떻게 설정할 것인지는 어려운 문제이다. 그리고 노직은 그의 기준이 사람들이 받아들여야 하는 기준이라고 믿게 하기 위한 어떤 이유도 제시하고 있지 않다. 사람들이 기준선을 넓혀서, 소유가 승인될 수 있는 필요충분조건은 어떤 사람의 조건도 그 소유에 의해 어떤 방식으로도 악화되지 않는 것일 경우라고 한다면, "옹호될 만한 강력한 로크주의적 단서 조항은 사유재산에 대한 완전한 자유주의적 형식화를 금지하게 될 것"이라고 코헨은 결론 내린다. 또 "고려하지 않고 배제해 버려서는 안 되는 다른 대안이 되는 분배 조건에서는 더 낫게 될 수 있는 사람들이 항상 있기 때문이다."[51] 이에 대한 노직의 분명한 대답은 그의 기준선이 우선한다고 주장하는 이유를 설명하는 것이다. 그러나 그는 그 이유를 설명하고 있지 않다.[52]

노직을 옹호하기 위하여, 그는 단서 조항이 소유를 위한 충분조건으로 의도한 것이 아니라 단지 필요조건일 뿐이라고 어디에서도 말하지 않았다고 주장할 수 있다. 물론 이것은 기껏해야 대답의 일부분일 뿐이다. 왜냐하면 이런 주장의 결과는 노직이 정의에 있어서 획득의 원리에 대한 진술을 하지 않았다고 주장하는 것이기 때문이다. 그러나 노직 식의 단서 조항이 소유를 위한 필요조건으로 만족스러운 것인지는 분명한 것인가? 언뜻 보아 그런 것처럼 보인다. 전혀 소유가 없다면 갖게 되었을 것보다 누군가의 처지를 악화시킨다면, 소유가 어떻게 정당화될 것인가?

그러나 자신의 특별한 재능 때문에, 아서는 무소유의 체계에서 매우 잘 살아가지만, 그 밖의 모든 사람들은 비참한 삶을 살아간다. 우리가 재산 체계를 제정한다면, 비록 아서는 이전보다 나빠지겠지만, 다른 모든 사람들은 더 잘살게 될 것이다. 이 새로운 체계를 받아들이는 것은 아서의 처지를 악화시킬 것이다. 그러나 이런 새로운 체계가 한 사람의 처지를 악화시키기 때문에 이것만으로 불법적이거나 부정의하다는 것은 분명하지 않다. 물론 이런 경우는 논의해 볼 만한 가치가 있다. 그러나 나는 단서 조항이 필요조건으로조차도 적합한 것인지에 관해 회의해 볼 여지가 있다는 것을 단순히

51) Cohen, *ibid.*, p.133.

52) 경계 설정을 위한 노직의 제안에 대한 그 이상의 반론을 위해서는 G. S. Kavka, "An Internal Critique of Nozick's Entitlement Theory", *Pacific Philosophical Quarterly*, 63 (1982), pp.371-380을 참조할 것.

증명할 것이다.

결국 우리는, 자유가 정형을 뒤집어 놓는다는 노직의 주장은 자유에 관한 노직의 로크주의 사유를 받아들인다면, 재산권이 이전의 권리를 포함한다는 점에 따라서 재산권 이론에 전제되어야 하는 것으로 밝혀졌다는 것을 기억할 수 있을 것이다. 호노레(Honore)의 재산에 대한 분석과 라이언(Cheyney Ryan)의 논변에 의하면, 이것이 필연적으로 참이 아니라는 것을 알 수 있다. 왜냐하면 이전의 권리를 누리지 않고서도 소유와 이용의 권리를 갖는 것은 가능하기 때문이다.

그렇다면 노직의 논변은 무엇인가? 사유재산권에 대한 노직의 옹호에서 어떤 특정한 것이 이런 권리가 이전될 수 있다는 결론으로 우리를 이끌어 가는가? 내가 알 수 있는 한에서, 이것에 답하려는 노직의 유일한 시도는 의미 규정을 통해 그의 주장을 참된 것으로 만들려고 노력하는 것이다. 그는 "X에 대한 재산권 개념의 핵심은, … x를 가지고 무엇을 할 것인가를 결정할 권리이다"라고 쓰고 있다. 그러나 더 이상의 논변이 없다면, 우리는 원하는 바대로 재산을 이전할 권리를 포함하는 의미의 재산권을 사람들이 가지고 있다고 결론 내릴 어떤 이유도 알지 못한다. 그래서 우리는 소유권리론에는 또 다른 결함이 있다고 결론 내려야만 한다.

노직의 의도가 무엇이든, 우리는 그가 취득에 있어서 적합한 정의 이론을 제시하지 못했다고 결론 내려야 하며, 그래서 소유권리론은 실제로 옹호되지 못한 채 남겨져 있다고 나는 생각한다. 이런 결점이 노직에게 얼마나 당혹스러운 것인가는 우리가 다음 장에서 다루어야 할 주제이다. 그러나 우리는 소유권리론의 세 번째 요소, 즉 보상에 있어서 정의의 원리를 먼저 살펴보아야 한다.

보상에 있어서 정의의 원리

노직은 보상에 있어서 정의의 원리에 대한 주제가 과거의 잘못을 교정하기 위하여 약간의 조정을 하는 상대적으로 중요성이 덜한 것이라는 인상을 주고 있다. 그러나 노직의 견해가 소유권리론에 따라서 발생할 수 있는 모든 잘못을 교정해야 하는 것이라면, 그 예상은 놀랄 만한 것이다. 모든 국가의 이전을 위한 지불은, 노직의 견해에 의하면, 불법적이다. 세금이 합법적일 수 있는 유일한 형태는, 노직에 따르면, 방어, 치안, 정의의 집행을 위한 경우뿐이다. 국가의 의료 혜택, 보조금, 장려금, 복지 비용, 아동 기금, 임대료 지원 등을 받고 있는 사람은, 자유지상주의자에 따르면, 다른 사람의 묶인 돈을 받고 있다. 더욱이 많은 현재의 소유물들은 소유의 근원을 추적해 보면 궁극적으로는 폭력이나 사기에 의해 획득된 것으로 드러날 수 있다. 라이언스는 노직의 입장에서 미국의 많은 것들이 아메리카 인디언에게 되돌아가야 하는지에 관한 문제를 심사숙고하여 고찰하고 있다.[53)]

노직은 사실상 이런 원리를 고안하고 적용하면서 생겨나게 될 여러 문제점을 의식하고 있었다. 첫째, 인정될 수 있는 잘못의 범위, 그리고 필요한 보상의 범위에 관한 문제가 있다. 스티븐 디달러스(Stephen Dedalus)는 제임스 조이스(James Joice)의 『젊은 예술가의 초상(*Portrait of Artist as a Young Man*)』에서 한 사람이 1파운드를 훔쳐서 부자가 되었다면, 그는 1파운드를 내놓아야 하는지, 벌어들인 돈 전부 다 내놓아야 하는지를 묻고 있다. 둘째, '과거

---

53) Lyons, "The New Indian Claims", pp.355-379.

는 잊어버리는 것'이 옳은 것인지에 관한 문제가 있다. 즉 "우리는 불의로 점철된 과거의 역사를 청산하기 위하여 어느 정도나 소급해야 하는가?"(152) 재산권이 불가침의 것이라면, 노직이 주장했듯이, 끝까지 거슬러 올라가야 한다고 사람들은 생각할 수 있다. 그러나 다른 사람들은 이렇게 하는 데 따른 어려움이 일정한 형태의 '제한 규정'을 바람직한 것으로 만든다고 느낄 수 있다. 예를 들면, 한 명의 '유명한 자유주의자'는 소유권리론에 동의할 수 있다. 그래서 복지를 목적으로 하는 세금 부과가 불법적이라고 주장할 수 있다. 세계가 정의롭게 이루어져야 할 필요성에 의해 말하자면 현재의 소유에서 시작하고 있는 최소국가를 구성해야 한다고 생각한다. 이런 견해에 의해서, 자유지상주의는 미래에 시작하며 우리는 현재의 재산 소유를 당연한 것으로 받아들인다.

물론 이런 태도에는 많은 문제점이 있다. 자유지상주의 입장의 일부분은 재산권을 자연권으로 생각하는 것과 관련되어 있다. 그래서 재산권을 매우 중요한 것으로 생각한다. 자유지상주의자의 견해에 의하면, 부정의가 오래되었다는 사실, 그리고 증명하기 어렵다는 사실은 그것의 부정의를 덜어 주지 못한다. 노직은 이것을 인정하고서, 우리는 모든 경우에서 부정의가 발생하지 않는다면 무엇이 발생할 것인지를 밝히기 위하여 애써야 한다는 것을 암시하고 있다. 현재의 상태가 이런 가설적인 묘사와 상응하지 않는다면, 상응하도록 만들어야만 한다.

교정의 원리를 적용한 결과는 실제로 광범위할 수 있다. 노직은 아메리카 인디언의 영토 주장에 대해 무어라 말할 것인가? 흑인 노예의 후손들에게는 무어라 말해야 할 것인가? 마르크스가 말하고 있는 토지를 빼앗긴 농민에 대해서는 어떠한가? 이 주제를 다루고 있는 간단한 논의에서, 노직은 자유지상주의의 반 복지주의를 취소한 것처럼 보이기도 한다.

> 이 문제는 매우 복잡한 것이며 따라서 교정의 원리를 철저히 검토할 계제에 다루는 것이 최선이다. 특정의 구체적 사회에 적용되는 그러한 검토가 이루어지지 않았으므로, 양도 지불의 한 특정의 체제가 불의의 교정에 관한 고려 사항들에 의해 정당화될 수 없음이 명백하지 않는 한, 우리는 여기에 제시된 이론과 분석을 이용해 그 체제를 비난할 수 없다. 우리의 죄에 대한 벌로서 사회주의를 도입하는 것은 너무 과하다 할 수 있겠지만 과거의 불의들은 너무 심각하여 우리는 이를 교정하기 위해 단기적으로 볼 때는 더 포괄적인 국가를 필요로 할지도 모른다(231).

실제로 노직은, 오랫동안 부정의가 지속된 후 그리고 상세한 역사적 정보가 없는 경우, 다음과 같은 개략적인 거친 규칙을 도입하는 것이 적절할 수 있다고 말한다. 즉 "한 사회 내에서 결국은 가장 못 사는 집단이 될 그 집단의 지위를 극대화하도록 그렇게 사회를 조직하라." 말하자면, 교정에 있어서 정의 이론은, 어떤 경우에, 롤즈의 차등의 원칙으로 우리를 이끌어 간다.

결 론

그래서 노직은 소유권리론을 확립하기 위하여 무엇을 했는가? 그 이론은 세 개의 원리로 구성되어 있다. 첫째는 취득에 있어서 정의의 원리이다. 우리가 알고 있듯이 노직은 획득에 있어서 그의 원리가 무엇인지를 분명하게 말하지 않았다. 그리고 이에 대해서 거의 논변하고 있지 않다. 하나의 가능성은 그가 약한 로크주의 단서 조항을 재산 획득의 정당화를 위한 필요충분조건으로 의도했다는 것이다. 즉, 하나의 소유가 정당화될 필요충분조건은 이것이 아무도 그 처지를 악화시키지 않는 경우이다. 이것은 '경계선'의 문제에서 무너져 내린다. 즉 무엇보다 악화시키는 것인가? 이런 단서조항에 큰 비중을 두고 있는 것이 노직의 의도라면, 우리는 노직이 재산에 대한 합법적인 권리가 형식화 될 수 있다는 주장을 옹호하지 못했다는 것을 인정해야 한다. 그의 이론에 이런 권리가 큰 비중을 갖는다면, 이런 소홀함은 거의 신뢰할 수 없는 것이다.

이전에 있어서 정의의 원리는, 그 근저에서, 하나의 이전이 정의로울 필요충분조건은 그 이전이 자발적인 경우라는 입장을 갖는다. 노직이 어떻게 사람들이 소유권리론을 거부할 수 있는지 분명하지 않다고 제안할 때 염두에 두고 있는 것은 소유권리론의 이런 측면이다. 우리는 이것을 거부할 수 있는 일련의 전략을 알고 있다. 본질적으로, 자유가 유일한 또는 가장 중요한 가치라는 것은 분명하지 않다. 그러나 그러할 때조차도, 자유지상주의적인 재산권이 자유를 존중하기 위해 요구되어야 한다는 논변은 로크주의 자유 개념에서는 선결문제방치의 오류를 범하고 있으며, 홉스주의적 설명에 있어서는 매우 의심스러운 논변이다.

세 번째 원리는 교정에 있어서 정의의 원리이다. 하나의 의미에서, 이것은 세부적인 문제이다. 왜냐하면 부정의를 어떻게 교정할 수 있는가를 고려하기 전에 다른 두 원리에서 우리가 어떤 권리를 가지고 있는지를 알 필요가 있다. 우리가 다른 원리들이 불만족스럽다고 생각한다면, 교정에 있어서 정의의 원리는 상대적으로 거의 중요하지 않다.

비록 노직의 소유권리론이 큰 타당성을 가질지라도, 그의 논변이 상세하게 고찰되었을 때, 우리가 이 이론을 받아들여야만 한다는 것을 노직이 거의 증명하지 않았다는 것을 알 수 있다고 결론 내려야만 한다. 자유지상주의적 소유권은 실제로 옹호되지 않은 채 남아 있다.

5 장
노직과 정치철학

마지막 세 장의 논변을 상세히 살펴보면서, 노직의 정치철학에 진정한 가치가 거의 없다는 착각을 했을 수도 있다. 그는 엄격하고, 논쟁의 여지가 있는 권리 이론에서 시작한다. 이것은 확립되어 있기는커녕 제대로 지지되어 있지 않아서, 비판의 여지를 크게 남겨놓고 있다. 비록 국가에 대한 노직의 옹호가 독창적이기는 하지만, 이것이 목표로 삼고 있는 자연권 무정부주의자들에게 확신을 심어주지 못할 것이라는 것을 우리는 알고 있다. 결국, 정의에 관한 노직의 소유권리 개념은 근거 없이 이루어져 있다. 그렇다면 『무정부, 국가 그리고 유토피아』의 가치는 무엇인가?

물론 우리는 노직 견해의 진리를 증명하지는 못했지만, 그가 정치철학에서 무시당하고 있지는 않다는 것을 기억해야만 한다. 사실상, 경쟁적인 정치철학자들이 심각한 비판의 여지가 있다는 것을 노직만큼 증명해 낸 철학자는 거의 없다. 노직이 독단적인 안일한 사람과는 전혀 다른, 깨어 있는 사람이라는 점에서 그의 중요성은 한층 더하다. 이 장의 뒷부분에서, 우리는 그의 긍정적인 성취의 문제로 되돌아갈 것이다. 먼저 롤즈의 입장에서, 평등주의의 입장에서, 그리고 마르크스의 입장에서, 노직을 비판해 보도록 하자.

노직 대 롤즈

롤즈는 정의로운 사회는 정의의 두 원칙에 의해 통제되어야 한다고 주장한다. 그는 이 두 원칙을 다음과 같이 진술한다.

1. 각자는 다른 사람의 유사한 자유의 체계와 양립할 수 있는 평등한 기본적 자유의 가장 광범위한 체계에 대하여 평등한 권리를 가져야 한다.
2. 사회적 경제적 불평등은 다음과 같은 두 조건을 만족시키도록 편성되어야 한다.
   (a) 최소 수혜자에게 최대의 이익이 되고 …
   (b) 공정한 기회 균등의 조건 아래 모든 사람에게 개방된 직책과 직위가 결부되도록[1)]

첫 번째 원칙인 '자유의 원칙'은 두 번째 원칙보다 서열에 있어

1) 이 구절은 J. Rawls, *A Theory of Justice* (Oxford University Press, Oxford, 1972), p.302에 있다. '공정한 저축의 원리'라는 구절은 생략되었다. 롤즈는 뒤이은 형식화에서 이 원리에 대한 자신의 설명을 세련되게 정리하였다. 그러나 그 차이는 현재의 목적에는 중요하지 않다.

서 우선되어야 한다. 이것은 경제적 정의에 관한 논의를 고려하기 전에 첫 번째 원칙이 만족되어야 한다는 것을 의미한다. 달리 말한다면, 최대의 경제적 풍요로움 때문에 사람들의 기초적인 자유가 감소되는 것은 정당화될 수 없다(우리가 지나치게 결핍된 상태에 있지 않다고 한다면). 여기에서 우리의 일차적인 관심사인, 원칙 2(a)는 '차등의 원칙'으로 알려져 있다. 간략하게 말해서 롤즈의 핵심적인 논변은, 사람들이 자신들에게 이익이 될 만한 요소들에 대해 모른다면, 즉 자신의 지적 수준, 사회적 지위, 인종, 성별, 선의 개념에 대해 모른다면, 자신들의 사회를 통제할 수 있는 원칙으로 이런 두 원칙을 선택할 것이라는 것이다. 따라서 이 원칙들은 사회를 구성할 수 있는 불편 부당하고 공정한 근거인 셈이다.[2)]

노직은 차등의 원칙을 지지하는 기초가 되는 철학적 근거에 주로 관심을 가지고 있었다. 롤즈에게 있어서, 정의에 관한 논의는 "사회를 상호 이익이 되기 위한 협동체"[3)]로 여기면서 시작한다. 사람들이 협력할 때, 이들은 새로운 의무를 떠안게 된다. 그리고 또한 일반적으로 이들은 새로운 이익을 누리게 되며, 이런 이익은 협력하지 않았을 때 가능했을 것보다 훨씬 큰 것이다. 노동의 분화와 직업의 전문화 체계에 의해 생겨나는 생산적인 이점을 생각해 보라. 그렇다면 협동은 잉여물을 생산해 낸다.

롤즈는 분배적 정의에 관한 논의는 이런 사회적 산물 그리고 이 산물을 생산하기 위한 부담을 공정하게 분배하는 것에 관한 문제라고 주장한다. 협동을 위한 공정한 조건은 무엇인가? 롤즈의 견해에

---

2) 이 논변에 대한 논의를 위해서는 *Reading Rawls*, ed. N. Daniels (Blackwell, Oxford, 1975)에 있는 논문을 참조할 것.

3) Rawls, *A Theory of Justice*, p.4.

서 차등의 원칙은 이런 생각을 다루고 있다. 불평등은 허용된다. 그러나 이런 불평등이 생산을 유도하는 자극제가 되어 더 많은 생산물을 만들어내는 데 이바지하는 경우에만 허용된다. 따라서 불평등은 모든 사람에게 이익이 될 때에 존재할 수 있다. 롤즈는, 불평등은 이것이 최소 수혜자 집단의 조건을 최대한 향상시키는 경우에만 정당화된다고 주장한다.

차등의 원칙은 협동하기 위한 공정한 조건인가? 먼저 사회의 최소 수혜자 집단 구성원의 반응을 생각해 보자. 분명 이 사람들은 차등의 원칙을 반길 이유가 있다. 왜냐하면 이들은 이 원칙에 의해 자신들의 처지가 더 나아질 것이기 때문이다.[4] 그러나 최대 수혜자 집단을 생각해 보자. 이 사람들은 최소 수혜자의 이익을 항상 증진하라는 제약 조건 없는, 무제약적인 축적이 가능한 정의에 관한 소유권리론적 개념을 바탕으로 하는 것이 자신들의 처지를 더 낫게 만들어줄 것이다. 따라서 이들은, 권력 획득에 대한 이런 제한에 반대하면서, 차등의 원칙이 자신들에게는 매우 불공정한 것이라고 불평할 것이다. 그렇다면 이 경우는 비대칭이 된다. 왜냐하면 최소 수혜자는 행복해하지만, 최대 수혜자는 불공정하게 처우받고 있다고 느낄 것이기 때문이다. 차등의 원칙이 협동에 의해 생겨난 잉여물을 공정하게 분배하는 것으로 생각된다면, 이것은 잘못된 것이다. 왜냐하면 차등의 원칙은 최소 수혜자를 편애하는 것이기 때문이다.

이런 방식의 논변에 대해 롤즈는 최대 수혜자가 다른 정의 개념

---

4) 이것은, 노직이 말하고 있듯이, 엄격하게 말해서 참은 아니다. 왜냐하면 하나의 분배 방식에서 최소 수혜자가 다른 분배 방식에서는 최소 수혜자가 아닐 수 있기 때문이다. 그러나 이것이 이러한 견해에 심각한 영향을 미치지는 않을 것이다.

을 바탕으로 하면 더 많은 것을 얻을 수 있을 것이라고 말하는 이유가 무엇인지를 묻는 것으로 응수하고 있다. 그 대답은 더 나은 것을 할 수 있는 사람들은 일반적으로 이점이 될 만한 가족과 계급의 배경과 같은 '사회적 자산'과 힘, 아름다운 용모, 기술, 지능과 같은 '자연적 자산'을 더 많이 부여받은 사람들이라는 것이다. 그러나 사회적 자산과 자연적 자산을 소유한 것은 단순히 운이 좋았기 때문이며, '도덕적 관점에서는 임의적인 것'이다. 자신들이 우월한 자산을 가졌기 때문에 다른 사람보다 더 큰 실질적 성공을 성취할 수 있다고 기대해야 하는 이유는 무엇인가? 이런 자산을 가질 자격이 있는 사람은 없다. 그렇다면 이런 자산을 통해 이익을 누릴 권리가 있다고 생각해야 하는 이유는 무엇인가?

롤즈는 기술과 지능을 이들이 속해 있는 사람들의 개인적 재산으로 생각해서는 안 된다고 주장한다. 그리고 이러한 것들을 공통의 자산으로 여겨야 하며, 이를 통해 모든 사회 구성원들이 이익을 누려야 한다고 주장한다. 따라서 더 많은 것을 수여받은 사람들의 권력 획득을 제한하는 것이 불공정하다는 주장은 가치 없는 것이다. 왜냐하면 이것은 자신들이 가질 자격이 없는 사회적 자산과 자연적 자산을 통해 이익을 누릴 권리가 있다고 잘못 주장하는 것이기 때문이다. 우리가 사람들의 능력을 공공의 재산이라고 생각한다면, 차등의 원칙은 협동을 위한 공정한 조건이 될 것이다. 왜냐하면 불평등이 허용될 수 있는 필요충분조건은 그 불평등이 모든 사람들에게 더 나은 이익을 가져올 경우이기 때문이다. 그렇지 않다면 재산은 평등하게 분배되어야 한다.

많은 사람들은 유리한 사회적 지위가 일반적으로 부당한 것이며, 공정하지 못하다는 것을 받아들일 수 있다. 그러나 재능이 부당하다는 것이 그렇게 분명한 것인가? 자신의 자연적 자산을 향상시키기 위해 열심히 일하는 사람들이 있다. 반면에 자신의 능력을 낭비하는 사람들도 있다. 아마도 이런 능력을 향상시키려고 애쓰는 사람들은 적어도 그 노력의 대가를 받을 자격이 있을 것이다. 롤즈는 자신의 능력을 향상시키려고 노력하고 있는 사람조차도 많은 요소, 즉 사회적 지위, 부모의 지원, 다른 자연적 능력에 의해 영향받을 것이라고 대답한다. 이렇게 영향을 미치는 요소들을 소유한 것은 도덕적 관점에서 보면 임의적인 것이다.[5] 따라서 자연적 자산을 가진 사람들의 상당수가 이 자산을 가질 자격이 있다는 주장은 이 능력이 개발된 것이라는 근거를 통해서는 옹호될 수 없다. 왜냐하면 자신의 재능을 향상시킬 수 있는 능력이나 기회는 그 자체로 받을 자격이 없는[부당한] 자연적 자산이거나 사회적 자산이기 때문이다.

노직은 이 논변에 대해 이루어질 수 있는 세 가지 대답을 가지고 있다. 첫째, 책임이 있거나 책임이 없는 것에 대한 이런 견해는 한 사람에 관한 권위 없는 개념을 제공한다. 즉 행위를 수행하려고 노력을 게을리하거나, 수행하려는 책임조차 없는 사람에 대한 권위 없는 개념을 제공한다.

> 이런 식의 논변은 단지 한 개인에 관한 주목할 만한 모든 것들을 완전히 어떤 '외적인' 요인들에 귀속시킴으로써만, 그 개인의 자율적인 선택과 행위들(그리고 그의 결과들)의 도입을 봉쇄하는 데 성공할 수 있다. 한 개인의 자율성과 그의 행위에 대한 그의 우선적인 책임을 이와 같이 더럽히는 것은 자율적인 존재의 존귀함과 자존감을 밑받침하고자 하는 이론으로서는 위험스러운 노선이다(214).[6]

---

5) Rawls, *A Theory of Justice*, p.312.

이 반론은 롤즈에 대한 중요한 비판을 고무시켰다. 마이클 샌들(Michael Sandel)[7]이 가장 충실한 비판을 전개하였는데, 이것은 롤즈의 정치철학이 자아에 관한 유지될 수 없는 형이상학에 의거하고 있다고 비판하고 있다. 이 비판은 계속해서 큰 논쟁거리가 되고 있다.[8]

샌들에 의해 이루어진 관련된 견해는, 롤즈의 논변에 근거해서 적극적인 공과에 대한 주장을 평가 절하한다면, 우리는 또한 범죄자가 자신의 범죄에 대한 처벌을 받을 만하다는 부정적인 공과에 대한 주장도 거부해야 할 것이다. 우리가 범죄자의 성품을 부정적인 사회적 요소에 의해 증가될 수 있는 '자연적인 부담'으로 간주해야 한다는 것은, 분명 터무니없게도, 롤즈의 논변에서 도출될 것으로 보인다. 이에 대한 비용은 범죄자에게 속하기보다는 사회 전체로 확대되어야 하는 것이다.[9]

롤즈에 대한 노직의 두 번째 응수는 사람들이 자연적 자산을 가지고 있다는 것이 도덕적 관점에서 그렇게 임의적인가에 의문을 제기하는 것이다. 아마도 사람들은 자신들의 성품을 가질 자격은 없다. 그러나 우리가 알고 있듯이, 어떤 것에 대한 권리를 갖기 위하

6) 이것이 롤즈의 대답을 해석하는 올바른 방법인가에 대한 논의를 위해서는, G. A. Cohen, "On The Currency of Egalitarian Justice", *Ethics*, 99 (1989), pp.914-915를 참조할 것.

7) M. Sandel, *Liberalism and the Limits of Justice* (Cambridge University Press, Cambridge, 1982).

8) J. Rawls, "Justice as Fairness: Political Not Metaphysical", *Philosophy and Public Affairs*, 14 (1985), pp.223-251; A. Gutmann, "Communitarian Critics of Liberalism", *Philosophy and Public Affairs*, 14 (1985), pp. 308-322를 참조할 것,

9) Sandel, *Liberalism and the Limits of Justice*, pp.89-92.

여 이것에 대한 자격이 있어야 한다는 것은 필수적이지 않다. 따라서 사람들은, 가질 자격이 없다 할지라도, 자신의 자연적 자산에 대한 권리를 가질 수 있다. 그렇다면, 그 소유는 도덕적으로 임의적인 것이 아니다. 그리고 우리는 '사회적 행운의 우연성'을 해소하려고 노력할 이유가 없다.

노직의 세 번째 응수는 롤즈의 차등의 원칙이 사람들의 독자성을 침해하고 있다는 것이다. 이 원칙은 차등이 최소 수혜자들의 입장을 향상시키지 않는 한 최대 수혜자가 부가적인 실질적 이득을 가지지 못하도록 할 것을 요구한다. 그러나 이것은 최소 수혜자를 위해 최대 수혜자를 수단으로 이용하는 것처럼 보인다. 즉 다른 사람을 위해 한 사람의 복지를 희생하는 것처럼 보인다. 이런 근거에서 롤즈의 과오가 지적된다면, 이 반론은 상당한 효력을 가지고 있다. 왜냐하면 공리주의가 사람들의 독자성을 무시하는 심각한 과오를 범하고 있다고 주장하고 있는 사람이 바로 롤즈 자신이기 때문이다. 그래서 노직은 롤즈가 자신의 기준에 위배된다고 주장한다.

롤즈가 이런 비판을 해결할 수 있는지는 흥미로운 문제이다. 노직의 반론 각각에 대해 대답들이 시도될 수 있다. 첫째, 부분적으로는 롤즈의 측면에서, 스캔론은 우리가 자연적 자산을 개별적 재산이 아닌 공통의 재산으로 여겨야 한다는 롤즈의 주장에 대한 두 가지 의미를 구별하고 있다. 사적 재산권 이론과 유사한 관점을 이용하여 구분하는 것이 가장 좋다. 재산을 가지고서 누리는 것과 그것을 완전하게 소유하는 것은 통상적으로 구분된다. 이것은 사람들이 판매하거나 직장에 고용되어 일함으로써 경제적 대가를 받을 수 있도록 허용한다. 마찬가지로 우리는 자연적 자산과 관계하고 누릴 수 있는 권리를 구별할 수 있으며, 이 자산으로부터 생겨날 수 있는 모든 이익을 지키기 위한 권리를 구별할 수 있다.

롤즈는, 당신이 당신의 자연적 자산을 소유한 것은 단순히 임의적인 좋은 운에 불과하다는 근거에서, 당신의 자연적 자산으로부터 이익을 누릴 권리가 있다는 것을 부정한다. 그러나 당신이 당신의 자연적 자산으로부터 이익을 누릴 권리가 있다는 것을 부정하는 것은 이 자산이 확실히 당신의 것이 아니며, 당신은 이것과 관계하고 누릴 수 없다는 것을 함축하지는 않는다. 당신이 당신의 기술을 연마하기 위하여 열심히 일했다면, 당신은 이것에 대한 영향력을 주장할 수 있다. 왜냐하면 이것이 당신이 책임을 지고 있는 것이기 때문이다. 그러나 이것이 당신이 모든 경제적 보상을 받을 권리가 있다는 것을 의미하지는 않는다. 결론적으로, '인간에 대한 가망성 없는 개념'을 롤즈에게 귀속시킬 필요는 없을 것이다.[10)]

노직의 두 번째 반론은, 사람들이 그들의 자연적 자산을 받을 만하지 않을 때조차도, 이들은 여전히 자연적 자산에 대한 권리가 있을 수 있다는 것이다. 우리는 이런 주장을 인정할 수 있다. 그러나 사람들이 자신들의 자연적 자산에 대한 권리를 가지고 있다고 생각하는 이유가 무엇인지를 물어야 한다. 자격이 권리를 갖기 위해 필요한 것이 아니라는 것을 밝히는 것이, 사람들이 그들의 자연적 자산에 대한 권리가 있다고 믿기 위한 근거는 아니다. 이런 권리 주장을 위한 논변은 무엇인가? 소유권리론에 반대하려는 롤즈의 시

---

10) T. M. Scanlon, "The Significance of Choice", in *The Tanner Lectures on Human Values*, vol. 7, ed. S. McMurry (University of Utah Press, Salt Lake City, 1988), pp.186-138. Scanlon은 이런 견해를 약간은 다른 맥락에서 개진하였다. 그리고 이것은 노직에 대답하는 방식이라기보다는 롤즈와 노직의 의견 불일치를 재진술하는 방식이다.

도는 결론부에서 설명될 것이다. 결국 노직의 세 번째 반론, 즉 롤즈가 공리주의자와 마찬가지로 개인의 독립성을 진지하게 여기지 않는 잘못을 범하고 있다는 주장은 상당히 타당하며 인정될 수 있다. 노직이 이런 생각을 롤즈보다 더 강하게 해석하려고 하는 것은 가능한 일이다. 공리주의에 대한 롤즈의 일차적인 우려는, 어떤 상황에서, 공리주의가 이미 부자인 사람들을 위하여 가난한 사람들의 희생을 요구할 수 있다는 점이다. 차등의 원칙은 이것을 피하고 있다.

물론 이 논쟁 중 어떤 것도 여기서 중지할 필요는 없다. 그리고 노직의 반론도 더 발전될 수도 있을 것이다. 그러나 분명한 것은 노직이 롤즈의 가정을 면밀하게 검토하고서 기초가 되는 중요한 것들에 반론을 제기했다는 것이다. 롤즈의 이론이 노직의 비판을 견뎌낼 수 있을 것인지는 논의되어야 하는 문제이다.

평등에 반대하는 노직

정의에 관한 소유권리적 개념의 주된 취지는 평등주의에 반대된다. 그러나 이것은 노직이 불평등을 선호한다는 것을 의미하지는 않는다. 왜냐하면 그는 재화의 정형화된 분배의 부담에 반대하기 때문이다. 자유지상주의 사회에서 커다란 불평등이 나타날 것이라고 상당수의 사람들은 확실하게 말할 것이다. 그러나 부의 평등이 우연히 또는 자발적인 협동에 의해 이루어졌다면, 이것은 놀랄 만한 것이며 반대할 수 없는 것이다. 그러나 재분배를 통한 '사회적 계획'에 의해 평등을 이루려는 것은 반대할 만한 것일 수 있다. 왜냐하면 이것은 사람들의 재산에 대한 소유권을 침해하기 때문이다.

그러나 많은 학자들은 불평등한 사회는 부정한 사회라고 주장하고 있다. 따라서 자유지상주의가 불평등에 이르게 하는 것이라면, 또한 이것은 부정의한 것이다. 그러나 노직이 말했듯이, 우리가 부의 평등과 소유에 있어서 정의를 이런 방식으로 연결시켜야 하는 이유는 무엇인가? 그 논변은 어떤 것인가? 하나의 유명한 견해가 버나드 윌리엄스에 의해 제시되었는데, 그는 사람들이 평등한 몫의 재화를 받아야 한다고 분명하게 결론지은 것은 아니지만, 생필품은 필요에 근거하여 할당되어야 한다고 주장했다. 물론 이것은 평등주의의 중요한 한 변형이다. 그리고 이것은, 예를 들면, 영국 국가 의료제도가 기초하고 있는 원리 중 하나이다.

실제로, 윌리엄스는 의료를 예로 들면서 자신의 논변을 피력하고 있다. 그는 "예방 의료를 고려하지 않는다면, 의료 혜택의 분배에 대한 올바른 논거는 건강하지 못함이다. 즉 이는 필연적 진리이다"[11]라는 생각과 더불어 시작하고 있다. 의료 혜택을 받기 위하여 비용을 지불해야 한다면, 가난하고 병든 사람들이 의료 혜택을 받지 못할 수 있다는 가능성을 열어 놓는 것이다. 그러나 분배의 올바른 논거가 건강하지 못함이라면, 의료 혜택을 위해 사람들에게 비용을 지불하도록 하는 것은 비합리적이다. 따라서 의료의 필요에 따라서 의료를 분배할 것이 요구되며, 이것이 합리적이다.

노직에 따르면, 윌리엄스의 논변은 하나의 활동이 '내적 목적'을 가지고 있다면(의료에 있어서는 사람들을 건강하게 만드는 것), 그

---

11) B. Williams, "The Idea of Equality", in his *Problems of the Self* (Cambridge University Press, Cambridge, 1973), p.240.

활동이 이런 내적 목적을 충족시킬 수 있는 가장 최선의 방식으로 이루어져야 한다는 것은 필연적 진리라고 주장하고 있다. 필요에 따라 재화를 공급하는 것은 이런 요구를 만족시키는 방법인 것처럼 보인다. 그러나 노직은 다음과 같이 지적한다. 즉 의료 혜택이 의료적 필요에 따라 공급되어야 한다면, 머리를 깎는 혜택이 머리를 깎아야 할 필요에 따라 공급되어야 한다는 것도 역시 필연적인 진리이어야 하지 않겠는가? 그리고 "정원사에 대한 필요는 그 서비스를 정원사를 가장 필요로 하는 정원을 가진 사람에게 할당하도록 하는가?" 이것은 확실히 터무니없다.[12)]

마이클 왈쩌(Michael Walzer)는 의료의 '내적 목적'이 필요에 따라 의료를 적절하게 공급하도록 하는 것이 아니라, '의료의 사회적 의미'라고 주장하면서 노직에 대답하고 있다.[13)] 우리 사회에서 의료는 매우 중요하다. 그래서 우리는 이것이 공적으로 제공되어야 하며, 필요에 따라서 이용할 수 있어야 한다고 이해하고 있다. 머리를 잘 깎는 일이 사회적으로 매우 중요한 일로 간주되었더라면, 필요에 따라서 머리 깎는 서비스가 제공되는 것이 올바르게 될 것이다. 사회가 이런 방식으로 구성된다면, 이러한 것들이 공급될 필요는 없다.

노직은 물론 이런 방식의 논변을 인상적이라고 전혀 생각하지 않을 것이다. 무엇보다도 우선, 재화가 사회적 의미에 따라 할당되어야 한다는 것은 증명되어야 할 것으로 남아 있다. 그러나 더 중

---

12) 필요와 본질적인 필요를 구분함으로써 윌리엄스의 논변을 개선하려는 시도를 위해서는, Paul Russell, "Nozick, Need and Charity", *Journal of Applied Philosophy*, 4 (1987), pp.205-216을 참조할 것.

13) M. Walzer, *Spheres of Justice* (Blackwell, Oxford, 1983), p.88n.

요한 것은, 윌리엄스와 왈쩌가 재화가 제공되어야 한다면 사람들에 의해 제공되어야 한다는 사실을 간과하고 있는 것처럼 보인다는 것이다. 재화가 어떤 근거에서 제공되어야 하는지를 그 제공자가 결정해서는 안 되는 이유는 무엇인가? '올바른 분배의 근거'에 대해 말하는 것은 '커다란 사회라는 그릇'을 제안하는 것이다. 그리고 생산과 분배를 분리해서 다루는 것이다. 그러나 의사, 이발사, 정원사는 자신의 목적을 의중에 두고서 자신의 직업을 수행한다. 이런 목적은 앞으로의 다른 계획, 고상함과 같은 것을 위해 돈을 버는 것일 수도 있다. 서비스의 '내적 목적'이나 '사회적 의미'가 서비스를 제공하는 사람들의 목적보다 우선해야 하는 이유는 무엇인가? 우리는 그 이유가 무엇인지에 대한 논변을 알지 못한다. 그래서 결국엔 평등을 위한 논변은 없다.

물론 평등주의에 대한 다른 옹호 방법이 있다. 이들은 공통으로 자기 존중과 질투의 개념을 하나 또는 둘 모두를 활용하고 있다. 질투에 대한 노직의 이해에 따르면, "질투하는 사람은, 그가 다른 사람들이 가진 것(재능과 같은 것)을 가지지 못했다면, 다른 사람도 그것을 가지지 못하기를 선호한다."(239) 평등에 반대하는 사람들은 종종 평등을 주장하는 입장이 질투에 대한 고려 사항에 근본적으로 기초해 있다고 생각한다. 가난한 사람이 부자가 가지고 있는 것을 가질 수 없다면, 누구도 이것을 가져서는 안 된다. 이것이 평등주의자가 때때로 '하향 평준화'라고 비난받는 이유이기도 하다. 노직은 질투에 기초해 있는 반대가 정의에 대한 주장과 관련되어 있다고 어떻게 생각될 수 있는지 이해할 수 없다고 말하고 있다(162).

질투에서 자유로운 사회가 바람직하다는 하나의 분명한 논변은,

비록 노직이 논의하지는 않았지만, 질투심을 가진 많은 사람을 포함하고 있는 하나의 사회는 분열될 것이고, 불안정하고, 사회적 불안이 생겨나거나 심지어 혁명에 이르게 될 수도 있다는 것이다. 평화에 대한 공통된 관심에서, 질투심의 근원은 제거되어야 하며 평등이 확립되어야 한다. 그러나 평등을 확립하는 것과는 다른 길도 한 사회의 질투심을 줄일 수 있다. 조셉 헬러는 1646년 "화려한 장식의 케이크를 만드는 암스테르담의 빵장수들은 창가에 지나치게 화려하게 장식을 한 상품을 진열하는 것을 금지당했다. '이들은 이런 빵을 살 수 없을 만큼 가난한 사람들을 슬프게 해서는 안 되며, 이들의 가슴에서 솟아나는 탐욕스러운 본능을 자극해서는 안 된다' "[14]라고 이야기했다. 더욱이 평등이 사회 불안을 방지하기 위하여 고안되었을 때조차도, 이것은 그 자체로는 도덕적 논변이 될 수 없을 것처럼 보이며, 강제와 더 유사한 것처럼 보인다. 폭동이 일어나지 않게 하기 위한 것 이외의 어떤 다른 이유도 없이 자신의 재화를 포기하고 파기하도록 강제하는 것은, 극단적인 경우에, 실제적인 정당화를 갖지만, 정의를 중하게 여기고자 하는 바에 의해 요구될 것처럼 보이지는 않는다.

평등을 자존심과 관련시키는 하나의 더 유망한 논변 방식도 있다. 그 논변은 모든 사람이 자기 스스로를 존중한다면 좋게 될 것이라고 생각하는 것이다. 그러나 자존심의 의미를 드러내 밝히는 것은 스스로를 상대적으로 작은 몫의 재화를 가지고 있는 사회적 약자라고 생각하는 사람들에게는 불가능할 것이다. 그러므로 자존심을 드러내기 위해서는 실질적인 평등을 이루는 것이 필수적이다.

---

14) Joseph Heller, *Picture This* (Macmillan, London, 1988), p.122.

노직은, 이 논변에서 취약한 점은 자존심이 스스로를 다른 사람과 평등한 존재로 생각하는 것에 의거해 있지 않고, 대부분의 다른 사람보다도 더 나은 가치를 갖는 것으로 생각하는 것에 의거해 있는 것이라고 말하고 있다. 자존심은 본질적으로 비교를 허용하는 개념이라고 노직은 주장한다. 우리 사회에서, 트로츠키(Trotsky)[15]의 예에서 '아리스토텔레스, 괴테, 또는 마르크스'가 되는 것은 놀랄 만한 일일 것이다. 그러나 모든 사람이 이런 기준을 조금이라도 성취했다면, 자존심은 이것에 의해 생겨났을 것이다. "사람들은 동물들과 스스로를 비교함으로써 이들이 갖지 못한 인간의 공통된 능력을 이유로 해서 자존심을 가질 수는 없다."("나는 상당히 괜찮은 편이야. 나는 다른 손가락들과 마주보게 할 수 있는 엄지를 가졌고 언어를 사용할 수 있으니까.")(243) 이런 사실들은 상당수의 사람들이 다른 사람들을 질투하는 이유를 설명해 준다고 노직은 말하고 있다. 왜냐하면 자신들이 좋아하는 측면에서 자신들보다 더 나은 것을 가진 사람들이 존재한다는 것은 자존심을 위협하기 때문이다.

자존심이 다른 사람과의 비교에 의존한다는 노직의 생각은 논쟁거리가 된다.[16] 자기가 가진 가치들에 대해 가지는 안도감은 스스로 다른 사람들보다 더 낫다는 생각에 의존한다는 것은, 자주 사실일 수는 있다 할지라도, 항상 진리인 것은 아니다. 자존심은 존중할 만한 사람들이 자신을 존중한다는 것을 알거나, 그 규모가 작든 크든 가치 있는 일에 종사하고 있다고 생각함으로써 생겨날 수 있다. 이 두 경우 모두에 있어서 다른 사람과 자신의 비교는 중요하

15) [역주] 러시아의 혁명 지도자.

16) D. Sachs, "How to Distinguish Self-Respect from Self-Esteem", *Philosophy and Public Affairs*, 10 (1981), pp.346-360을 비교할 것.

지 않은 듯하다. 앤서니 스킬렌이 주목하고 있듯이, "배의 함장은 자신의 배가 배로서 갖추어야 할 바를 갖춘 경우 행복해한다. 그는 자기 자존심을 유지하기 위하여 불필요한 여분의 군대를 필요로 하지 않는다."[17]

그러나 적어도 노직이 옳았다는 점에서, 재화를 평등하게 하는 것은 일반적인 자존심을 드러내기 위해서 필요하지도 충분하지도 않다. 실제로 이 계획이 불가능할 수 있다. 그러나 노직이 말하고 있듯이, 보편적인 자존심에 대한 가장 유망한 길은 특성의 다양성 함양을 장려하는 것일 수 있다. 즉 다른 사람들은 정도를 달리해서 가치를 부여할 수 있다. 모든 사람들이 여러 합리적인 다른 사람들에 의해 가치 있게 생각되는 차원에 있어서 적어도 합리적으로 잘 행동할 수 있을 것이라고 희망해 볼 수 있다. 그러나 신학과 동화 속의 이야기에서나 가능할 뿐, 이것은 단지 바람일 뿐이다.

마르크스에 반대하는 노직

자본주의는 물론 많은 극단적 비판을 받고 있다. 그리고 자유주의가 제약 없는 자본주의를 이끌어 들인다고 생각되기 때문에,[18] 이런 유형의 비판을 모아 보는 것이 좋을 듯하다. 마르크스적 전통에 의해 제기되는 자본주의 시장에 대한 가장 중요한 두 가지 비판은 자본주의 체제에서 노동자들은 소외되어 있다는 것이며, 자본가

17) A. Skillen, *Ruling Illusions* (Harvester, Hassocks, Sussex, 1977), p.49.
18) 이런 제안에 대한 논의는 다음 절에서 찾아볼 수 있다.

에 의해 착취당하고 있다는 것이다. 노직은 이런 반론 중 어떤 것도 유지될 수 없다는 것을 보여주려고 했다.

노직은 마르크스주의의 중요한 세 가지 주장을 논의하면서 소외의 문제를 암시적으로 다루고 있다. 첫째, 자본주의는 의미 있는 노동을 제공하지 못한다. 둘째, 자본주의는 자신의 경제적 활동에 대한 '노동자의 통제'를 방해한다. 셋째, 자본주의는 노동자에게 영향을 미치는 문제에 관한 발언을 허용하지 않는다.

현대 자본주의 하에서, 많은 사람들이 분명히 의미 있는 일을 하고 있다고 스스로 생각하고 있다는 것은 잘 알려져 있다. 이것은 찰리 채플린의 『모던 타임즈』나 프리츠 랑의 『메트로폴리스』[19]와 같은 영화에 잘 묘사되어 있다. 의미 있는 노동이 어떠한 것인지는 분명한 것이 아니다. 노직이 말하고 있듯이, 일반적으로 의미 있는 노동이란 가치 있는 계획을 가지고 개별자의 재능을 발휘하는 활동을 포함한다고 말할 수 있으며, 그 속에서 개별자들은 자신의 역할을 이해한다. 의미 있는 노동은 개별자들의 삶을 향상시킨다. 자본주의자의 비용은 다수의 사람들이, 개별자로서 자신의 성숙을 손상시켜서, 자신의 기술과 재능을 수행하지 못하는 것이라고 말할 수 있다.

노직이 내친 김에 제시하고 있는 이 논변에 대한 하나의 답변은, 의미 있는 노동의 해악이 자본주의에 독특한 것인지 분명하지 않다는 것이다. 실제로 경험은 이것이 자본주의든 사회주의든, 산업 사회의 부산물이라는 것을 말해 주고 있다. 그러나 노직의 주된 주장

---

19) H. Braverman, *Labour and Monopoly Capital* (Monthly Review Press, New York, 1984)를 참조할 것.

은 자본주의 시장이 의미 있는 노동을 불가능하게 만드는 것은 결코 아니라는 것이다. 의미 있는 노동이, 시장의 기준에 의해, 의미 없는 노동과 마찬가지로 효과적이라면, 이것은 시장에서 공통으로 이용될 수 있을 것이다. 달리 말해서, 사람들이 그 비용을 지불할 준비가 되어 있다면, 이것은 여전히 이용될 수 있을 것이다. 즉, 노동자가 실제로 의미 있는 노동을 원한다면, 이들은 낮은 임금을 받아들이면서도 이것을 구매할 수 있다. 따라서 우리는 본질적으로 노동자들의 우선권에 관한 문제를 가지고 있다. 즉 의미 없는 노동과 높은 임금 또는 의미 있는 노동과 낮은 임금의 우선권 문제이다.

이런 대답은 자유시장 이론과 완벽하게 일관된 것처럼 보이지만, 이것이 불만족스럽다고 생각될 수 있는 두 가지 측면이 있다. 첫째, 이미 잘 알려져 있는 것이기는 하지만, 가장 천하고 실망스러운 직업이 가장 적은 수입을 가져온다는 것은 주목할 만한 사실이다. 그 이유는 천한 일을 할 수 있는 노동자들이 많기 때문일 것이다. 그러나 이것으로도 의미 있는 노동과 높은 임금 간의 균형이, 적어도 경제학적 의미에서는, 존재하지 않는다는 것을 증명하기에 충분하다. 둘째, 자신과 자신의 가족을 부양하기 위하여 일하는 사람들은 심각한 딜레마에 봉착할 수 있다. 왜냐하면 낮은 임금의 의미 있는 노동을 받아들이면 가족을 힘들게 하는 대가를 지불해야 하기 때문이다. 따라서 많은 사람들에게 있어서 이것은 실행 가능한 대안으로 생각될 수 없다.

이런 대답에도 불구하고, 노직은 매우 중요한 일반적인 관점을 제기한다. 효율성은 작업의 분업과 반복의 직접적인 결과이기 때문에, 의미 있는 노동이 빛나지 않는 따분한 노동보다 효율적이지 않다고 생각해 보자. 또한 우리가 의미 있는 노동만 포함하고 있는 사회를 이루기로 결심했다고 해보자. 이 결과는 생활수준의 평균치를 줄이게 될 것이다. 왜냐하면 그 사회는 덜 생산적이기 때문이다. 그러나 모든 사람이 생활수준이 낮아지더라도 의미 있는 노동을 하고자 원한다고 가정할 수 있을 것인가? 이상적인 해결책을 노직이 제시하고 있는 듯하다. 즉 의미 있는 노동을 하고자 하는 사람은 그것을 하고, 높은 생활수준을 유지하고자 하는 사람은, 그 일이 어떤 일이든, 최고의 수입을 얻을 수 있는 일을 한다.

자본주의가 노동자를 소외시킨다는 반론의 두 번째 것은 자본주의가 자신들의 경제 활동에 대한 노동자에 의한 통제를 인정하지 않는다는 것이다. 비록 여러 회사가 노동자에게 상당히 많은 것을 양보하고 있기는 하지만, 이것들은 제한되어 있으며, 노동자에 의한 통제에는 거의 이르지 못하고 있다. 따라서 매우 많은 노동자들의 생활은, 문제에 대한 권한이나 명령에 대한 근거를 찾을 권한도 없이 다른 사람들의 명령에 따르는 것이다. 그러나 노직은 다음과 같은 의문을 제기하고 있다. 즉 노동자들이 자신의 운명을 통제하고자 바란다면, 그들이 스스로 회사를 설립하지 않는 이유는 무엇인가? 이론적으로 이것은 시장 경제에 더 적합한 것이다. 왜냐하면 이 경우에 이익만을 챙기는 외부의 주주가 없어서 비용을 크게 줄일 수 있기 때문이다.[20)]

그러나 노직은 장기적인 관점에서 조합 체제의 성공에 대해 낙관적이지 않았다. 그는 발생하게 될 경제적인 문제를 지적하고 있다. 조합은 전체 이익에 대한 노동자 1인당 평균 이익을 선호하는

20) 예를 들면, M. Walzer의 San Francisco Scavengers (in his *Spheres of Justice*, pp.177-178)에 관한 논의를 참조할 것.

경향이 있다. 따라서 이들이 실제로 할 수 있는 것보다 작고 덜 효과적인 기업을 운영하게 된다. 더욱이 조합은 장기적인 계획에 투자하려는 동기를 주지 못한다.[21] 그럼에도 불구하고, 본질적으로 유사한 논의가 의미 있는 노동의 사례에서처럼 여기서도 제기된다. 협동조합을 통한 노동이 중요한 것이지만 자본주의 노동보다 경제적으로 덜 효과적이라고 생각된다면, 조합은 결성될 수 있을 것이지만 그 구성원들에게 시장에 의한 것보다 낮은 비율의 임금을 지불할 것이다.

협동조합이 설립되기 위한 자본을 마련할 수 있을 것인가? 노직은 이들이 성장할 수 있을 것이라고 판단된다면 시장 경제에서 여러 지지를 얻을 수 있을 것이라고 생각한다. "투자가들이 투자 체계를 성공적으로 종식시키거나 그 가치를 성공적으로 감소시킬 그러한 기업의 성장을 지원하는 것은 투자가들의 계급 이익에 위배되는 것이라는 이의를 제기하지는 말라. 투자가들은 그렇게 이타적이진 않다. 그들은 자신들의 개인적 이익을 위해 행동하지 그들이 속한 계급의 이익을 위해 행동하진 않는다."(252-253) 그러나 사적인 투자자들이 조합에 도움을 주지 않는다 할지라도, 그들의 연금과 조합에 의해 운영되는 막대한 기금들은 어떠할 것인가? 노직은 "왜 조합들이 새로운 사업을 시작하지 않는지 그 이유를 살펴보자"(253)고 말하고 있다. 우리는 착취에 대한 논의를 살펴보고서 이

---

21) 노동자에 의한 경영 경제의 문제점에 관한 그 이상의 경험적인 모음집을 위해서는 Alec Nove, *The Economics of Feasible Socialism* (George Allen & Unwin, London, 1983), esp. pp.133-141을 참조할 것. 또한 D. Miller, *Market, State, and Community* (Oxford University Press, Oxford, 1989)을 참조할 것.

문제로 되돌아올 것이다.

마지막으로 노직이 검토하고 있는 소외에 관한 내용은, 자본주의 하에서 많은 사람들은 그들에게 영향을 미치는 결정에서 실제로 말하지 않는다는 것이다. 자본주의 하에서 사람들은 '외적 권력의 노리개'가 된다고 마르크스는 말하고 있다. 한 사람의 삶은 그가 일하는 사람을 위한 회사의 경영 결정에 의존할 것이다. 즉 자동 생산을 하기로 결정하여 수천 명의 노동자를 해고할 수도 있다. 또한 한 사람의 미래는 패션 잡지가 '올해 유행할 상픔'으로 무엇을 결정했는지에 의존한다. 즉 지난해의 상품을 만들고 있는 사람들은 해고될 수가 있다. 그러나 이런 반론은 사람들이 자신들에게 영향을 미칠 결정에 참여할 권리가 있다는 것을 전제하고 있는 것이다. 그리고 일반적인 원리에 따르면 이것은 거짓인 것처럼 보인다.

노직은 '대기의 교향악'을 지적하고 있다. 이 악단은 투스카니가 지휘자로 남아 있어야만 재정적으로 성공하여 지속될 수 있었다. 투스카니의 은퇴는 이 악단의 구성원 모두에게 부정적인 영향을 미칠 수 있을 것이다. 그러나 그의 은퇴가 이들의 동의를 조건으로 해서만 인정되어야 한다는 것이 사실이 되기는 어려울 것이다. 물론, 매우 큰 어려움에 처하게 할 만큼 영향을 미치는 모든 중요한 문제에 가치 있는 발언을 할 수 있는 권리를 실질적으로 인정하는 체계를 인정하면서, 이런 하나의 반례가 거의 아무것도 증명해 주지 못한다고 주장할 수 있다. 상당히 많은 사람들에게 영향을 미치는 문제에 있어서, 한 사람의 투표 결과는 실천적으로 무가치할 만큼 미미한 것이다.

노직의 대답은 비판의 핵심을 꿰뚫지 못하고 있다고 말할 수 있다. 그 생각은 자본주의 시장 경제가 사람들에게 영향을 미치는 문제에 대하여 발언권을 주어야 한다는 것이 아니다. 왜냐하면 자본주의적 생산의 무정부적 구조가 인정된다면, 이것은 불가능할 것이기 때문이다. 오히려 새로운 유형의 사회 경제 질서가 요구된다. 그 질서하에서 활동은 민주적으로 계획될 것이다. 따라서 이 체제는 사람들에게 영향을 줄 수 있는 문제에 대하여 발언권을 자연스럽게 부여할 것이다. 물론 이것은 오랫동안 매력적인 생각이었다. 그러나 어떻게 이런 체제가 바람직한 방식으로 작동할 수 있는지가 증명되기 위해서는 오랜 시일이 걸릴 것이다. 이 체제가 잘 작동할 수 있을 때조차도, 우리는 여전히 그 대가가 무엇인지를 결정해야만 할 것이다.

마르크스주의자가 자본주의 시장에 대해 비판하는 두 번째 중요한 점은 바로 자본주의 시장은 자본가의 노동자에 대한 착취에 의존한다는 것이다. 실제로, 착취에 대한 마르크스의 이론은 마르크스주의 이론 내에서 수행해야 할 두 가지 역할을 가지고 있다고 지적되고 있다. 즉 자본가가 이익을 얻는 것이 어떻게 가능한가에 관한 것이고, 자본주의가 부정의하다는 것을 밝히는 것이다. 마르크스는 착취에 관한 이론이 먼저 설명적 목적을 위해 요구된다고 분명하게 주장한다. 그러나 자본주의가 부정의하다고 주장할 의도가 있었는지는 논쟁의 여지가 있는 문제이다.[22] 그러나 현재의 목적을 위하여 마르크스가 이것을 염두에 두고 있었든 그렇지 않든, 자본주의 비판이 마르크스의 착취에 관한 이론에 근거하여 형성될 수

---

22) S. Lukes, *Marxism and Morality* (Oxford University Press, Oxford, 1987); N. Geras, "The Controversy about Marx and Justice", in *Marxist Theory*, ed. A. Callinicos (Oxford University Press, Oxford, 1989), pp. 211-267을 참조할 것.

있다고 해두도록 하자.

착취에 관한 도덕적 이론의 배후에 있는 일반적인 생각은, 착취를 당하는 것은 불공정하게 이용당하는 것이거나 다른 사람의 목적의 도구나 기구로 부당하게 이용되는 것이라는 것이다. 따라서 착취는 부정의의 한 형태이다. 그러나 아마도 더 중요한 것은 착취가 다른 사람을 하나의 인격으로 존중하지 않는다는 것이다. 우리가 알고 있듯이, 노직은 사람들이 다른 사람의 목적에 대한 단순한 수단으로 이용되어서는 안 된다는 칸트의 생각에 동의한다. 그러나 고려되어야 할 내용은 자유주의가 시장을 통하여 정확하게 이러한 것으로 나아갈 것인지에 관한 것이다.

착취를 비난하는 것은 먼저, 이루어진 착취에 대한 분명한 성격 묘사에 의존할 것이고, 둘째, 묘사된 의미의 착취가 잘못이라는 것을 밝히는 것에 의존하며, 셋째, 문제가 되는 상황에서 착취가 이루어졌다는 것을 밝히는 것에 의존한다. 마르크스는 첫 번째 관문을 통과하지 못했다고 자주 주장되고 있다. 경제 분석의 일부분으로써, 착취에 관한 이론은 지금은 매우 의심스러운 가치에 관한 노동 이론 내에서 이루어져 있다. 노직은 이 이론에 대해 날카로운 비판을 가하고 있다. 가치에 관한 마르크스의 노동 이론과 그 문제점을 살펴보는 것은 현재의 논의를 벗어나는 것이다.[23)] 가치에 관한 노동 이론의 개념에 의거해 있는 마르크스의 착취에 대한 정의

---

23) 가치의 노동 이론에 관한 진술과 옹호를 위해서는 P. Sweezy, *The Theory of Capitalist Development* (Monthly Review Press, New York, 1942)를 참조할 것. J. Elster, *Making Sense of Marx* (Cambridge University Press, Cambridge, 1985), chap. 3은 최근의 비판에 대한 좋은 설명을 담고 있다.

는 폐기되었다. 그러나 이것은 아주 잠깐 동안이었다. 왜냐하면 가치의 노동 이론에 의거하지 않고서도 마르크스의 착취 이론을 재건할 수 있는 방법이 있기 때문이다.

존 뢰머에 의하면 "마르크스주의의 착취는 재화를 위한 노동의 불평등한 교환이라고 정의된다. 그리고 노동자들이 자기 수입을 가지고 구입할 수 있는 총 재화에 투입된 노동량이 자신의 수입을 벌기 위하여 투입된 노동량보다 더 적을 때 교환은 불평등하다."[24] 그래서 내가 25파운드를 벌기 위하여 10시간 일한다면, 그리고 25파운드를 가지고서 다른 사람이 5시간 투입한 재화를 살 수 있을 뿐이라면, 재화를 위한 노동의 불평등한 교환이 있게 되는 셈이다. 그리고 나는 착취당했다. 따라서 이런 설명에 의하면, 자본주의 아래서는 착취가 생겨날 것이라는 것은 거의 확실하다. 왜냐하면 자본주의자가 이익을 얻고자 한다면, 노동자의 임금은 그 노동자가 생산한 것보다 적게 지불되어야 할 것이기 때문이다.

착취에 대한 이런 설명은 마르크스의 본질적인 핵심을 잘 파악하고 있는 듯이 보인다. 그래서 마르크스의 본래 이론에 대한 노직의 이런 반론이 이와 같이 변형된 입장에도 역시 적용된다는 것은 놀랄 만한 일은 아닐 것이다. 즉 이런 정의에 따르면, 미래의 성장과 발전을 위해 투자를 하는 사회, 그리고 노동을 할 수 없는 사람에게 다른 사람의 노동을 통해 보조금을 주는 사회에는 착취가 있

---

24) J. Roemer, "Should Marxists Be Interested in Exploitation?" in *Analytical Marxism*, ed. J. Roemer (Cambridge University Press, Cambridge, 1986), p.260. 이 주제에 대한 흥미로운 또 다른 논의를 위해서는 *Modern Theories of Exploitation* (ed. A. Reeve, Sage, London, 1987)을 참조할 것.

게 될 것이다. 따라서 착취가 자본주의에 특징적인 것이라고 생각할 이유는 없다. 또한 마르크스주의자에게 있어서 착취가 항상 나쁜 것도 아니다. 적어도 착취에 대한 이런 정의는 수정될 필요가 있으며, 여기서 핵심적인 요소는 노동자들이 착취당했을 때 이들이 중요한 것을 상실했다는 점뿐만 아니라, 자본가가 중요한 것에 대해 공정한 주장을 하지 못하는 사람들에게 그것을 상실하게 만들었다는 점이라는 것을 분명하게 해야만 한다. 자본가는 노동자에게 불공정한 노동을 요구한다.

그러나 고용 조건이 불공정한 것이라면, 노동자가 이들에 동의하는 이유는 무엇인가? 고전적인 대답은 노동자는 선택의 여지가 없다는 것이다. 생산 수단에 대한, 그리고 생존 수단에 대한 독립적인 접근 방법이 주어지지 않는다면, 노동자는 자본가가 어떤 조건을 제시하든 그것을 받아들일 수밖에 없다. 이 조건을 받아들이지 않으면 굶어 죽게 될 것이다. 따라서 착취에 대한 비판에는 두 가지 요소가 있다. 즉 강제와 불공정이 그것이다. 자본주의에 대한 노직의 기본적인 옹호는 노동자가 자본가를 위해 일하도록 강제된 것이 아니라는 것을 증명하려고 노력하는 것이다. 노동자가 자본가를 위해 일하도록 강제된 것이 아니라면, 한층 더, 이들은 불공정한 조건에도 어쩔 수 없이 일하도록 강제된 것이 아니며, 따라서 이들은 착취당하는 것이 아니다.

그렇다면 노동자는 자본가를 위해 일하도록 강제된 것인가? 강제한다는 것에 대한 노직의 정의에 따르면, 이에 대한 대답은 모든 사람이 자신의 권리 내에서 행동한다면 강제된 것이 아니라는 것임을 알 수 있다. 그러나 이 논의의 목적을 위하여, 노직은 강제가 가진 폭넓은 의미를 받아들이고 있다. 이런 정의에 따르면 당신이 행위 X에 대한 합리적 대안이 없다면 당신은 X를 하도록 강제되어 있다는 것이다. 노직은 합리적 대안이 있다면 자본가를 위해 일하도록 강제되어 있는 사람은 없다고 주장한다. 예를 들어 어떤 사람이 일하고자 바라는 그리고 일할 수 있는 공적인 영역이 있다면, 이것은 합리적인 대안으로 간주될 것이다. 따라서 그런 영역이 존재한다면, 극히 소수의 사람만이 그 영역에서 일하고자 결정한다 할지라도, 자본가를 위해 일하는 것을 선택한 사람은 착취당하는 것이 아니다.

그러나 어떤 이유에서든 그 공적인 영역에서 일하려고 결정한 사람이 아무도 없다고 생각해 보자. 그 공적인 영역은 사라져버릴 것이다. 이제 자본가를 위하여 일하는 것의 어떤 합리적인 대안도 없다. 그러나 사람들이 하려고 선택한 것이며, 합리적인 대안이 있을 때조차도 계속해서 하려고 선택할 것이기 때문에 이들이 자본가를 위하여 일하도록 강요받고 있다고 말하는 것은 매우 이상해 보인다. 노직의 결론은 자유시장에서 자본주의는 착취하지 않을 것이라는 것이다. 왜냐하면 노동자는 강제의 중요한 의미에서 자본가를 위하여 일하도록 강요받고 있지 않기 때문이다.

그러나 이런 대답은 자본주의에 대한 비판에 대해 만족스러운 대답이 아니다. 착취는 노동자들이 실제로 자본가를 위하여 일하도록 강요받고 있다는 생각에 의존하는가? 이론을 제기하는 또 다른 방법은 당신이 할 수 있는 최고의 선택이 불공정한 조건에서 일하는 것이라면 (그리고 고용주가 이런 조건으로 고용하기 위하여 이러한 그의 처지를 이용한다면) 착취당하고 있다고 말하는 것이다. 따라서 비록 착취가 이것을 강요하는 것과 유사한 개념에 의존한다 할지라도, 이것이 노직이 활용하고 있는 개념은 아니다. '다른 사람의 약점을 이용해 착취하는 것'에 대한 전통적인 생각에 의하면, 사람들은 이들에게 열려 있는 여러 대안들을 가지고 있을 때조차도, 이런 모든 대안들이 매력적이지 않다면, 약점을 가질 수 있다. 자본가가 이런 약점을 이용하여 불공정한 조건을 제시한다면, 자본가는 착취하는 사람이다.

착취라는 비판에서 자본가를 옹호하는 최고의 방법은 제시된 고용 조건이 불공정하지 않다고 주장하는 것이다. 노직은 이런 방식으로 자본가를 옹호할 수 있는 일련의 논변을 넌지시 던져주고 있다. 앞의 설명에서 노동자는 자본가를 위해 노동하는 것보다 분명 더 선호할 만한 대안들을 가지고 있다. 이들은 노동자들의 조합을 설립할 수 있다. 그리고 자신들의 사업체를 운영하려고 시도할 수 있다. 그러나 자본가들을 위해 일하는 노동자들은 이런 길을 걷지 않는다. 왜 그렇게 하지 않는가?

노직은, 노동자들이 사업체를 운영하면서 생겨날 수 있는 손실의 위험을 감수하기보다는 확고한 수입을 더 선호할 수 있다고 말한다. 따라서 큰 이익을 얻을 수 있는 가능성은 큰 손실에 있어서의 안전을 위하여 자본가와 노동자의 공정한 상호 이익으로 교환되었다. 따라서 계약 조건은 착취가 아니라고 주장될 수 있다. 오히려 위험을 받아들일 수 있는지에 대한 다른 견해와 다른 기술을 가진 두 집단의 공정한 화해라고 할 수 있다.

현재 노동자 계급의 상당수는, 노직이 생각하듯이 정확하게 계산하고서 위험하고 스트레스가 많은 사업체를 운영하기보다는, 상대적으로 수입은 적지만 편안한 삶을 선택한다. 그러나 노동자의 어느 정도가 이런 조건을 생각할 수 있는 기회를 가지는 것일까? 특히 보잘것없는 임금을 받으면서 자신의 사업체를 운영하겠다는 생각은 터무니없게 보일 수 있다. 이들은 실제로 자본을 형성할 수 있을 것인가? 실패는 궁핍함을 의미하는가? 이들은 위험에 대한 합리적인 평가를 할 수 있는가? 다른 사람들이 신입사원을 회사에서 내쫓으려는 음모를 꾸밀 수 있을까? 따라서 많은 수의 노동자들은 자신들이 불공정하다고 생각하는 조건에서 일하는 것 이외에 더 나은 대안을 가지고 있지 않다고 생각할 수 있다. 노동자들이 이런 조건에서 일하는 것 이외에 더 나은 대안을 가지고 있지 않다는 것은 상세하게 증명될 필요가 있는 것이다. 그리고 자본주의가 필연적으로 착취의 체계라는 것은 단순히 전제될 수 있는 것이 아니다. 또한 자본주의가 착취를 함축하지 않는다는 것도 전제될 수 있는 것이 아니다.

노직의 비판에 대한 극단적인 반응들은 서로 관련되어 있다. 노직이 대답했다고 해서 이런 반론 모두를 포기하는 사람은 아마도 거의 없을 것이다. 많은 사람들이 듣는 것을 단순히 거부할 것이다. 그렇게 하려고 마음먹고 있는 사람들은 대답을 발견하기 어렵다는 것을 알아야 한다. 노직의 작업이 가진 하나의 장점은 그의 논변이 자본주의에 대한 극단적 반론의 엄격함을 개선하기 위하여 날카롭고 세련되게 이루어졌다는 것이다. 진부한 방식으로 자본주의를 비판하는 것은 더 이상 받아들여지지 않는다.

자유지상주의와 유토피아주의

지금까지의 입장을 요약해 본다면, 무정부주의자와 포괄적 국가를 옹호하는 사람들에 반대하는 노직의 논변은 자유지상주의가 참임을 확립하지 못했다. 그럼에도 불구하고 노직은 자신의 가장 강력한 경쟁자들에 대한 강력하고도 중요한 비판을 제기하고 있다. 따라서 자유지상주의는 증명되지 않았다. 그러나 이런 측면에서 이것은 현대의 다른 정치철학보다 더 나쁜 것은 아닐 것이다. 우리가 최소국가를 옹호하는 노직의 모든 전략을 살펴본 것은 아니다. 왜냐하면 세 번째 것이 남아 있기 때문이다. 즉 최소국가는 '유토피아를 위한 기초'라는 생각이 남아 있다.

비판적인 문헌들 전반에 걸쳐, 자유지상주의는 극단적인 형태의 자유방임적 자본주의로 묘사되고 있다. 소유권과 시장은 그 중심을 차지하고 있다. 사람들의 선택은 중앙의 권위 있는 관리자에 의해 구속받지 않는다. 당신은 당신이 가진 것을 자유롭게 팔 수 있다. 그리고 판매자가 동의한 가격을 당신이 지불할 수 있다면 무엇이든 살 수 있다. 그러나 이런 해석을 다루면서, 자유지상주의가 허용하는 것과 추천하는 것의 차이를 분명하게 하는 것이 중요하다. 비록 자유지상주의가 무제한적인 자본주의를 허용하려는 의도를 명백하게 가지고 있다 할지라도, 자유지상주의가 무제한적인 자본주의를 추천하는 것은 아니다. 왜냐하면 자유지상주의는 아무것도 추천하지 않기 때문이다. 사람들은 자유롭게 자신이 바라는 것은 어떤 것이든 합의할 수 있다. "자유방임 체제에서 자본주의 제도들이 허용된다 할지라도, 실제로 이 제도들이 기능하지 않을 수 있는 것으로 밝혀질 수 있다."(321)

사실상 자유지상주의와 실제로 불일치하는 것으로 보인다는 것이 현대 자본주의의 중요한 측면이다. 노직은 최소국가가 제한적인 부담을 허용할 수 있는지에 관한 문제를 논의하였다. 그러나 집단적 인격은 어떠한가? 통화 공급의 준비와 통제는 어떠한가? 이들 각각은 우리가 지금 알고 있는 것처럼 자본주의에 본질적인 것처럼 보인다. 그러나 이들이 자유지상주의와 모두를 이룰 수 있는지는 분명하지 않다.[25)]

그러나 중요한 점은 자유지상주의가 자본주의를 요구하지 않는다는 점이다. 자유지상주의는 본질적으로 사람들이 서로 권리라고 주장할 수 있는 것에 관심을 가지고 있다. 그리고 이것은 자아와 재산에 간섭하지 않는다. 그러나 이런 권리의 구조가 성립된다면, '공동체'는 자발적인 조직체로서 성숙해질 수 있다고 노직은 생각한다. 이러한 점에서 최소국가에서 인정되는 것보다 더 많은 것을 인정할 수 있다. 공동체는 최소국가가 규제할 수 없는 것을 규제할 수 있다. 공동체 안에 남아 있다는 것은 이런 규제를 받아들인다는 조건을 인정한 것이다. 즉 아마도 다른 사람에 대한 강제할 만한 적극적인 의무를 인식하고 있으며, 종교적, 성적, 또는 지적인 실천을 통제하는 규칙에 복종한다는 것을 인정하는 것이다.

최소국가에는 유토피아의 여지가 있다. 그러나 이것은 하나의 단일한 견해에서가 아니라 다원적인 유토피아의 의미에서이다. 유토피아에 대한 당신의 생각이 무엇이든, 여기에 거주할 충분히 많은 다른 사람들이 있고, 이를 위해 대가를 지불할 수 있다면, 자유지상주의 하에서도 이것은 가능하다. 사람들이 자신이 관계할 필요가 없는 다른 사람들은 무시하고서 유사한 생각을 가진 사람들이 자신들이 바라는 바대로 살아갈 수 있는 공동체를 생각해 볼 수 있다.

---

25) 나는 이 입장에 있어서 Michael Rosen에 빚지고 있다. 또한 자본주의가 효과적으로 수행되기 위해서는 국가가 최소국가 이상의 기능을 수행해야 한다는 측면에 대한 설명을 위해서는, F. Hayek, *The Constitution of Liberty* (Routledge & Kegan Paul, London, 1960)을 참조할 것.

하나의 집단은 밤늦게까지 시끄러운 음악을 연주할 수 있는 공동체를 설립할 수 있다. 그리고 또 다른 집단은 침묵하면서, 원고를 쓰면서 그리고 약용 술을 증류하면서 시간을 보내는 삶을 살 수도 있다. 그들이 속해 있는 공동체를 지루해하거나 환멸을 느낀다면, 사람들은 그 공동체를 떠나 다른 공동체에 속할 수 있다. 어떤 공동체를 사라져버릴 것이고 다른 공동체는 성숙하게 될 것이다.

이런 묘사는 얼마나 그럴듯한가? 이론적으로 이것은 매우 매력적으로 들린다. 자본주의자가 떠날 수 있으며 자신들이 하고 싶은 것을 할 수 있다면, 그리고 사회주의자도 역시 그들이 하고자 하는 바를 할 수 있다면, 사회가 자본주의자에 의해 구성되어야 하는지, 사회주의자에 의해 구성되어야 하는지에 관해 주장되어야 하는 이유는 무엇인가?[26] 그러나 이런 다양성이 실제로 작동할 것인가? 피터 싱어(Peter Singer)가 말하고 있듯이, "도덕적 원리가 부에 대한 욕구보다 약한 부유한 사람들이 이탈한 후에도, 재분배를 크게 원하는 공동체는 유지될 수 있는가? 이런 공동체는 인정머리 없는 자본주의자에 의해 운영되는 이웃 공동체에서 이동해 오려는 굶주리며 피폐해진 사람들의 참가 신청을 거부할 수 있는가?"[27]

두 번째 비판은 자신들의 천국을 발견하지 못하는 한, 하나의 유

---

26) 노직은 "Who Would Choose Socialism?" (*Reason*, May 1978, pp.22-23)에서 사회주의와 자본주의를 실제로 선택할 수 있게 하는 키부츠가 있는 이스라엘에서 단지 9% 이하의 사람들만이 사회주의 체제에서 살기를 원했다고 주장한다. 물론 이 자료에 대한 다른 해석도 가능하다. 아마도 9% 이하의 사람들이, 그것이 무엇이든, 주된 경향에서 벗어나려는 선택을 했다고 볼 수도 있다.

27) Peter Singer, "The Right to be Rich or Poor", in *Reading Nozick*, ed. J. Paul (Blackwell, Oxford, 1982), p.38.

토피아에서 다른 유토피아로 자유롭게 이동할 수 있다는 노직의 생각은 취소될 수 없는 선택이 있을 수 있다는 것을 무시하고 있다. 조그만 자기 충족적인 시골의 공산주의 공동체의 구성원들이 집단적으로 자신의 몫을 팔고자 결심했다면, 이들이 전자의 삶의 방식으로 되돌아가고자 결심했을 때, '골프를 치는 동호인들의 마을'과 같은 유토피아가 폭발적으로 증가한 탓으로, 땅 값을 감당할 수 없다는 것을 깨닫게 될 것이다. 이런 생각은 진화의 법칙이 다원적 유토피아들에도 적용되는가에 대한 숙고에 의해 생겨난다. 아마도 긴 안목에서 보면 우리는 경제적으로 가장 적합한 것을 생존 법칙으로 하고, 이에 의해 통제되는 구조를 찾을 수 있다. 그래서 우리는 다양성을 가진 발전이 아니라 성분이나 특성이 일정한 발전을 찾을 수 있을 것으로 기대할 것이다. 큰 시장을 가진 공동체들은 결국에는 이들 주위의 공동체 중에서 가장 저항하는 것을 제외한 모든 공동체를 빨아들일 것이다.

노직은 이런 구조에 관한 생각에는 문젯거리가 있다는 것을 깨닫고 있다. 어린이들이 이런 하나의 문젯거리를 나타내 보여준다. 예를 들면, 어느 정도 나이가 되어야 떠날 수 있을 것인가? 이들은 삶의 대안적인 방식들에 대해 균형 잡힌 방식으로 충분한 정보를 가질 권리가 있는가? 한 사회가 진보 이론을 논의하는 것이 하나의 죄가 된다는 믿음을 공유하고 있다면, 이들은 어린이에게 진화 이론이 죄악이라는 믿음을 가르칠 수 있는가? 가르칠 수 있다면, 어린이들은 어떻게 자유로운 선택을 할 수 있는가? 가르칠 수 없다면, 이것은 어떻게 통제되어야 하는가?

결국 유토피아의 구조를 묘사할 때 생겨나는 중요한 근거가 되는 어려움은, 이렇게 혼잡한 지구상에 모든 사람들이 타인을 방해하지 않고, 또는 적어도 이들의 재산권을 침해하지 않고, 자신들이 원하는 바를 할 수 있을 만큼 충분한 공간이 있는가 하는 것이다. 비록 노직이, 너무도 혼잡하다는 것이 공동체의 관계에 문제점을 낳게 할 것이라는 점을 인식했다 할지라도, 그의 모델은 공간이 충분할 때에만, 그리고 많은 사람들이 없을 때에만 적절한 것으로 보인다. 노직은 큰 도시들이 있을 수 있는지 의문을 가질 수 있다. 그러나 물론 이런 도시를 원하는 사람이 전혀 없을 때조차도 출산율이 감소하지 않는 한, 이런 도시는 생겨나게 될 것이다. 이제는 노직의 구조는 다른 유토피아주의 견해와 마찬가지로 실제적이지 않은 것처럼 보인다.

자유지상주의, 자유주의, 보수주의

자유주의를 유토피아를 위한 기초로 인식하는 것은 노직의 다원주의를 암시하고 있다. 그리고 그의 정치적 관점에는, 사람들이 다양하고 심지어 반대가 되는 선 개념에 따라서 삶을 살 수 있는 넓은 영역이 있다. 이런 의견은 노직의 견해가 본질적으로 다양한 삶의 방식에 매우 중립적인 자유주의적인 것임을 말해 주고 있다. 이런 사유가 일반적으로 노직에게 보수주의라는 딱지가 붙어 다니게 한다. 이에 대한 이유는 발견하기 어렵지 않다. 정치적 견해를 분류한 하나의 단순한 방법은 그 견해들이 정치적 스펙트럼의 어느 지점에선가 자리하고 있다고 주장하도록 한다. 그리고 이 스펙트럼에서 노직이 좌파보다는 우파에 가깝기 때문에, 여기에서 그가 보수적이라는 것이 도출된다.

그러나 노직은 결코 보수주의자라고 주장하지 않는다. 유사한 견해를 가진 사람들은 이런 낙인을 거부한다. 하이에크의 저서 *Constitution of Liberty*는 "왜 나는 보수주의자가 아닌가"라는 제목의 후기를 담고 있다. 더욱이 이론적인 보수주의의 주류는 노직에게 이런 지위를 주려고 하지 않는다. 로저 스크러턴은 보수주의를 옹호하는 *The Meaning of Conservatism*이라는 책에서 권위, 정체, 제도, 전통, 관습 그리고 충실함에 대한 보수주의의 강조는 자유주의자의 '최소국가주의'와 전체적으로 일치하는 것이 아니라고 말하고 있다.[28] 더욱이 "세금 부과는 강제 노동과 다름없으며, 본래 부정의하다"는 노직의 견해와 관련하여, 스크러턴은 "우리가 이런 하나의 논변을 인정하고자 한다면 우리는 보수주의적 시도를 폐기해야 한다. 그리고 시민들이 서로 간에 그리고 국가에 얽매어 있는 의무들의 망을 인식하지 못하게 된다"[29]고 한다. 많은 전통적인 보수주의자의 믿음들 — 유기체론, 자연적 계급, 민족주의, 사회를 설계하려는 신의 의도[30] — 은 노직에게는 골칫거리가 될 것이다.

노직은 무간섭주의를 강조했다는 점에서, 어떤 다른 주요한 정치적 움직임보다도 19세기의 자유주의에 더 가깝다고 생각되고 있다. 그러나 실천적인 정치적 맥락에서, 너무도 많은 이론이 있어서 각각을 하나의 정치 정당에 일치시킬 수는 없다. 현재 존재하는 우익

---

28) R. Scruton, *The Meaning of Conservatism* (Macmillan, London, 1984), p.31.

29) Scruton, *ibid.*, p.106.

30) Russell Kirk, "The Conservative Mind" (Henry Regnery, Chicago, Ill., 1953)을 참조할 것.

정당도 전통적인 보수주의에 점진적으로 현대의 자유주의적, 무간섭주의 이론을 덧붙였다고 말해지고 있다. 그러므로 우리는 '오래된 우익'과 '새로운 우익'의 불편하고 불안정한 혼합이 보수적인 사유라고 불리는 것을 억제하기 위하여 나타난 견해라고 생각한다.

새로운 우익과 오래된 우익의 중심적인 연관성은 사적 재산을 옹호하는 입장에 서서 사회주의와 평등에 신랄하게 반대하는 것인 듯하다. 그러나 여기에 어떤 유형의 재산권이 옹호될 만한 가치가 있는 것인지에 대한 불일치가 있기는 하다. 전통적인 보수주의 사상 내에는 재산에 대한 봉건적 사유의 흔적이 남아 있다. 이 경우 소유자는 개인이라기보다는 가계 혈통이다. 그리고 현재의 소유자는 부분적으로는 보관자로서 역할을 하고 있다. 즉 이 소유자는 후손에게 책임이 있을 뿐만 아니라 불운한 사람에 대해서도 책임이 있다. 귀족으로서 마땅한 의무가 있다는 생각은 전통적인 보수주의의 일부분으로 남아 있다. 비자발적인 의무에 대한 이런 인식은, 소유자의 선택권에 중심을 두고 있는 자유지상주의의 재산권과 대조된다. 재산을 사용하는 데 부가되는 유일한 제약은 이것이 다른 사람의 권리를 침해하는 방식으로 사용되어서는 안 된다는 것이다.[31)]

이런 차이는 정책 판단에 반영되는 것이 불가피하다. 건축학적으로도 역사적으로도 매우 가치 있는 대저택을 소유한 사람이 그 저택을 파괴하려는 것이 허용될 수 있는지 생각해 보자. 그리고 그 지역에 안전하지만 보기 흉한 화학 공장을 지으려는 기업가에게 팔

---

31) 얼마나 많은 다른 종류의 사유재산권이 있을 수 있는지에 대한 논의를 위해서는 R. Schlatter, *Private Property, History of an Idea* (George Allen & Unwin, London, 1951)을 참조할 것.

려는 것이 허용될 수 있는지 생각해 보자. 현대의 보수주의자들은 두 가지 방향을 제시하게 될 것이다.

전통적인 보수주의자와 자유지상주의자가 정치적인 협력 관계를 이룰 수 있다 할지라도, 중요한 이론적인 문제가 이들을 갈라놓을 것이 분명하다. 실제로 자유지상주의적 사유나 자유방임적 사유 내에서 두 입장을 날카롭게 구분하는 것은 가치 있는 일이다. 첫째는 노직의 권리에 기초한 입장이다. 즉 우리가 타인의 권리를 존중하고자 한다면, 우리는 그 결과와는 관계없이 자유지상주의를 주장해야만 한다. 둘째는 자유방임주의 시장이 경제적 효율성에 기초하고 있는 공리주의적 근거에 의해 옹호될 수 있다고 주장하는 것이다. 이런 관점은, 비록 그의 저작과 하이에크의 저작에서 두 종류의 옹호 방식이 다 나타나 있기는 하지만, 특히 프리드먼의 저작에 나타나 있다.

노직의 자유지상주의 입장은, 경제적 효율성에 근거를 두기보다는 권리에 근거를 두고 있다. 즉 이것은, 어떤 극단적인 비효율적인 협동 공동체에서조차도, 사람들이 시장을 사용하여 계약을 맺을 수 있도록 장려하는 것을 그에게 허용한다. 시장으로부터의 이탈이 모든 관련된 부분에 있어서 자발적인 한, 노직은 이에 대해 반대하지 않는다. 이런 이유 때문에, 유토피아를 위한 구조를 염두에 두고 있다면, 자유지상주의를 자유주의의 한 형태라고 생각하는 것이 더 나은 듯이 보인다. 자유지상주의는 자신의 시간과 공간 안에서 자격을 가진 성인이 이루어낸 것은 전적으로 그 자신의 것이라고 말한다. 확실히 이것은 롤즈의 복지주의적 자유주의, 또는 자유주의적 평등주의와는 매우 다른 자유주의의 한 종류이다. 그러나 상당수의 사람들이 자유주의의 핵심적 요소라고 생각하는 자기 소유의 이념을 강조하고 다양한 선 개념을 인정한다는 점에서, 자유지상주의는 자유주의 이론 내에 자리를 차지하고 있는 것이 분명하다.

그러나 자유지상주의는 다양한 선 개념을 실제로 인정하고 있는가? 그렇지 않을 수 있다고 생각할 수 있는 하나의 이유는, 우리가 2장에서 살펴보았듯이, 자유지상주의적 권리가 '삶의 의미'에 관한 하나의 견해를 기초로 삼고 있다는 것이다. 노직의 견해에 있어서, 의미 있는 삶에서 중요한 요소들은 자율성, 합리성, 그리고 개별자의 자기 개발에 기초되어 있다. 그래서 그는 이런 목적을 촉진할 수 있는 삶의 유형이 가능하도록 권리 이론을 형성하였다. 그러나 우리가 알고 있듯이, 대안적인 권리 이론들은 의미 있는 삶에 관한 이런 이론들과 상응한다고 주장될 수 있다. 그리고 의미 있는 삶에 관한 다른 견해들은 더 많은 권리 이론들을 제기할 수 있다.

여기에서 핵심은, 의미 있는 삶에 관한 이론은 의미 있는 삶에 관한 이론과 매우 닮아 있는 선 개념과 매우 친숙한 권리 이론에서 생겨날 것이다.32) 따라서 예를 들면, 노직의 이론에 있어서, 독립적인 자기 신뢰를 가진 삶을 사는 것은 쉬운 일이다. 그러나 타인을 돕고 도움을 받는 상호간의 '비자발적인 의무'의 체계에서 사는 것은 더 어렵다. 다른 예를 들어 본다면, 저녁 노을을 즐기는 사람은 영화를 즐기는 사람보다 자신의 즐거움이 더 획득될 만한 것이라는 더 큰 확신을 가지고 있다. 왜냐하면 영화를 즐기는 사람의 즐거움

32) 하나의 정치 이론이 많은 부분 인간의 본성이나 사회의 본성에 대한 그 사람의 입장에 의존할 것이라는 생각은 평범한 것이다. 이러한 점을 강조하는 중요한 연구를 위해서는 David Miller, *Social Justice* (Oxford University Press, Oxford, 1976)을 참조할 것.

은 영화를 만들려는 동기를 가진 다른 사람에 의존하기 때문이다.

그러나 이것이 실제로 그러한지는 논의해 볼 필요가 있다. 노직 견해의 결론은 자신의 선 개념이 의존하는 사람이 많으면 많을수록, 여타의 조건이 같다면, 그 삶을 이끄는 것은 더 어렵게 된다는 것이다. 자유지상주의 사회가 다른 선 개념보다 어떤 특정한 선 개념을 삶을 살기에 쉽도록 만들 수 있다 할지라도, 어떻게 사회가 절대적으로 중립적일 수 있는지를 알기는 어렵다. 구성원의 입장에서 고무하고 저지하는 것은 피할 수 없는 편견을 다루는 공정한 방법처럼 보인다. 중요한 것은 어떤 유형의 삶도, 이것이 다른 삶의 권리를 침해하지 않는다면, 절대적으로 금지되지 않는다는 것을 확실히 해두는 것이다. 이론적으로 이것은 자유지상주의가 달성한 것이다. 자유지상주의 사회에서 실제로 무엇이 개발될 수 있는지는 또 다른 문제이다. 우리는 마지막 절에서 우리가 이에 대해 낙관적일 수 있는 이유가 많지 않다는 것을 알게 된다.

자유지상주의의 매력

결국 『무정부, 국가 그리고 유토피아』가 성취한 것은 무엇인가? 학문적인 정치철학에서 노직을 따르는 학자는 극히 소수이다. 그러나 최근 정의, 재산, 또는 정치적 의무를 다루는 거의 모든 서적은 노직의 이 책에 대해 논의하고 있으며, 적어도 언급하고 있다. 롤즈와 더불어 노직은 계속해서 정치철학적 입장을 좌우하고 있다. 그러나 철학자들이 그의 입장에 거의 동의하지 않음에도, 노직이 정치철학적 입장을 좌우하고 있는 이유는 무엇인가?

『무정부, 국가 그리고 유토피아』의 첫 번째 매력은, 충격적이고 강력하며, 굳건하고 독창적인 정치철학의 한 입장을 강력하게 제시하고 있다는 점이다. 이것은 적어도 이런 견해가 아직 금세기에 학적문인 철학의 주류로 활기차게 제기된 적이 없다는 점에서는 그러하다. 그러나 이 견해가 단순히 충격을 주면서 제시되었다는 점이 아니라, 이들이 제시된 방식이 매력적이다.

이 책은 위안을 삼고 있는 입장에 대한 놀랍고도 기발하고, 좀 별스러운 반대 사례들로 이루어진 논변들로 가득 차 있다. 그리고 이것은 재치와 정곡을 찌르는 논변들이다. 이전에는 정치철학에 이와 같은 일은 없었다. 그리고 이렇게 추상적이고 영민한 입장도 매우 드물다. 또한 하나의 단일한 작품이 이렇게 많은 승인된 견해들에 도전하고 있는 경우도 드물다. 『무정부, 국가 그리고 유토피아』는 주목을 받을 만한 매력이 있다. 왜냐하면 이것은 극단적인 입장을 묘사하기 때문이다. 따라서 이것은 정치철학의 한 쪽 경계를 설정하고 있다. 그리고 중단하고자 바라는 사람들로부터 주목을 받고 있다.

노직의 극단적인 경향은 하나의 개념을 받아들여 이것을 정치철학의 모든 영역에 무제한적으로 적용한 결과이다. 자유지상주의 배후에 놓여 있는 개념이 자유라는 것은 자연스러운 가정일 것이다. 비록 자연스럽기는 하지만, 이것은 잘못된 생각이다. 우리는 노직의 자유 개념이 빛이 바래고 형식적이라는 것을 4장에서 알 수 있었다.

당신의 자유는 도덕 법칙 내에서 행동할 수 있는 당신의 권리이다. 즉 당신이 권리를 가지고 할 수 있는 것을 할 수 있는 권리이다. 그러므로 이런 권리들의 목록이 더 기초적이다. 그리고 그 목록은 소유 개념에 기초해 있다. 따라서 노직의 정치철학은, 사람들이 사적 소유의 절대적 권리 그리고 사람들이 인정될 수 있는 한에서 올바르게 소유하고 있는 세계의 한 부분에 대한 절대적 권리를 가지고 있다는 생각을 받아들이는 데서 성립한다. 이것이 소유라는 말이 『무정부, 국가 그리고 유토피아』에서 그렇게 큰 역할을 담당하고 있는 이유이다. 즉 다양한 복지 조항은 당신이 소유한 것을 다른 사람의 것으로 만든다는 근거에서 비판되고 있다.

비록 자유지상주의의 전체적인 구조물이 자아와 세계에 대한 절대적인 재산권이라는 이런 관념에 의거하고 있다 할지라도, 이들이 옹호하는 방식으로 그렇게 주어져 있는 것은 아니라는 것은 주목할 만하다. 그러나 다른 한편으로, 소유에 대한 역사적 고려 사항들에 대한 노직의 강조는, 정치철학이 스스로를 필요나 효용성 개념으로 제한할 수 없다는 것을 공리주의자, 평등주의자, 그리고 복지주의 경제학자에게 잘 되새겨 주고 있다. 우리는 사람들이 사물을 소유하고, 자신이 가진 것에 대해 강력한 도덕적 권리를 가지고 있다고 믿는다는 것을 간과해서는 안 된다. 소유권리론은 많은 사람들이 가진 직관적인 감정과 일치하고 있다. 그리고 소유권리론은 우리의 중요한 도덕적인 삶과 정치적인 삶의 중요한 측면이다. 노직의 주된 성취는 권리 개념을 정치철학적 논쟁의 한복판으로 끌어들인 것이다.

그러나 비록 소유권리론이 중요하다 할지라도 이것이 유일하게 중요한 것인가? 필요, 응분, 효용에 대한 고려 사항들도 역시 직관적인 감정과 일치하지 않는가? 버나드 윌리엄스는 정의에 대한 노직의 개념이 "기껏해야 우리의 도덕적인 이념의 한 측면에 불과한 것을 엄청나게 과장"한 것처럼 보인다고 말한다.[33] 정치철학은, 우리가 가치 있게 여기는 것을 얼마나 가질 수 있는지 살펴보고 이들의 관계를 고찰하면서, 정치적 영역과 관련되어 있는 이런 가치 모두를 받아들이는 것으로, 부분적으로는, 이루어져 있다. 우리의 가치들이 정합적이라면, 이런 가치들의 전부 또는 일부와 조화를 이루고 적절하게 이해해야 하는가? 자유지상주의를 이해하는 하나의 방법은, 자유지상주의가 필요하다던 모든 것을 희생해서라도 하나 — 소유 — 에 집중하고 이것에 제한을 가하여 가치의 정돈과 교환에 책략을 사용한다는 것이다. 우리는 이것이 어디까지 인정될 수 있는지를 살펴보면서 많은 것을 배운다.

자유지상주의의 매력은 자유지상주의가 분명하고 단순하며 원칙에 의거한 정치철학적 관점, 즉 정치학을 위한 결정과정을 제시하면서, 여러 갈래의 가치들이 뒤엉켜 혼란스러운 것을 가름해 준다는 것이다. 이것은 우리가 타인의 소유권과 소유물을 존중한다면 우리에게 요구되는 모든 것을 우리가 하게 될 것이라는 것을 가르쳐주고 있다. 우리의 두 개의 기초적인 물음은 이런 묘사가 정합적인가 — 이런 단순함이 중요한 것인가? 그리고 이런 묘사가 설득력이 있는가 — 우리는 이와 같은 것을 원하는가? — 이다.

자유지상주의를 일관성 있게 만들려는 시도에 의해 자유지상주의가 크게 변형되었다는 것을 알 수 있다. 첫째, 노직은 최소국가를 정당화하기 위하여 점차로 임시 방편적이고 받아들이기 어려운 원리를 도입하고 있다. 그리고 정당화에 대한 시도마저도, 그 독창성에도 불구하고, 실패하고 만다. 둘째, 노직은 최초의 사적인 사유화를 옹호하는 논변을 제시하지 않는다. 이것은 어쩌면 당연한 것

---

33) B. Williams, "The Minimal Sta e", in *Reasding Nozick*, p.34.

일 수 있다. 왜냐하면 최초의 사적인 사유화는 자유지상주의에 의해 옹호될 수 없는 것이기 때문이다. 실제로 사람들에게 무한대의 사유화를 인정하는 것은 다른 사람이 할 수 있는 것을 제한하게 되며, 따라서 이들의 자유와 소유를 훼손하게 될 것이다. 결국 노직의 소유 개념은 상충을 낳게 된다. 그리고 무한대로 소유를 인정하려는 시도는 앞뒤가 맞지 않게 된다.

비일관적인 문제는 그만두고서라고, 자유지상주의는 얼마나 매력적인가? 나는 윌리엄스에 동의해야만 한다고 생각한다. — 이것은 기껏해야 우리가 원하는 것의 일부분이다. 우리는 필요, 응분 그리고 다른 가치들을 무시할 수 없다. 이것이 소유권리가 우선 순위를 다투는 하나의 더 나은 가치라는 것을 의미하는가? 이것이 문제를 살펴보는 하나의 방법이라는 것은 확실하다. 그러나 소유권리의 고려 사항들은 항상 직관적인 호소력을 크게 가지고 있다. 예를 들면 이것이 내 돈이라는 사실은 당신이 이 돈을 필요로 한다는 주장, 이 돈을 받을 만하다는 주장, 또는 이 돈을 당신이 갖는다면 이 세상이 더 행복해질 것이라는 주장을 침묵하게 만든다. 이것을 정당화하기 위하여, 우리는 롤즈의 제안을 하나 받아들여서 정의의 기초 구조와 그 구조 안에서 생겨나는 정당한 기대를 구분해 볼 수 있다.[34)]

기초적인 정의 체계를 설정하면서 우리는 여러 상이한 가치들을 통합할 수 있다. 우리가 사람들에게 세금을 내도록 하는 이유에는 많은 다른 근거들이 있을 수 있다. 그러나 그 구조를 설정하면서,

---

34) Rawls, *A Theory of Justice*, pp.310-315. 또한 그의 "The Basic Structure as Subject", *American Philosophical Quarterly*, 14 (1977), pp.159-165를 참조할 것.

사람들이 그 구조의 지속성을 대체로 신뢰할 수 있다는 것은 중요하다. 세금의 비율을 매달 큰 폭으로 조정하는 것은 잘못일 것이다. 왜냐하면 사람들이 자신들의 삶을 계획하면서 큰 어려움을 겪을 것이기 때문이다. 따라서 기초적인 정의의 구조 내에서, 사람들은 정당한 기대 — 자신들의 소유권리 — 를 형성하게 된다. 이러한 기대는 설정된 구조에서 추구되는 가치들보다도 더 큰 모습으로 사람들의 삶에 등장하게 될 것이다.

이러한 롤즈 식의 견해에 비추어 보면, 자유지상주의의 잘못은 그 구조 내의 합당한 기대의 원리를 받아들이고 이 원리에 따라 그 구조가 형성되어야 한다고 주장한다는 것이다. 즉 소유권리에 대한 모든 주장은 롤즈에 의하면 정의에 관한 선험적인 구조에 상대적이다. '절대적으로 나의 것'은 아무것도 없다. 단지 '규칙에 의해 주어진 나의 것'만이 있다. 자유지상주의자는 소유권리에 대한 주장의 이런 본질적인 상대주의를 망각하고 있다. 따라서 소유권리론의 큰 호소력을 인정할 수는 있지만, 또한 이들이 정의에 관한 깊은 진리를 형성하지는 못한다고 주장할 수 있다.

물론 이런 대답은 단지 하나의 제안이며, 나는 이에 대해 어떤 논변도 제공하고 있지 않다. 노직은 자신이 이런 잘못을 범하고 있다는 것을 거부할 것이다. 그리고 이에 대한 우리의 견해가 무엇이든, 우리는 노직이 매우 중요한 것을 이룬 사람으로 인정해야 할 것이다. 그는 정치철학의 새로운 견해, 즉 연속되는 견해들에 한 지점을 차지할 수 있는 견해를 창시하였다. 이것은 논의를 활성화시키고 최근에 볼 수 없었던 주제에 활력을 불어넣는 등, 정치철학의 부흥을 가져왔다.

하나의 가치를 인정하는 정치철학을 추구하면서, 노직은 우리가 아직 탐색하지 않은 주제를 더 균형 잡히고 조화로운 관점에서 탐색하면서 자기 소유의 개념을 그 이전보다도 훨씬 더 강조하였다. 그의 작품의 절충주의적 본성을 인정하고서, 노직이 좁은 관점을 가졌다고 말하는 것은 크게 부당한 일은 아닐 것이다. 그의 정치철학이 관련되어 있는 한에서, 밀이 말하는 '시야가 좁은 사람'이라는 구절은 노직에게 특히 적절한 것처럼 보인다. 그렇지만 철학은 종종 '시야가 좁은 사람의 집착'에 의해 발전한다. 다음과 같은 밀의 판단에 동의하면서 끝내고자 한다.

> 자신의 입장에서 우리는, 좁은 시야를 가지고 있더라도 그 시야가 날카로운 측면을 가지고 있다면, 시야가 좁은 사람에 대해 큰 관용을 베푼다. 사람들이 많은 것들을 본다면, 이들은 아마도 예리하게 보지는 못할 것이다. 또한 하나의 탐구를 열정적으로 수행하지도 못할 것이다.[35)]

35) J. S. Mill, "Bentham", in *Utilitarianism*, ed. Mary Warnock (Collins, Glasgow, 1962), p.98.

찾아보기

지은이 _ 조나산 울프 Jonathan Wolff

영국의 런던대학교(UCL) 철학과를 졸업하고 동대학원에서 석사와 박사 학위를 받았다. 1986년 런던대 철학과에서 학생을 가르치기 시작하여 학과장을 역임하였으며, 2002년에 정교수가 되었다. 주요 학문적 관심사는 정치철학과 윤리학이며, 세부적으로는 추상적인 분배적 정의 이론이 공적 의사결정을 위해 어떤 역할을 할 수 있는지의 문제, 사회적 약자의 선정 기준과 이에 대한 보상의 문제 등에 깊은 관심을 가지고 있다. 주요 저서와 논문으로 *An Introduction to Political Philosophy* (Oxford University Press, 1996), "Addressing Disadvantage and the Human Good" (*Journal of Applied Philosophy* 19, 2002), "Why Read Marx Today?" (Oxford University Press, 2002), "Fairness, Respect and the Egalitarian Ethos" (*Philosophy and Public Affairs* 27, 1998) 등이 있다.

옮긴이 _ 장 동 익

성균관대학교 철학과를 졸업하고 동대학원에서 석사와 박사 학위를 받았다(철학박사). 성균관대 비판적 사고와 문화연구소 박사후 연구원과 서울대학교 철학사상연구소 전임연구원을 지냈다. 주요 관심사는 윤리학이며, 그 중에서도 생명의료윤리와 덕 윤리에 특히 관심을 가지고 있고, 최근에는 정치철학에 관심을 가지고 있다. 번역서로는 『기초 윤리학』, 『덕의 부활』, 『삶과 죽음: 생명의료윤리의 도전』, 저서로는 『흄, 인성론』, 『롤즈, 정의론』 등이 있다. 논문으로는 「새 규범 윤리학으로서 덕 윤리의 가능성」, 「규범 윤리학의 좌절과 덕성 윤리학적 해결」, 「생명의료윤리와 전통 윤리의 충돌」, 「의사의 직업윤리와 의료의 공공성」 등이 있다. 현재 공주교육대학교 윤리교육과에 재직하고 있다.

자유주의 정치철학

·

2006년 3월 15일 1판 1쇄 인쇄
2006년 3월 20일 1판 1쇄 발행

지은이 / 조나산 울프
옮긴이 / 장 동 익
발행인 / 전 춘 호
발행처 / 철학과현실사
서울시 서초구 양재동 338-10
전화 579-5908 · 5909
등록 / 1987.12.15.제1-583호

ISBN 89-7775-577-8 03190
값 12,000원